U0121970

朋易

寒心 冰血 著

华龄出版社
HUALING PRESS

责任编辑：董巍
责任印刷：李未圻

图书在版编目（CIP）数据

朋易 / 寒心冰血著 . -- 北京：华龄出版社，2021.5

ISBN 978-7-5169-1669-8

Ⅰ . ①朋… Ⅱ . ①寒… Ⅲ . ①《周易》－研究 Ⅳ . ① B221.5

中国版本图书馆 CIP 数据核字 (2020) 第 059373 号

书　　名：朋易
作　　者：寒心冰血　著

出 版 人：胡福君
出版发行：华龄出版社
地　　址：北京市东城区安定门外大街甲 57 号　邮　编：100011
电　　话：010-58122246　传　真：010-84049572
网　　址：http://www.hualingpress.com

印　　刷：河北盛世彩捷印刷有限公司
版　　次：2021 年 5 月第 1 版　2021 年 5 月第 1 次印刷
开　　本：880mm × 1230mm　1/32　印　张：12
字　　数：202 千字
定　　价：49.00 元

《朋易》表

易象	气（时间）					体（空间）				一、连山易（气体交合）			二、大易（体化气）				三、藏易（气生体）			
	十二地支	五行阳阴			数	十天干	五行刚柔		数	零和	阳变	阴变	年时	天时	天位交时	时辰	月时	地时	地气交时	日时
☰	子	少阳	阳水	阳显	十一	壬	至刚	刚水	一	北	西北	北	左辅	冬至杜门	生门	天任	神后	日终	太常	地牢
☱	丑	寒	精	地精	十二	柔绝为精			·	中	中	中		春时（立春生门春分景门）			大吉	日复		
☰	寅	阳明	阳木	阳胀	一	甲	柔元	刚木	三	东北	东北	东	帝王			天冲	功曹	日明	白虎	天福
☲	卯	热	阳土	明升	二	己	柔中	中土	六	中	中	中	禄存		景门	天柱	太冲	日出	六合	地户
☶	辰	太阳	阳火	至阳	三	丙	少刚	柔火	五	东南	东南	南	右弼	夏时（立夏开门夏至伤门）	开门	天英	天罡	日升	九天	月奇
☴	巳	风	阳金	热散	四	辛	长柔	柔金	八	西南	西	西南	文曲		伤门	天蓬	太乙	日盛	腾蛇	天狱
☶	午	暑	炁	天炁	五	刚灭为炁	至柔	柔水	〇	中	中	中	廉贞		死门	天禽	胜光	日正	天禽	天网
☷	未	太阴	阴水	阴显	六	癸			十	西北	北	西北		秋时（立秋死门秋分休门）			小吉	日昃		
☵	申	湿	阴土	神降	七	戊	刚中	中土	七	中	中	中	破军		休门	天芮	传送	日坠	勾陈	天门
☷	酉	少阴	阴木	阴缩	八	乙	刚元	柔木	二	东	东	东北	七杀		死门	天符	从魁	日落	青龙	日奇
☳	戌	燥	阴金	燥聚	九	庚	长刚	刚金	九	西	西南	西	武曲	冬（立冬惊门）	惊门	天心	河魁	日暮	玄武	地刑
☱	亥	厥阴	阴火	至阴	十	丁	少柔	刚火	四	南	南	西南	贪狼		杜门	天辅	登明	日藏	朱雀	星奇

《朋易》表

卦象时位

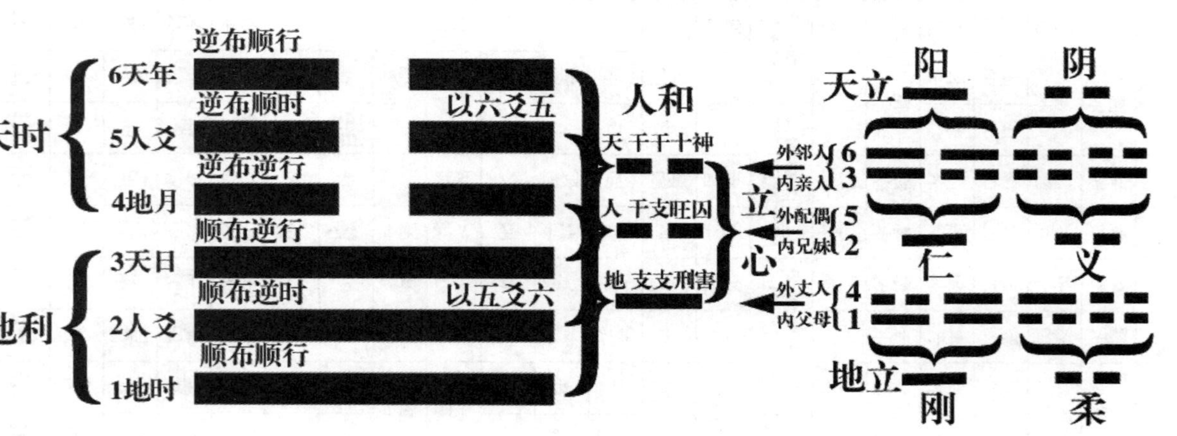
天时
6天年
5人爻
4地月
地利
3天日
2人爻
1地时
逆布顺行
逆布顺时
逆布逆行
顺布逆行
顺布逆时
顺布顺行
以六爻五
以五爻六
人和
天 干干十神
人 干支旺囚
地 支支刑害
立
心
外邻人 6
内亲人 3
外配偶 5
内兄妹 2
外丈人 4
内父母 1
天立
阳
阴
仁
义
地立
刚
柔

卦象时位

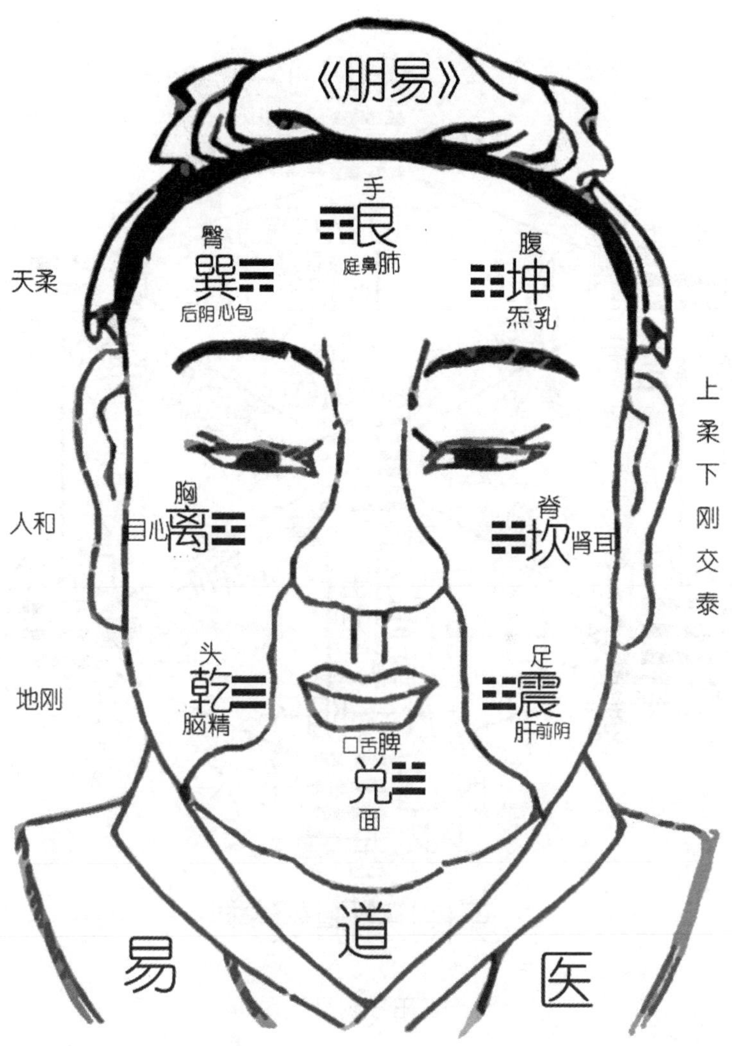
《朋易》
手
艮
庭鼻肺
臀
巽
后阴心包
腹
坤
炁乳
天柔
上柔下刚交泰
胸
目心离
脊
坎肾耳
人和
头
乾
脑精
足
震
肝前阴
地刚
口舌脾
兑
面
易
道
医

人象易

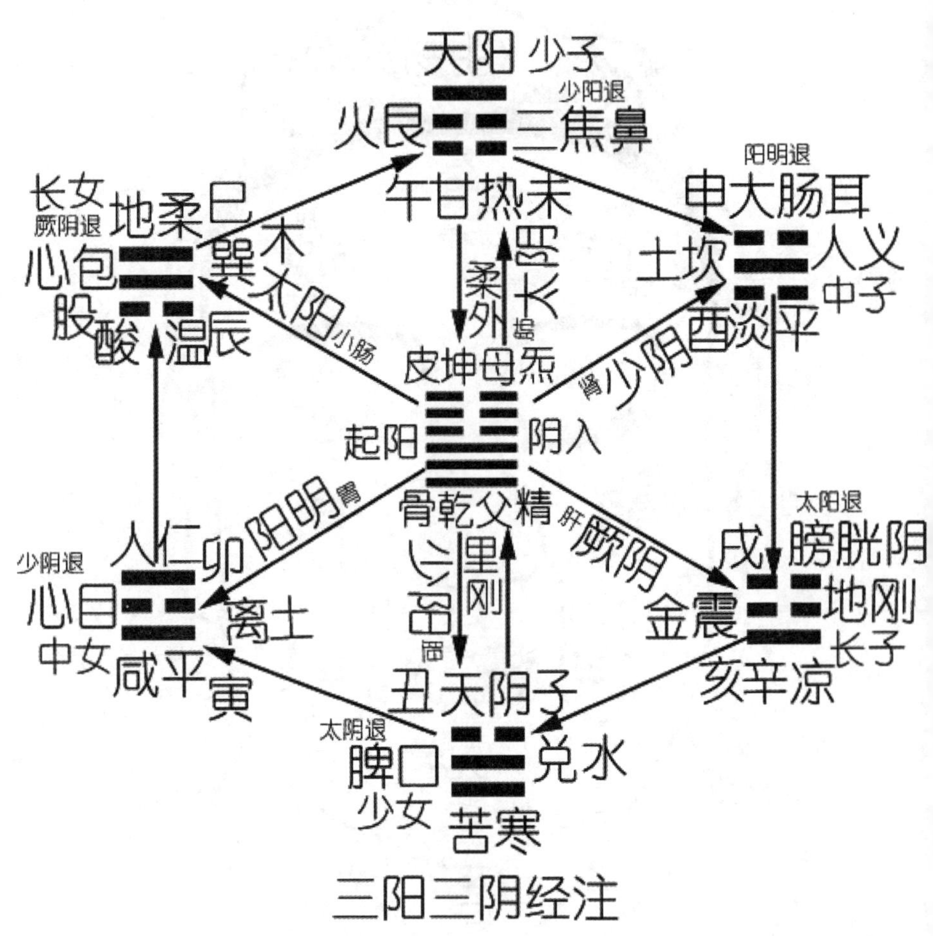

三阳三阴经注

天人合一阳

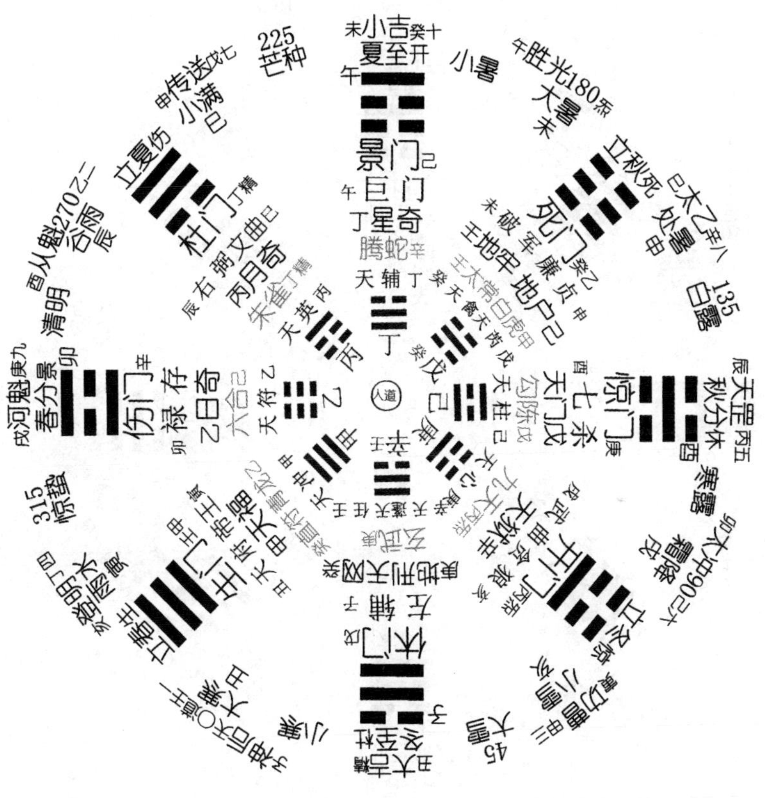

天人合一阳

天人合一阴

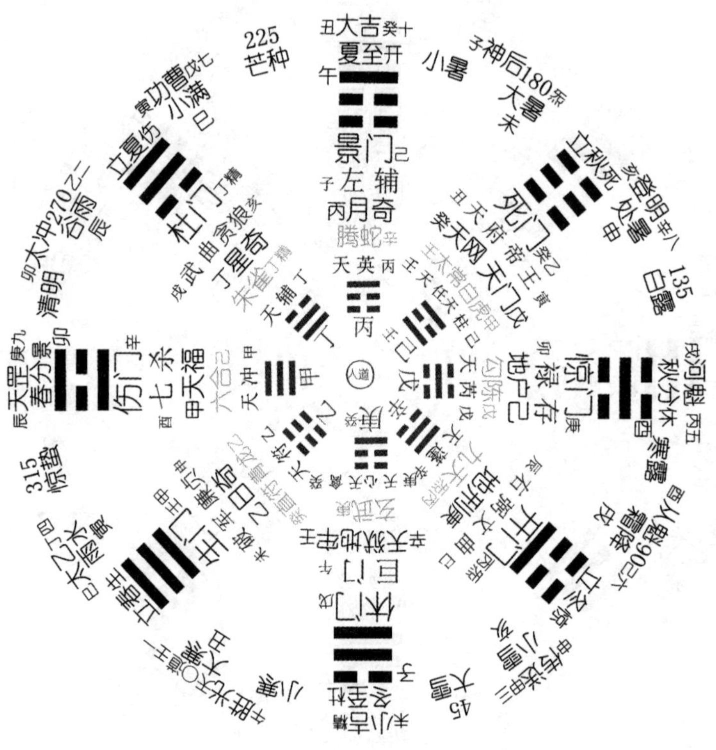

天人合一阴

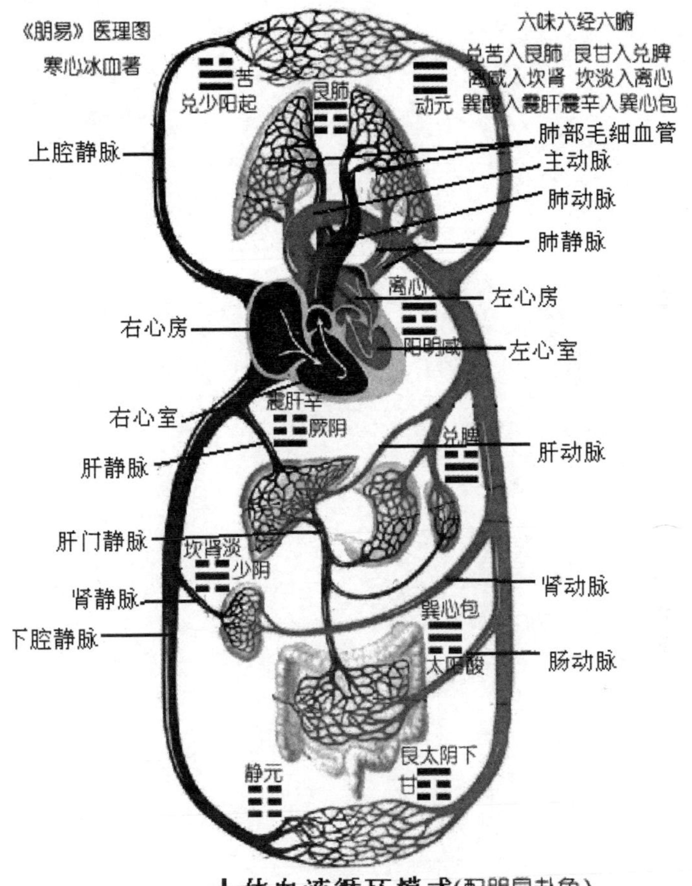

人体血液循环模式(配朋易卦象)

血液循环易象

导 言

1

世界是充满物质的世界，流动的气和位于一定位置的物是客观现象变化的两类存在的表现形式，即相对静止的刚柔形式和相对动态的阴阳出入形式。生命是物质发展的高级产物。这些已是人类所知的一种客观存在的事实。但物是怎样产生的？又怎样变化发展？地球、太阳系与银河系以至全部星系之间及它们存在的空间相互关联吗？地球的生命又怎样产生？诸如此类的这些客观现象就是《朋易》研究的出发点和落脚点。

天文和地理是《朋易》的理论源，通过“仰以观于天文，俯以察于地理”的方法，继而对天文、力向、物候等变化现象进行观测、归纳，总结出“精气为物，游魂为变，原始反终”的发展规律，从而知“周乎万物，范围天地之化而不过，曲成万物而不遗，通乎昼夜之道”

的这一变化现象。

通过天文和地理的观察分析、总结，不难得知，《朋易》是一本关于客观现象的起源和揭示客观现象发展规律的自然科学和哲学方面的图书。客观现象在发展的过程中呈兴荣和衰落之变化，一方面是“精气为物”的“精炁交集”成物过程；另一方面是“游魂为变”的“精炁分离”变虚过程。两个过程构成了一个完整的“原始反终”闭合周期，而反复的过程则是更新的过程。

《朋易》就是通过对天文和地理观察、分析其各自的发展变化以及相互间的关联，从而探知客观现象的起源及发展规律。

2

《朋易》分正文五章和附文一章。

正文中，第一章论述了客观现象存在着自身对立的特点、未变化静止期存在的特征，以及产生和发展的规律，简称“一生二、二生三、三生万物”的数之以十、推之以“百、千、万”的发展规律。第二章论述了客观现象以日出和日暮这一对立的具象形式，高度浓缩抽象后描绘出由其交集和衍生出万物的图像，简称象说。第三章则阐述了客观现象的本体存在、矛盾性和发展性。由其自身对立的特点决定了其存在的本体就是物，这一物具有矛盾性，万物的盛衰演化是由其物性和非物性互相矛盾对抗作用下的结果来决定，物性胜出则万物兴盛发展，非物性胜出则万物衰败。同时客观现象还包含没有矛盾的纯粹同一的体，即精体和炁体。第四章论述了客观现象的气和体各阶段发展，相互间的生克制化，继而有了第五章的时空交流。时间是气变属性，空间是体位置以及变化的空间距离，继而气和体相互间的关系，产生了时间和空间的统一对立关系。

附文为通行本《易经》《系辞传》《说卦传》《序卦传》《杂卦传》和《文言传》等，目的是方便读者认识传统哲学原文，追根溯源。

3

《朋易》具有独创性和独特性，既和传统的阴阳哲学有关联，又独立于传统的阴阳哲学。其最大特点就是创立了客观现象，包含了物和非物。物是矛盾体，自身具备物性和非物性这一对对立的辩证唯物哲学观，并首创地明确了物性成熟化阳气外出顺旋运动，非物性成熟化阴气逆转运动，二者是矛盾中的交替出现，强者化气流动，弱者隐藏蓄势，所化之气流动中与固定位置的事物再相互作用形成矛盾关系。而非物不具备矛盾属性，只是以纯粹同一的精体或炁体形式存在。

简单说，《朋易》以“物性为刚、非物性为柔”作为客观现象一对对立的本体立论，阴和阳是柔和刚的强盛方所化的气，即刚柔为本体决定着阴阳为具象的哲学论书籍。这一哲学理论以辩证唯物观作为核心基础，否定形而上学的玄学论。

目 录

第一章　客观现象论

客观现象是一切真实存在的客观事物的集合。客观现象的产生就是一切事物之本的产生，通过对客观现象的探究，就可以知晓万物生成的本质。

客观现象的演变历程一共历经原始静止期、产生和发展三部曲。

第一节　客观现象特点

以“仰以观于天文，俯以察于地理”的观察方法，对天文气象、地理物候、事物力向等变化现象进行观测、归纳，不难得知世界是充满物质变化的世界。

“仰以观于天文”和我们头顶上可望而不可及的

灿烂的星空联系在一起。当抬头仰望天空时，那些闪闪发光的东西就是行星，多数的恒星，还有一些巨大的星系，每个星系中都有成百上千亿颗恒星。这些行星、恒星以及星系团都是由无形物转化为有形物，又由有形物转化为无形物。事物的构成则是由最小单位基本粒子（包含夸克、电子、质子、中子等）构成原子，原子又构成具有物质相对稳定的基本属性的分子，分子聚合而成有形物。有形体再演变为发光体，光散射后形成无形物，即“还原”。最终形成“光源于黑暗，物源于无形”的反复性演变过程。

“俯以察于地理”则是与人类生存环境息息相关。地理是针对于地球表面各种自然状况的统称，这里的地理主要是指气候、各种存在的物质之间的关联和发展。在地理方面的气候，主要是风云雨雷电等自然现象的交替变化构成了地球多姿多彩的气候变化，继而产生了生命变化现象。如春暖花开、炎夏繁盛、秋色凋零、寒冬冻藏等自然现象的交替出现。

地球本身也属于天文中的一个个体行星的高级发展缩影。天文和地理是一对相互参照体，对其相互关联的观察分析，能更加全面地了解客观现象的本质。

上述人类俯仰观察所得的演变过程或现象，简称客观现象。其具有显著的三个特点。

一、客观现象是客观存在的事实统称

客观现象是一个抽象而笼统的概念，包含所有事物的名称。这种存在的事实不以人的主观意志改变而改变，而是实实在在存在的自然现象。客观现象的内容广泛，它既是所有事实存在的集合称名，即“其大无外”，没有具体的界限；也是个别存在事实的称呼，包含类似夸克的客观事物体，即“其小无内”，属于不可再细分体，是客观事物构成的最基本个体。如一个星体是一个存在的事实，一个无数个存在的星云事实构成一个完整的星系团属于存在的事实，同时一个夸克物体的自我演变也属于存在的事实，等等。存在的事实都可以称之为客观现象。

二、客观现象包含静态和动态的现象

日月运行、寒暑交替、人和物的生长和衰亡过程等现象表现为客观现象的动态现象。而物之起源和衰亡终端，则是客观现象的静止现象。简单说：客观现象的发展是动态，不变是静态。

由人类身边各种物质的发展过程不难得知，万物的消亡变化过程其终点就是虚无（这里的虚无并不是指真正意义上的无，而是指与“实体”相对的“虚体”概念，见图 1–1），从相对的运动状态变化为绝对的静止状态，体形由有形变化为无形。“原始返终”体现了这一变化规律，也就是说客观现象的起源就是虚无，虚无这个客观现象是一个绝对静止的事实，并且是一个终始合一的状态体。

图 1–1　虚体图

三、客观现象表现为自身对立发展的特点

客观事物自身发展都体现为由无到有的生成发展过程，以及由有到无的衰败死亡过程，这两个过程是一对对立属性的演变。

生成发展也可以说是客观现象的有形发展，衰败发展是客观现象的无形发展。有形和无形，换一句话讲就是客观现象物性和虚无性名称，也是客观现象变化固有的聚合属性和膨胀属性交替变化发展所带来的形态变化。当客观现象膨胀时，其形态膨胀壮大甚至散离，物性向虚无性逐渐转变，如树木伸展和开花现象，就是膨胀属性结果。但是，客观现象体在膨胀初期，实体仍然较强，即“物性虽然衰败，但虚无性生成初期还弱”，如植物伸展和枝叶茂盛属于膨胀初期，是有形的实体主导；膨胀属性后期则发展为虚无极体，如植物开花和飘香千里现象乃至落叶，是虚体主导。同理，客观现象聚合时，其形态则聚合缩小凝结为一体，由虚无性向物性逐渐转变，如空气凝结为水冰和植物结的果实就是聚合结果。而客观现象体在聚合属性初期，体现为柔（虚）体状态，如植物花谢后结蒂现象，仍然是虚体主导；在聚合属性后期才表现为实体状态（见图 1–2），如果实累积壮大而成熟以及水液凝结为冰现象。

图 1–2　实体图

朋易

总之，客观现象演变无论多么复杂，都可简化为虚无性聚合为物性，物性又膨胀为虚无性，两者之间反复交替发展，生生不息，永无止境。

第二节　客观现象原始静止期

客观现象包罗万象，涵盖大全，既包含具有智慧的高级产物人的演变，又包含肉眼不可见的原子、质子和中子的演变。但无论怎么演变，客观现象总是一个从无到有，从简单到复杂，再从有到无，从复杂到简单的周而复始的发展过程。简单说无论多高级的客观事物都是由客观现象最基本体演变而来，如具有智慧的人，其自身生成发展过程中，内部构造也是由夸克、质子、中子、原子、分子逐渐由简到繁的兴盛繁荣演变；而人由衰败到死亡最后分解的消亡过程中，内部构造则是由繁到简的衰败分离的发展过程，最终还原为客观现象最基本体，即不可再细分体，完成“原始返终”的终始合一演变规律。这个不可再分体，名之太极体。

一、客观现象原始静止期的存在状态

客观现象原始静止期是一个由总量有限的无数个所有特征完全相同的唯一性元素体层叠构成整体为一的统一体。

这个统一体类似于膨胀到极至的气球体，或者说这个统一体为虚无性存在体，称之为虚球体（见图 1–1 虚体图）。这里叙述的虚无性，是指客观现象膨胀结果体；物性是指客观现象聚合后的结果体，即实性。虚无性与物性是一对相对立的概念。虚球体整体呈绝对静止状态，无影无形，没有物性，其自身的体积涵盖所有物性存在的范畴。

现行的宇宙世界是一个由物性体和虚无性体互相交织组成的丰富多姿的客观世界。而客观现象原始静止期则是一个纯粹单一的虚无性客观现象存在期，没有任何物性存在，这一时期是物性生成和发展的首端时期，宇宙世界的一切物性都是由客观现象原始静止期演变发展而生成的。

二、客观现象原始静止期的基本特征

1. 客观现象在原始静止期时是一个整体充满了虚无性的球体，构成总量的虚无性个体是有限的，且构成虚球体的元素为单一性，不存在两种及以上的元素，是一个不分彼此的统一体。

2. 客观现象原始静止期整体为绝对的静止状态，没有任何运动的轨迹，时间和空间凝固为一体。

3. 其存在的体积（容积）是所有物性的盛器。也就是说，凡是具有物性的客观现象都存在和运动于这个范围内，不能突破其总体既定范畴，这个体积就是客观现象的总空间。

三、太极体

太极体，又称绝对个体，是构成客观现象最小的基础单元体，是不能再分割的唯一性的基础个体，所有的客观现象都由其组合变化产生，同时是所有的客观事物衰败消亡后返还的一个终点，是一个终始合一的基础体。太极，顾名思义就是前沿首端。太极体，就是所有发展产物的前沿首端和消亡后还原的基础体。

客观现象原始静止期存在的太极体是一个至虚至柔、没有物性的客观现象存在体，其外貌特征和整体一致。此时期的太极体之间除了里和外间距不同外，其形体、大小、相邻零间距、属性等特征完全一致。太极体的体性以其最虚形态存在，体形以其虚无性最大状态存在，并且此时期的所有太极体为绝对静止状态。所以客观现象原始静止期是一个由纯粹单一的虚无性太极体而构成的独立整体。太极体表现为虚无性的绝对静止状态体，命名为无极体，体形属性表现为柔性，也就是软性。

这一时期的由唯一性元素构成的太极体也称之为物源，意即物性之源。由于太极体之间的同一性，决定了客观现象原始期是整体为一的特性，名之太极。又因其体形为虚无性，可同时称为无极。因此，太极就是由无数个太极体构成的整体。无极则是此时期构成整体太极的所有太极体的体性为虚无性，从而是太极的一种称名。原始静止期，构成整体太极的各个太极体之间唯一的区别是位居虚球体里（整体中心点）的太极体与位居虚球体最外层的太极体之间的距离远近不同。虚球体中心点的物源离虚球体边缘的物源距离最长。一旦客观现象的这些虚无性特点的太极体静极演变，位置不同的太极体自我变化因所承受的外力不同，就会产生其变化过程的时限不同，由此带来的体形状态、物体的属性演变也不同。

第三节　客观现象产生

原始静止期的太极体静极则变，由虚无体变为实心体，并且在自我不发生位移的演变过程中，太极体之间相对静态的交感，产生了两个太极体构成的一个新复合体，这个新复合体由于自身属性的程度不同，促使客观现象产生了分层位移运动。简单说，客观现象产生过程就是太极体自我演化和相互间的交集关系。

一、太极体自我演化

客观现象原始静止期的太极现象，是由无数个相同为一的太极体首端状态体，即虚无的无极体构成的一个整体。太极体静极始变，自我由虚无体演变为实心体。实心体产生后，又处于静止状态，随之静极始变，发展为虚无体。

由此，太极体的自我演变过程就是虚无体变化为实心体，实心体又发展为虚无体。实心体和虚无体之间是“一开一阖谓之变，反复无穷谓之通”的变化现象。

（一）太极体的无极体和有极体

太极体的首端虚无体，是无极体。太极体的无极体变化发展为实心体，这个实心体则名之有极体。

太极体自身转化就有无极体和有极体两种形体，即无极体和有极体是太极体的两仪，互相转化。

无极体，是太极体的原始初期状态，表现为虚无性，体积属于最大状态，并且属于绝对的静止状态。

有极体，是太极体的无极体向相反属性发展的结果，变化为实心，体积为最小状态，也是绝对的静止状态。

太极体的无极体向有极体转变的过程中，是虚无性逐渐消失、实心性逐渐增强的过程，当有强于无时，体现刚硬特性，简称刚；同时也是光明消失、黑暗降临的过程，简称阴。太极体的有极体向无极体转变的过程中，是实心性逐渐消失、虚无性逐渐增强的过程，当无强于有时，体现柔软特性，简称柔；变化中伴随着黑暗消失，有升而明的过程，简称阳。

这一动态的发展中，是虚无性和实心性互相争夺的过程，是太极的有和无这两仪互相争夺的过程，争夺后的形态体现刚柔特性，有强则为刚，无强则为柔。

而绝对静止的无极体和有极体，是争夺后的结果状态。

（1）有极体特点。一是具有实性即物性特征。二是同时蓄积了热能。有极体是实体和热性集于一身的太极体。

（2）无极体特点。一是具有虚性，即非无性特征。二是蓄积了寒能。无极体是虚体和寒性集于一身的太极体。

总之，无化有发展是实体增强、热性增加的发展过程。有化无发展是虚体增强、寒性增加的发展过程。

（二）太极体的呼吸之道

太极体的无极体转化为有极体时，体积由虚无最大状态变化为实心的最小状态，相应地伴随内部变化力向是由外向里的运动路径，名为吸。

太极体的有极体向无极体转化时，体积由实心最小状态变化为虚无的最大状态，同样伴随内部变化力向是由里向外的运动路径，名为呼。

太极体的无极体和有极体互相转化而周期合一，构成了太极体的一呼一吸，即呼吸之道。

一呼之道，力向外出，体形打开，表现散开热属性，名为膨胀属性，又名正极。发展结果为虚无体即无极体，是热性外散，虚体和寒性增强过程。对于环境而言，是搅动蒙混散开之现象（见图 1–3）。

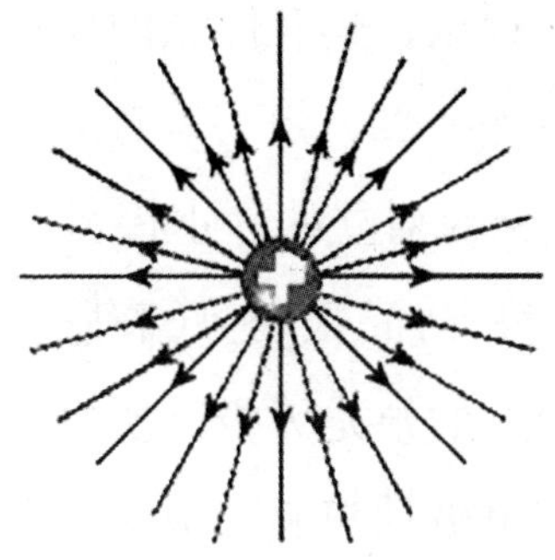

图 1–3　一呼之道图

一吸之道，力向入内，体形收敛，表现收缩属性，名为聚合属性，又名负极。发展结果为实心体即有极体，是寒性敛降，实体和热性蓄积过程。对于环境而言，是收敛净化清明之现象（见图 1–4）。

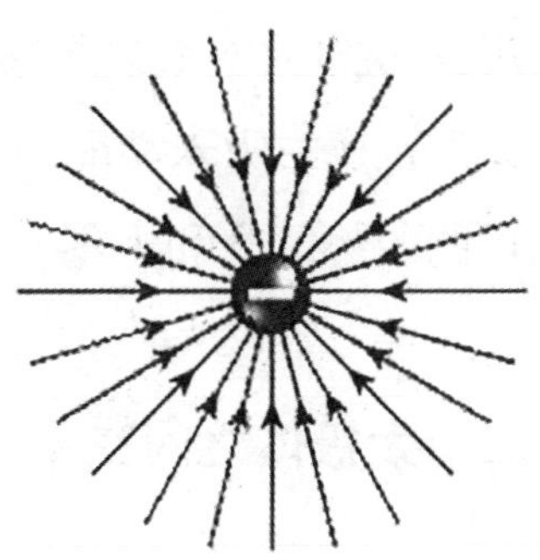

图 1–4　一吸之道图

一呼一吸之道，即膨胀和聚合过程，是太极体固有的动态属性。呼吸之道是动态属性，而呼之结果无极体与吸之结果有极体是绝对的静态。因此，静态的有极体是吸转化呼的停顿点，静态的无极体是呼转化吸的停顿点。停顿点，具有停止旧属性，启动新属性的变革功能。一呼一吸，是一对对立的运动状态，有极体和无极体是一对对立的静止状态。

太极体的动势中，正极动势（膨胀）的根是有极体，负极动势（聚合）的根是无极，所以正极动势和有极体是相依关系，负极动势和无极体互存。有极体动则为呼出，静则净化；无极体动则为吸入，静则蒙混。有动则无静，无静则有动，互相推移往来。吸呼是有、无的特有动态属性。

（三）太极体的呼吸动势守恒

太极体的呼出动势和吸入动势是均等的，呼出动能的力度有多强，其转换为吸入动能的力度就有多强，两者的动势是相反的，势能之和为零，故为动能守恒。

二、太极体之间交集

客观现象无数个太极体在静止状态下发生自我的无极体和有极体之间的转化，由于各个太极体所处的位置不同，同一时间内所有的太极体并不是整齐划一的同时变为有极体或无极体，而是参差不齐的具有落差性演变。这就形成了太极体之间发生了交集，交集的新复合体（前面的下位、后面的上位）就是有极体和有极体的交集体、无极体和无极体的交集体、有极体和无极体的交集体，无极体和有极体的交集体。

a. 有极体和有极体的交集体，纯粹精一为有，内有极体表现为实体，即形态为刚，外有极体表现为整体热性外出即阳。内外一体体现有动化热外出，且整体是刚强，有动之初期状态（见图 1–5）。

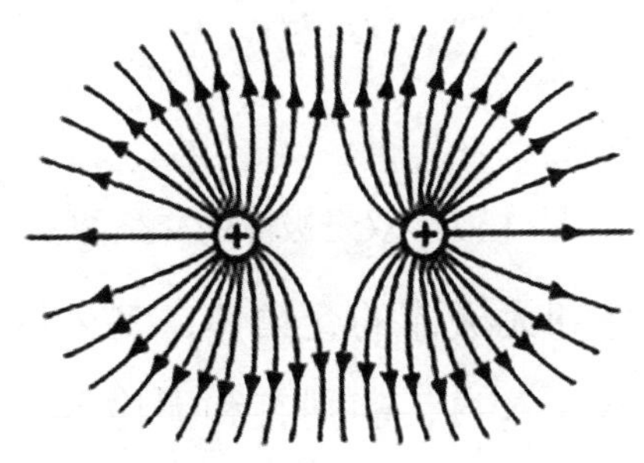

图 1–5　双有极体的交集图

b. 无极体和有极体的交集体，整体体现有极体动而热出生无蓄积入内之象。静则有和无均衡，动则向无强有弱发展，形体表现为柔体，即有动之后期（见图 1–6）。

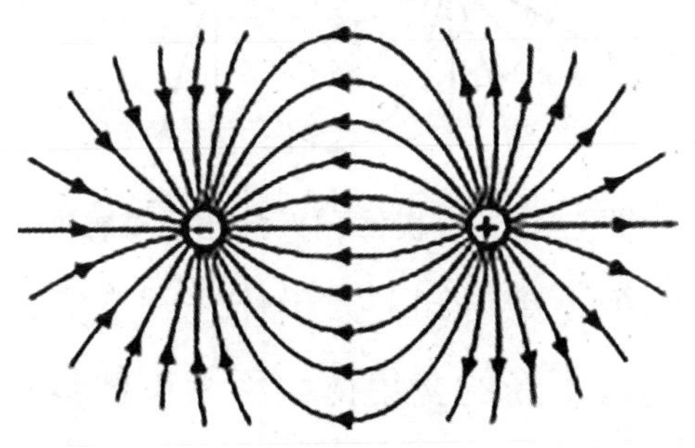

图 1–6　无极体和有极体的交集图

c. 无极体和无极体的交集体，纯粹同一为无，内外无极体为虚体，即形态为柔，外无极体表现为整体寒性内降即阴，内外一体体现无动化寒聚敛，整体是柔强，无动之初期（见图 1–7）。

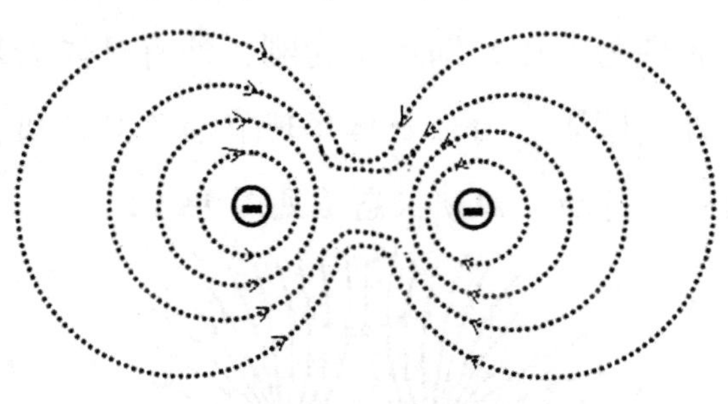

图 1–7　双无极体的交集图

d. 有极体和无极体的交集体，整体体现无极体动而寒降生有蓄积入内，静则有和无均衡，动则向有强发展，形体表现为刚体，即无动之后期（见图 1–8）。

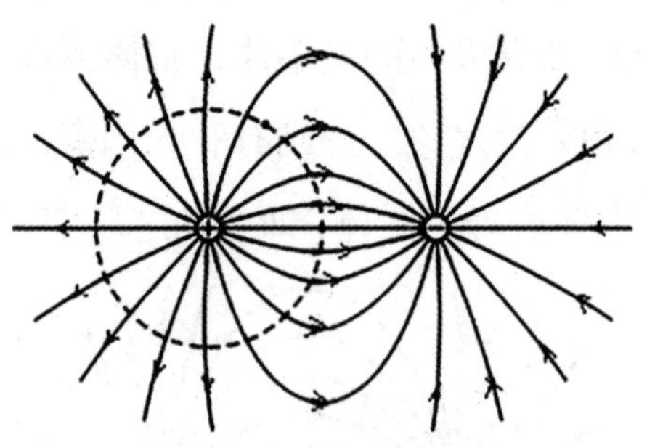

图 1–8　有极体和无极体的交集图

通过归纳不难得知，太极体之间交集，由有和无这两仪，构成了新的交集体，因太极体各自之间的能量乃至其自身有和无的转化是守恒的，决定了有和无相互间的交集体初期状态是均衡持平状态，而纯粹同一的则为成熟的初期状态，体现为相对的恒静状态，纯有的则恒底，纯无的则恒顶。交集体的整体属性以有强为刚和无强为柔的体形状态表现，以及动之后能量属性以有动为阳和无动为阴体现。具体为：一是有和无这两仪在下位，决定了整体属性是有强体还是无强体。有极体在下位，体现了有强发展，体形为实体或刚体；无极体在下位，体现了无强发展，体形为虚体或柔体。二是有和无这两仪在上位，决定了整体能性体现散热外出还是寒凝下降。有极体在上位，体现整体属性是刚动升外出，散发热性外出。无极体在上位，体现了整体属性是柔体动降入内，寒性归内。三是上下相同为有或无，体现了有或无成熟，动而生热或寒。

总之，上下两仪相同，体现了有或无成熟而动之初，有动化热外出，无动化寒内降。上下两仪不同，体现了或有动之后期，或无动之后期。且下位的两仪决定了整体的体形或向有强发展为刚体，或向无强发展为柔体。上位的两仪决定了整体动后的能性或热或寒，即表现为或有动热阳出，或无动阴寒入。归纳为：有无两仪，上位性动，有动则阳，无动乃阴，阳则大明，阴乃夜至。下位本体，有显刚强，无则柔壮，刚为阳根，柔为阴本。

（一）客观现象整体分层位移变化

太极体之间产生的交集体，由于上位为有或无，促使交集体整体能性或阳或阴，也就产生了或升或降的运动路径。整体属性为寒来的，力向是入里向下的阴性；整体属性为热出的，力向是外出向上的阳性。由此，有极体在上的交集体，动则体现了膨胀属性，是有极体生无极体带动外出，表现为斥力和浮力。运动路径是由低处向高处，最高处就是虚无柔体的恒居位置。无极体在上的交集体，动则体现了聚合属性，即无极体生有极体带动向下收缩，表现为压力。运动路径是由高处向低处，最低处就是实心的刚体恒居位置。

1. 客观现象整体层面

有极体和有极体的交集体，必然是动则为膨胀向上，其与有极体和无极体的交集体相比，整体刚性较强，由于刚体为实体在下、柔体为虚体在上，前者所处位置在升之初期，后者则为降之后期。同理，无极体和无极体的交集体，其与无极体和有极体的交集体相比较，整体柔性最强，所处位置在后者上方，前者为降之初期，后者为升之后期。

由此，客观现象整体变化就出现了静态时的四个层面，无极体和无极体的交集体静态时为第一层面，属于顶层，或称之外面；无极体和有极体的交集体静态时为第二层面；有极体和无极体的交集体静态时为第三层面；有极体和有极体的交集体静态时为第四层面，属于底层，或称之为里面。二层和三层称之为中层或中。

2. 天人地三才位

第二层和四层底，属于有极体在上的交集体，动态时体现了外出属性，即体形膨胀散开，体形特点为搅动浑浊，生成虚无，成长为柔体，运动路径体现了上升，概括为蒙混上行。底层的下位为有极体刚强，压力仍大于斥力，刚体动孕育柔，有根不能升空；二层的下位为无极体则柔强，斥力强于压力，虚入内而脱离底层升空。

第三层和一层顶，属于无极体在上的交集体，动态时体现了下降入里的阴属性，即体形聚合收缩，体形特点为收敛净化，生成有，成长为物性体的刚，运动路径体现了下降，概括为沉静清明。顶层的下位为无极体则柔强，斥力仍大于压力，柔体动孕育刚，尚浮在上不下降；三层的下位为有极体则刚强，压力强于斥力，质沉入内降于下。

顶层层面，是纯粹虚无性体的居住层，即无极体和无极体的交集体存在层，为纯粹单一。与人类头顶上方的缥缈虚无空间类似，名之为天。底层层面，是纯粹有极体居住面，即有极体和有极体的交集体居住层，也是纯粹单一。由于有极体为实心，与人类脚踏地方的实心地球空间形象类似，名之为地。

顶层和底层的位置关系，名之天地定位。

中间的三层和二层位置，类似于人站立所处的空间层，即天地之中，名之人位。

因此，客观现象太极体之间的交集，促使客观现象产生了里中外三层空间环境，名之天地人三才位。

天在表，地位里，人立中。并且人位，是天降地、地升天的交集场所。天的根在底层的地，地的根在顶层的天，天地互根，互相推移变化。人是天和地相互移动过程中交集的场地。

（二）太极交集体自我演变

太极体之间交集产生的新复合体，有同类交集体和异类交集体两大类。并且新的复合体是由太极体自身变化的有极体和无极体变化后交集而来，也就是新的复合体自身变化仍然受到太极体的变化而变化。

1. 演变顺序

无极体和有极体，是太极体的一对对立的特有形体，有极体的体性表现为刚热性或硬热性，无极体的体性表现为柔寒性或软寒性。当有极体和无极体各自同性之间，以及异性之间交集时，产生的交集体继承了有极体的刚热性和无极体的柔寒性。但其变化过程有了延长，不是简单的刚硬性和柔软性之间的转变，而是刚柔相磨而互夺。争夺过程遵循以“里外不一，外部变同；同一为体，内变为先”的规律性。

交集体自我发展过程，本质是有和无的争夺过程，整体体形则体现为刚柔相摩争夺、动态属性或阳或阴的变化特征。即，内部变化的根本是体形或刚或柔，外部变化的具象是动态或阳或阴。里外都是有极体的交集体，首先变化为无极体在里的柔体、有极体在外是阳象的交集体，表现为柔软发展蒙混升出特点，为刚热性体发展为柔热性体；其次变化为里外都是无极体的交集体，表现为内柔外寒属性；再次里外都是无极体的交集体，变化为有极体在里的刚体、无极体在外是阴象的交集体，是柔寒性体化为刚寒性发展体；最后发展为里外都是有极体的交集体，为刚热性体。见图 1–9、图 1–10、图 1–11、图 1–12。

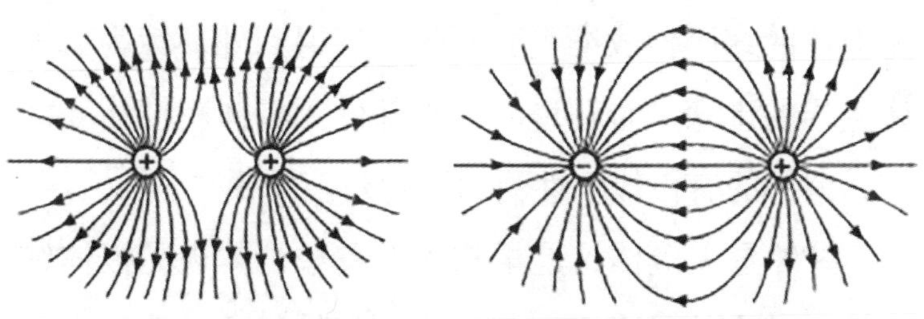

图 1–9　双有极体的交集图　图 1–10　无极体和有极体的交集图

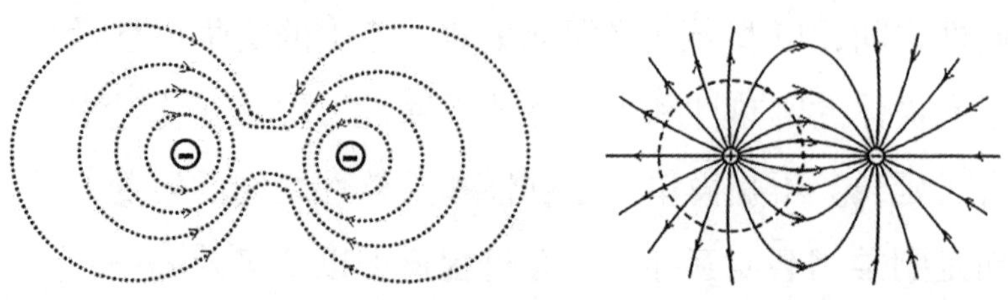

图 1–11　双无极体的交集图　图 1–12　有极体和无极体的交集图

因升源于有极体，降源于无极体，所以：交集体内部的刚柔争夺状态，就体现在外部环境的刚柔升降转动势中。当交集体在没有受到外部环境影响下，内刚外热体发展为内柔外热体，内柔外热体又发展为内柔外寒体，内柔外寒体则发展为内刚外寒体，内刚外寒体则发展为内刚外热体，这就是交集体的自我演变过程。当交集体受到外部相同属性的环境影响下，自身发展受到帮助乃至催化发展；在受到相反环境影响下，自身发展受到迟滞阻碍乃至停顿发展。如内部为有极体外部为无极体的交集体，是内刚外寒，自身演变的过程中是向着内刚外热发展，遇到外部环境为有极体膨胀热环境时，外部加速膨胀而升势增强，外部无极体的寒阴性收缩受到制约。当遇到外环境为无极体主导的虚寒聚合环境时，外部的无极体阴性演变加速，内部的有极体刚性受到制约乃至停顿。

内外是无极体，是柔软寒性具象，体现无极体纯粹精一。内外是有极体，是刚硬热性具象，体现有极体纯粹精一。内无极体、外有极体的柔软发展体，整体体形是柔争夺刚，表现为有逐渐消失；内有极体、外无极体的刚硬发展体，整体体形是刚争夺柔，表现为无渐渐消失。

柔寒性体和刚热性体,是争夺结果体,为相对静态。内刚外寒的发展体和内柔外热的发展体，是刚柔互相争夺的过程，为动态。柔性夺刚，是体形壮大升出的动态属性，热散、柔性增强。刚性夺柔，是体形聚合下沉的动态属性，无性减少、有性增加。

2. 交集体动势

柔性夺刚性时，交集体里部为虚，上升外长，促使外部的有性外出而虚化，表现升空运动，热性释放。

刚性夺柔性时，交集体里部为实，下降收缩，促使外部的无性归里而夯实，表现坠地运动，寒性显现。

交集体自身演变，就体现了简单式的或升或降运动。由于交集体的这种运动形式，也就是客观现象整体以“方以类聚、物以群分”的规律性分布，呈现顶底相对恒变，中交升降互动的客观事实现象。即顶部体现阴阳具象，底部体现刚柔互夺，中部则体现了柔热性则升、刚寒性必降的变化规律现象。

升延续了太极体自我呼而打开的属性，降继承了自我吸而关闭的属性。还更新了太极体的固定位置简单呼吸运动形式，呈现了更进一步发展的升降位移运动形式，简单说呼吸只是简单的升降动势，而升降则是更高一级别的呼吸动势。里外是有极体的交集体，虽变恒底，尚不升出，有根落地。内无极体和外有极体结合的交集体，内部无根，虚柔缥缈，动则升势最强。里外是无极体的交集体，虽变恒顶，尚不下降，上下无根。有极体在里、无极体在外的交集体，底部有根，降势明显。

双极交集体的恒，不是绝对意义上的静，而是相对于明显的升降物而言，不具备突出明显的位移运动，但其内部构成的刚柔会自我转化而变动，属于微弱不显的漫长变化之动。这种双极体，名之静物。由其衍生的更高级的静物，都是同理而言。

3. 双极交集体特点

一是两个不同属性的太极体交感产生的双极交集体，在没有受到第三方属性的影响下，动则上下升降能量明显，结合体的整体表现为相对运动状态，即或阳出或阴入，形体轻易发生改变，即向或刚热性或柔寒性发展。

二是两个相同太极体交感产生的双极交集体，活跃性不强，物态时效持续长。两个太极体为呼属性构成的双极交集体，里外皆有，与地有根，在底部恒变。

两个太极体为吸属性构成的双极交集体，里外皆无，与地无根，在顶部恒变。无论是升势还是降势，其运行速度皆不明显。

第四节　客观现象发展

客观现象发展，就是客观现象产生的双极交集体再次与太极体交感，诞生了活跃性强的三个太极体构成的新的结合体，其作为一个新的个体元素，具有了运动属性，并在运动的过程中，相互之间动荡交集，产生了高级的交集体，并继续以此为律，数之以十，推之以百，乃至千万上亿次的更高级更新发展。客观现象的这种发展规律简称为：道生一，一生二，二生三，三生万物的演变定律。

一、单元体

太极体在一呼一吸过程中，再次与双极交集体相感，交集产生了具有三个太极体结合的新复合体。由于双极交集体又增加了一个或吸或呼的太极体，使有无两仪太极体交感产生的双极交集体加速或滞缓变动，变成了类似于一个太极体具有的呼吸属性，并且其结构形式更加多层性，变化更加丰富性，形态更加多样性，这种新的复合体名之为单元体。

（一）单元体的种类

双极交集体有四类，每一类与太极体的有极体和无极体交集，共产生了八类单元体。

（1）三个有极体构成的单元体。属性外有为阳而明，体形里有为刚，中有则为热。整体为刚性强生热动而大明（见图 1–13）。

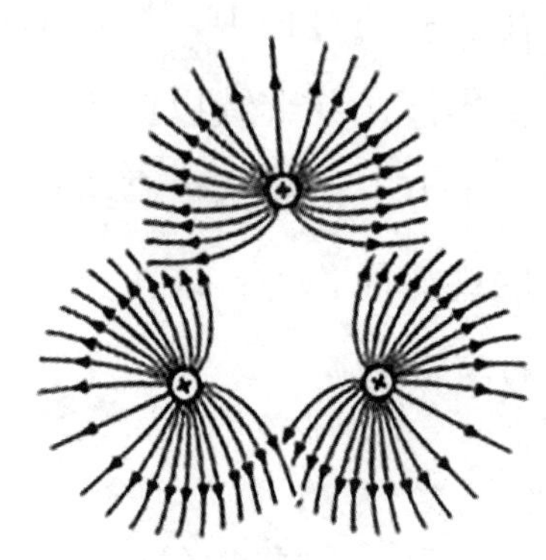

图 1–13　三个有极体的单元体图

（2）三个无极体构成的单元体。属性外无为阴而暗，体形里无为柔，中无则为寒。整体为柔性强生寒动而黑暗（见图 1–14）。

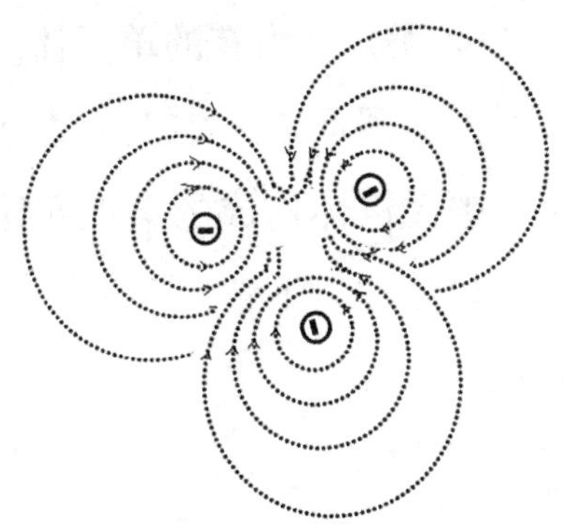

图 1–14　三个无极体的单元体图

（3）内、中为有，外为无的单元体。属性外无为寒而阴降，体形里有则为刚，中有为刚性强而进蓄热。整体则是里和中的有极体构成刚热体，外无和中有构成寒刚体，上下冲和长刚，属性向阳生阴退发展（见图 1–15）。

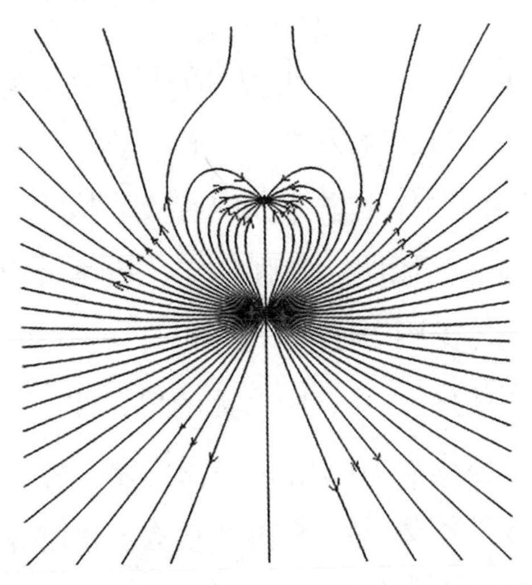

图 1–15　内、中为有，外为无的单元体图

（4）内、中为无，外为有的单元体。属性外有为阳动而明，体形里无强而柔，中无为柔性强而蓄寒。整体则是里无和中无极体构成的柔性寒体下降，中无和外有构成柔性热体，上下背向和中长柔，属性向阴生阳退发展（见图 1–16）。

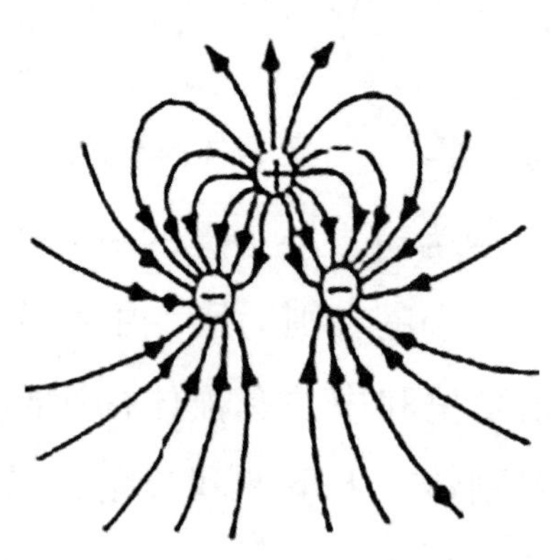

图 1–16　内、中为无，外为有的单元体图

（5）内为无，外、中为有的单元体。属性外有为阳动而明，体形里无为柔，中有生热。外有和中有太极体构成热而明体，里无和中有极体构成柔性热体。整体属性向热而阳明、阳强生无、成柔入内加速上升的属性发展（见图 1–17）。

（6）内为有，外、中为无的单元体。属性外无为阴动而暗，体形里有为刚，中无为寒。外无和中无太极体构成寒性柔体，中无和里有构成寒刚体。整体属性向阴寒而暗、寒性生有、成刚入内加速下降的属性发展（见图 1–18）。

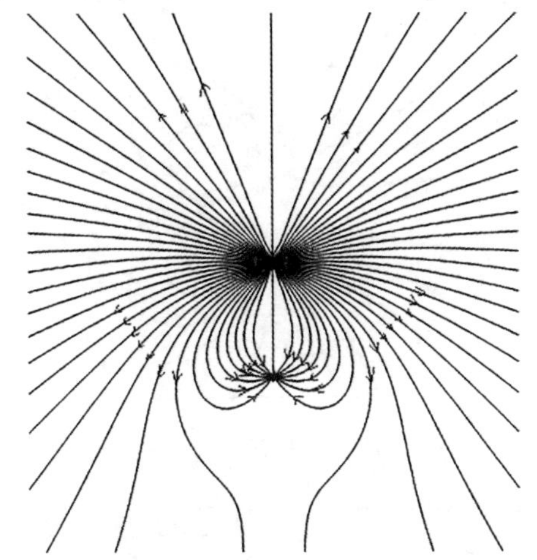

图 1–17　内为无、外、中为有的单元体图

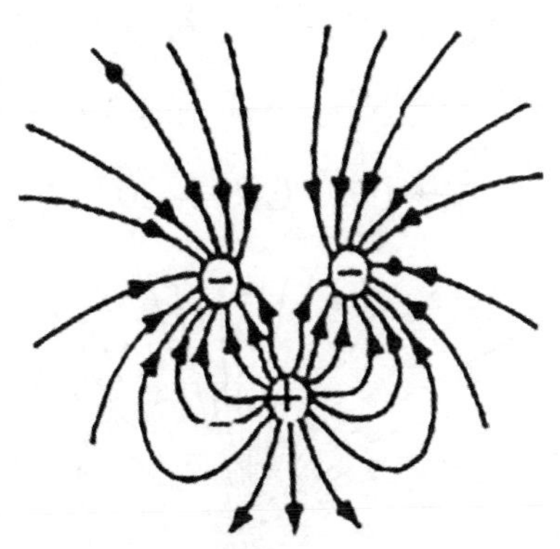

图 1–18　内为有、外、中为无的单元体图

（7）内、外为无，中为有的单元体。属性外无为阴动而暗，体形内无为柔，中为寒生有。外无和中有构成了寒刚体，中有和内无极体构成热性柔体，整体为上位的寒刚体下降中遇到下位的热柔性体上升，有

陷于中位蓄积，进退不能（见图 1–19）。

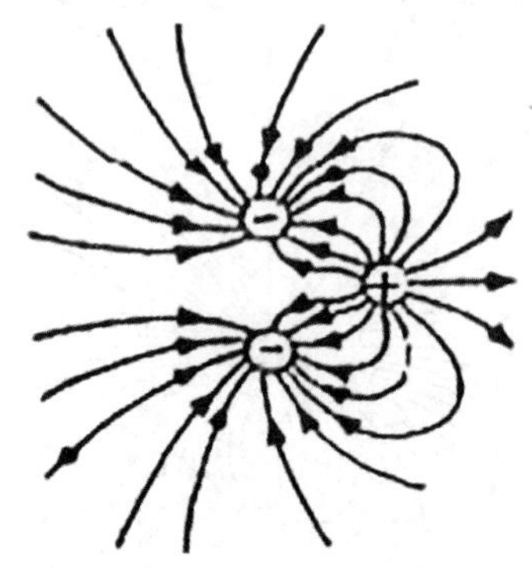

图 1–19　内、外为无、中为有的单元体图

（8）内、外为有，中为无的单元体。属性外有为阳动而明，体形内有为刚，中为热生无。外有和中无极体构成了热性柔体，中无和内有极体构成寒性刚体，整体为下位的寒刚体下降和上位的热柔性体上升分离，无极体扩大中位（见图 1–20）。

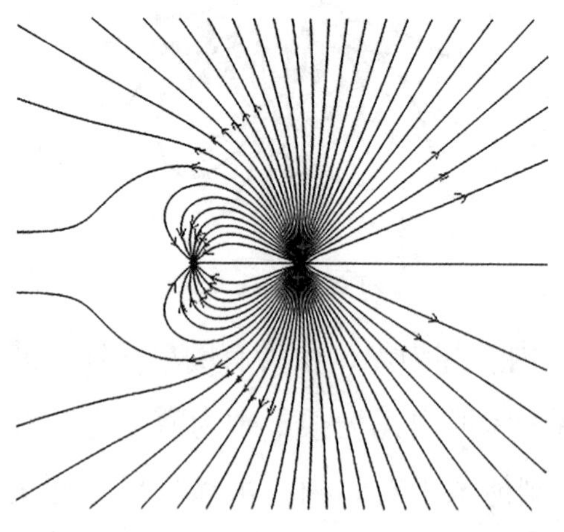

图 1–20　内、外为有、中为无的单元体图

（二）单元体的特点

1. 由于构成太极体的个数是奇数，必然导致单元体具有延续和变更呼出或吸入的动态属性。纯粹同一太极体构成的单元体，相对恒定，是纯粹有的太极体为刚热性恒底，是纯粹无的太极体为柔寒性恒顶。有无相杂构成的单元体，因太极体的个数是奇数，就必然形成要么有性大于无性，整体是呼胜出；要么无性大于有性，整体是吸胜出。因此，单元体要么是呼出要么是吸入。

2. 单元体自身具备天地人三才位置，与客观现象分层变化的空间一一对应。空间位置分天地人三才位，即：天位置是顶，为表，为象；地位置是底，为里，为根本；人位置是中，为心，为天地交集和分离的场所。单元体是由三个太极体构成的一个基础的复合体，每一个太极体有一个位置，外部的太极体是天为表，是有的为热而明阳，是无的为寒而暗阴；中部的太极体是人为中，是有的为显而仁为长为进，是无的为藏而用为杀为退；里部的太极体是地为里，是有的为实而刚，是无的为虚而柔。单元体和客观空间也就有了天地人一一对应。

3. 单元体具有丰富的层次性变化特征。单元体与太极体相比较而言，太极体只是简单的一呼一吸运动，随之产生的形态要么是有极体的刚性，要么是无极体的柔性，变化极为简单而迅速，忽隐忽现，快速闪变。单元体则不同，形体由简单的有极体的刚性和无极体的柔性的互变，转变为相磨后争夺的持久状态，特别是有无相杂的单元体，即使有强于无，但要呼出也会受到无极体寒入的制约影响；即使无强于有，但要吸入也要受到有极体热出的制约影响。

总之，由于寒热互限，使有无变化的速度减缓；由于有无互存，使形体具有丰富性；由于三才的位置出现，使形态更具层次性。

（三）单元体的自身发展

单元体自身演变发展规律：以“一吸一呼之谓道”为总纲，遵循“里外不一，中外增同；里外同一，中变入内”的原则，最终体现“刚大热生，热旺则阳，阳明化无，无蓄为柔，柔小生寒，寒盛阴临，阴动生有，有蓄则刚。”的演变规律。

1. 里外不一，中外增同。即里和外并不是纯粹的有或无，若里是柔则外是有，若里是有则外是无的单元体，其首先是中的变化和里的相同，而后外的变化和里中相同。如，外无里有中无的单元体，首先变化为外无里有中有的单元体，紧接着变化为外有里有中有的单元体。再如，外有里无中有的单元体，首先变化为外有里无中无的单元体，再变化为外无里无中无的单元体。

2. 里外同一，中变入内。即里和外是相同的太极体，里外要么是有，要么是无，其首先变化中部与上不同，紧接着中位变化下入内与上位不同。如上中下皆为有的单元体，首先变化为中部为无、上下为有的单元，然后变化为上中为有、下为无的单元体，即中有变无，无入里的变化顺序。再如，上中下皆无的单元体，首先中无变有，有入内的变化顺序。

3. 里中为有，外为无的单元体是刚大热生，里有和中有极体现形体为有强则刚大，中有则体现刚大则热生。上中下皆有的单元体是热旺则阳，中有和外有体现热旺而明，外有为明而阳。里外为有中为无的单元体是阳明化无，内有体现刚，外有体现有动则明，中则体现明生无。中外为有内为无的单元体则是无蓄为柔，外中为有体现热旺则明生无，内无为蓄积入内强而为柔。外有中内无的单元体是柔小生寒，外有为明生无，内无为无蓄积强而为柔，中无则是柔性强而寒生。里中外皆无的单元体则是寒盛阴临，里无是柔性强生寒，中无是寒性强生阴，外无是阴性临而降。

里外为柔中为有的单元体，是阴动生有，里无为柔性强生寒，外无为阴强，中有为阴强生有。外和中为无、里为有的单元体，是有蓄则刚，中和外为无是寒性强生阴，里有是阴性所生之刚内入为里，整体体形显刚。单元体自身发展就是依上顺序依序发展，反复循环。

二、单元体的外象阴阳

构成单元体的太极体，有极体强于无极体的，整体属性为呼出，即热散而出，名之为阳。无极体强于有极体的，整体属性为吸入，即寒性吸而入，名之为阴。

阳，本义是光明具象。膨胀之物，必然有光热现象伴生，太极体有性动为呼，虽然光不明，但其膨胀属性产生光热的本性不变。两个有性的太极体动则有明。所以，阳就是实有物膨胀散射的光明之象。

阴，本义是阴暗或黑暗具象。聚合之物，必然伴随阴暗产生，太极体无性动为吸，虽然不黑暗，但其聚合属性产生阴暗的本性不改，两个无性的太极体动则有黑暗。所以，阴是虚柔物收缩后黑暗阴冷之特征。

简单说：阳阴，就是昼夜之象。阳为昼，主白天，为有出生柔。阴为夜，主黑暗，为无收敛生刚。

呼吸和阳阴的关系：呼吸是太极体的有无动的特有属性，有动必呼，无动必吸。阳阴是单元体有无动的特有属性，单元体是由太极体交感产生，是呼吸的高级产物，是呼吸的延续和更新。由于单元体包含有无相杂，与太极体自身简单的有无互变不同，由其产生的阳阴，比呼吸具有包容性，简单说阳和阴中都能包含呼吸同时存在，而呼和吸就不能互相包含的彼此存在。

（一）单元体内部有量强于无量的为阳

单元体是外无而里中为有的，命名为少阳，体形为刚强，或名少柔。

单元体是纯粹精一的有性，名之巨阳或纯阳，体形为纯刚。

单元体是里外为有而中无的，名之阳明，体形刚柔相济而为中。

单元体是外中为有而内无的，名之太阳，体形为柔，或名长柔。

少阳：天位无动而尚寒，人位和地位有呼而明，虽外无蒙蔽内明，但光明津而长，标志阳进阴绝。

巨阳：天地人三位皆有，有动不受无羁绊，皆明。故为太阳。太，指大之意。

阳明：天位和地位有动而呼，人心为无动，地人之交为寒刚下降，天人之交为柔热而升，中部人之有缺失，虚无阻隔天地，难以形成合力。

太阳：天位和人位有动而明，地位无动，人地柔热，热阳上升之正道。

少阳灭阴，太阳是阳强外出具象。太阳和阳明，是阳心变动本渐弱之象，阳明心变，太阳弱本。

（二）单元体内部无量强于有量的为阴

单元体是外有而里中为无，命名太阴，体形是柔强，名少刚。

单元体是纯粹的无性，名之独阴或纯阴，体形为纯柔。

单元体是里外为无而中刚，名之少阴，体形为刚柔相济的中。

单元体是外中为无而内有，名之厥阴，体形是刚强，名长刚。

太阴：天位有呼尚热，人位和地位无吸而暗，虽外阳明，但阴暗津长。

独阴：天地人三位皆无，无动不受有阻碍，皆暗。

少阴：天位和地位无动而吸，人心为有，天人相交为寒刚，地人相交为柔热，内热外寒，刚陷于中，于天地之无而言，里外被中阻隔，难以形成合力。

厥阴：天位和人位无动而暗，交集为寒柔，地位刚动，地人交泰为寒刚，上下同向凝聚，长刚性入内。

太阴止阳，独阴是阴强具象长外。少阴和厥阴，是阴心变动本渐弱之象，少阴心变，厥阴弱本。

三、客观现象发展

客观现象发展的本质是八种单元体，在自我演变为八种形态的过程中，分别与太极体、双极交集体和单元体之间的交感、相荡，产生了大于等于四个太极体组合而成的新的复合体现象。

八种单元体与太极体有无两种体交集，产生了十六种四个太极体构成的复合体。

八种单元体与四种双极交集体交集，产生了三十二种五个太极体构成的复合体。

八种单元体与八种单元体相荡而交集，产生了六十四种六个太极体构成的复合体。

（一）客观现象演化定律

单元体与太极体、双极交集体和单元体之间构成大于等于四个太极体的新复合体，内部构成的有极体和无极体的数量相等，呼吸动势均衡，对冲以和为静物，简称“有无冲和为静物”。

内部构成的有极体和无极体的数量不相等，呼吸动势失衡，或阳外出或阴内入，体现运动状态，简称“有无失衡为动之物”。有极体的数量强于无极体的数量，则为阳外出运动；无极体的数量强于有极体的数量，则为阴入内运动。纯粹同一体则体现绝对的运动，纯有极体的动则外出，纯无极体的动则入内。

（二）客观现象衍变规律

客观现象衍变规律：道生一、一生二、二生三、三生万物。

客观现象狭义的演变定律，即：道，是指客观现象原始静止期的状态。这种状态表现为亿万个有限的无以计数太极体同一为一体，形成一个不分彼此的整体，并且体形为虚无的无极体。用符号○表示，为无极体构成的一个虚无的整体。

道生一，是指客观现象原始静止期，整体静极始变，分裂产生太极体，太极体自我无极体和有极体之间转化。一，就是指作为客观现象变化的首端个体，即太极体。用符号 2^{1} 表示太极体的演变，1 为道的 1 个太极体，2 表示太极体的有极体和无极体两种变化形式。

一生二，是指太极体自我有无互相转化，并在转化过程中静态交感，产生了双极交集体。有极体动则呼出，转化为无极体。无极体吸入，转化为有极体，有无转化遵循“一呼一吸之谓道”的原则。无数个太极体在有无转化过程中，相互交感产生了四种双极交集体。双极交集体具有了天地位置，变化规律遵循“顶底恒变，中部交变”原则。用符号 2^2 表示双极体的演变，即两个太极体构成的交集体的变化种类，底数 2 依然是指一个太极体的有极体和无极体之间转化，指数 2 是指两个太极体。

二生三，是指双极交集体再次与太极体的有无两种形态交集产生了八种单元体。单元体具有了天地人三才位置，自身演变遵循“里外不一，中外增同；里外同一，中变入内”原则。用符号 2^3 表示 3 个太极体构成的单元体变化种类，底数 2 是有极体和无极体之间转化，指数 3 是指 3 个太极体。

三生万物，是指八种单元体在运动过程中，与太极体、双极交集体和单元体之间产生了大于等于四个太极体构成的新复合体。这些新复合体在或静或动中相互构成了更加高级的多元复合体。用符号 $2^{(N+3)}$ 表示大于 3 个太极体构成的高级交集体演变种类，底数 2 是太极体的有极体和无极体之间转化，指数 $N+3$ 是指太极体个数，且 $N \geqslant 1$。

这些复合体作为万物的基础演变体，也就是说无论再高级的客观现象，包括人等生命体的演变，都是由这些基础体变化产生。

1. 基础体的种类

基础体包含太极体个体、双极体和单元体的称呼。太极体，即原始体，是一个独立不可再分的个体，所有高级的基础体包含静物基础体和动之物基础体，都是由构成太极体有无属性的数量决定，即：有和无等量的产生静物基础体，失衡的产生动之物基础体。并且，静物基础体和动之物基础体的复杂性或高级性与由太极体构成数量成正比例关系，太极体的数量越多，基础体静物和动物就越复杂。其公式表示为：2^n 且 n=G+R，底数 2 表示一个太极体有有极体呼和无极体吸的两种变化形式。指数 n 表示太极体的总量，太极体总量是由有极体 G 量和无极体 R 量组成。如当 n=1 时，太极体的总量为 1 个，内部要么有极体 G 量为 1 而无极体 R 量为 0 构成，要么有极体 G 量为 0 而无极体 R 量为 1 构成，其变化形式有呼和吸两种。当 n=6 时，是 6 个太极体组成的基础体，内部有无极体或均等，或失衡，但其变化形式有 64 种，其余以此类推。

（1）静物类

当 $G-R=0$ 时，表示有无极体含量相等，构成的基础体为静物。如：当 $G=1$ 时，无极体 $R=1$，构成的基础体 2^n 则表示 1 个有极体和 1 个无极体，合计 2 个太极体构成的静物基础体，有 4 种自我变化形式。

（2）动之物类

当 $G-R\neq 0$ 时，表示有无极体含量失衡，构成的基础体为动之物。当 $G>R$ 时，表示有的数量强于无的数量，构成的基础体为阳动而出，如 $G=4$，$R=2$ 时，则太极体的数量为 6，这个结合体的属性是有强，为阳动而出；当 $G<R$ 时，表示无的数量强于有的数量，构成的基础体为阴动而入。如 $G=2$，$R=4$ 时，太极体的数量为 6，这个结合体的属性是无强，为阴动而入。

2. 基础体衍生模式

（1）静物基础体衍生模式

太极体的自身演变产生了自身有无极体互相转化的过程体。其相荡而交集则产生了两个太极体构成的双极交集体，有无极体共存的双极交集体则体现了“有无冲和为静物”的体形特征。

这种“有无冲和”的形体产生规律，无限延续衍生模式表示为：2^n，且 $n=(G+R)^{(G-R+1)=1}$。指数 n 代表 G 刚性和 R 柔性等相和数的太极体总数。比如：有的太极体为 1 时，则 G=R=1，n=2，表示 1 个有极体和 1 个无极体，合计 2 个太极体构成静物的基础体有 4 种变化体。当 n=4 时，则是 G=R=2，表示 2 个有极体和 2 个无极体，合计 4 个太极体构成静物的基础体有 16 种变化。更为高级的静物基础体无限衍生规律以此类推。

（2）动之物基础体衍生模式

太极体衍变产生的基础单元体，其内部的无太极体和有太极体之间失衡则整体具有运动属性，失衡数值越大，运动属性越剧烈。公式为：$2^{(n+1)}$，且 $n=(G+R)^{[1+0(G-R\neq 0)]}$。底数 2 依然表示太极体的有极体和无极体自我转化，指数 n 表示太极体数量，且 G+R 为不同数量的有太极体和无太极体构成了失衡的具有运动属性的基础单元体，$0(G-R\neq 0)$ 表示无论是有太极体的数量大于或者小于无太极体的数量，其数值要么是正数要么是负数，与 0 之积的结果仍然是 0，只是表示要具备的一个必要条件。比如：有太极体数量为 G=5，无太极体的数量为 R=1，那么有无太极体合并构成 6 个太极体组成的新复合体，并且有强于无，整体为阳出运动。若 G=1，R=5，也是 6 个太极体组成的新复合体，但无强于有，整体为阴入运动。若 G=3，R=3，一样是 6 个太极体构成的新复合体，但有无均衡，整体为相对静态的静物，不符合动之物的演变条件。所以，有和无极体的差距越大，运动越剧烈；差距越小，运动越弱，没有差距则为静物。

四、客观现象生命物的演变

客观现象演变包含无生命物和生命物的演变。有生命的物，必须具备天地人三才位置，与客观现象演变环境相统一，上能到天，下能入地，这是人的功能。这个人，非指人类，而是指能上下运动的事物体统称。天地恒定，中变为人。

因此，生命之物，具备了上下运动的能力。单元体具备了天地人三才，是生命物发展的基础。

（一）三个单元体之间相荡交集构成了生命基础单元体

单元体与太极交集产生的四个太极体构成的复合体，只具备了天的表里关系，而地和人不具备表里关系。即单元体自身最外的太极体为天里，与其交集的太极体为天表；而这个新交集体的地和人都不具备表里条件，不能形成生命物雏形体。

单元体与双极交集体产生的五个太极体构成的复合体，虽然天和地都具备了表里关系，但人不具备表里，不能恒静，也不能形成生命物雏形体。

只有单元体与单元体交集产生了九个太极体构成新的复合体，才具备了天地人三才的表中里关系，具有生命物雏形特征。即：下部的太极体里部为新复合体的地里、中部为人里、外部为天里；中部的太极体里部为新复合体的地中、中部为人中、外部为天中；而外部的太极体的里部为新复合体的地表、中部为人表、外部为天表。

（二）九个单元体构成了智慧基础单元体

三个太极体构成的单元体包含了呼吸共存的阳阴之道，即：阳明，阴暗。同时，此种单元体自身具备了天地人三才，内部之间具有衍变属性。由三个单元体结合产生了具有表中里关系的九个太极体构成的新复合体，具有生命物雏形。三个单元体之间构成了九个太极体结合的更高级新基础单元体，这个新基础单元体，天地人三才都具备了表中里关系，相互之间具有了关联性。这种关联性，称之为衔接点，具备了信息流通特征，但还不具备反馈、交变指示等思考性特征。由其再次形成具有二十七个太极体组成的更高级基础单元体时，有九个由三个太极体构成的基础单元体，真正具备了相互之间的信息反馈、回流和交变指示等思考性特征的基础单元体，名之智慧基础单元体。

总之，3^1 表示为 3 个太极体构成的一个单元体，是客观现象生命演变发展的基础单元体，为生命演变的道生一。3^2 表示九个太极体形成了三个单元体组成的生命雏形基础单元体，为一生二。3^3 表示二十七个太极体形成了九个单元体组成的具有思考性的生命智慧基础单元体，为二生三。并继而衍生的更高级基础单元体发展种类，抽象符号为：道（$3^{n(n+1)/2}$）^{0}，道生一（$3^{n(n+1)/2}$）^{1}，一生二（$3^{n(n+1)/2}$）^{2}，二生三（$3^{n(n+1)/2}$）^{3}，三生万物无限循环。这里的 n 表示以三个太极体构成的天地人关系的单元体演变次数。如，当 n=1 时，表示第一次演变，只有三个单元体构成一个整体。当 n=2 时，则表示第二次演变，会有 27 个单元体构成一个更高级的基础单元体。无限以此类推。

五、太极体和单元体的关系

（一）关联性

一是太极体和单元体都是以太极体的奇数为构成形式。太极体是一个个体。太极体是客观现象最小的基础体，其不可再细分，是所有客观现象产生和发展的首端体，以及衰败发展的归宿点，即终始合一位置的事物体。单元体是由太极体组合构成的，太极体的数量为三个，且单元体包含纯粹的有或无，也包含有无相杂的太极体。二是太极体和单元体都具备动态属性。太极体是有动则呼，无极体是无动则吸。单元体的有极体量大于等于两个时则为阳明而外出，小于等于一个时则为阴暗而入内。

（二）区别

一是单元体是太极体的高级发展，延续和更新了太极体的呼吸之道，包容了呼和吸共存的阳阴之道。太极体，则是呼吸之道互为更替，不能同时共存。

二是太极体自身内部不具备天地或天地人三才位置，仅仅就是简单的要么有要么无的变化形式。单元体则具备了天地人三才位置，有了人心、地本、天象三才。

三是太极体是构成物的原始基础体，即物源。如双极交集体就是两个太极体构成的物，但此物不具备人心，不能产生生命物。单元体具备了人心，可以上移天下入地，活动空间增加，类似于人类活动一样，故为生命产生的原始基础体，即命元。由此，太极体是物源基础体，单元体为命元的基础体，生命基础体是物的高级发展产物。原始基础体是客观现象的首端和末端体，即终始合一体，极其单一；生命基础体是客观现象发展中具有复杂性和多样性体。

第五节　客观现象变动

客观现象的演变，以太极体自我演变为基准，遵循聚合和膨胀互相交替变化的原则，太极体之间互相感应，继而交集，产生了聚合过程的质重下沉和膨胀过程的轻清上移的变动。最终形成了刚实的客观现象存在于底层或最里层的地位，虚柔的客观现象存在于顶层或最外层的天位。地天之间的路径是聚合下沉、膨胀上移的变动途径，称之为人位，或称进退之道。天位的柔虚体凝聚下沉到底部的路径，称之为退，或称地道。地位的刚实体膨胀上升到顶层的路径，称之为进，或天道。

一、地道变动

地道，客观现象体的形体聚合收敛，释放寒性，力向内入，促使形体逆时针旋转运动。其本质上属于无形的虚体即气产生寒性而凝聚为实体，类似于迈出分开的双脚归并为一体的关系，简称归步法则。

地道变动的过程，是虚柔性消退，刚实性发展的过程。

客观现象原始绝对静止期的太极体静极始变，产生了聚合现象，这一聚合过程打破了静止的原始期虚物状态，转变的结果为相对静止的聚合期实物状态。聚合过程中因聚合强弱不同，产生了整体分裂和整体聚合两个过程，分裂过程是太极体物性发展弱期，其聚合力性是由外向里的压力过程；聚合过程是太极体物性发展强期，聚合力性是由里向外的吸力过程。“由外向里的压力”与“由里向外的吸力”的力的方向是一致的，只是力大小“聚合强弱”不同，所以产生了分裂和聚合。

（一）整体分裂过程

客观现象原始静止期的太极体静极始变，向自我中心点收缩移动，由此产生了自身惯性，太极体之间产生了空间距离，称之为太极真空。随着太极体的自身聚合，致使整体唯一的客观现象转变为层次分明、太极体相邻之间改变了零间距（见图 1–21）。同时，

太极体之间由外向里部靠近依次重叠粘合，填补里部的太极真空，客观现象里部的单元实体受到其外的挤粘，外围向里部产生了重量上的压力，致使客观现象整体间的距离、密度、形体开始变化。在这一变化过程中，太极体由纯粹单一的虚性转化为具有物性的实体，且太极体物性范围为最小状态，大部还表现为虚性体形。

在聚合过程中，随着压力的增强，客观现象整体里部的凝聚力也越来越强，由此产生了新的密度较大的有一定质量的实球体，称之中心体。中心体不断增大，由若干个太极体聚合而成的自身的重量已失去原有的均衡点，在由外向里运动的向心力的推动下，开始产生运动。又因里部是向心力的着力点，中心体向任何方向运动遇到的外力层所给的压力是相同的，这就决定了中心实体只能在原位产生自身旋转运动，即自转运动。中心体的凝聚力呈圆弧逆时内旋运动。

（二）整体聚合过程

中心体自身的粘合凝聚运动，在自转的惯性和外界的压力作用下，产生了极速运动，构成中心体的有极体也相应地急速运动，同时撞击相邻的有极体在极速的运行。这时期的太极体自身聚合加快进程，急速运转的有极体的向心力方向发生转折，产生了由里向外运动的吸力运动，进一步聚合壮大中心体。整个客观现象以聚合特性高速自转状态存在。中心体随着聚合量的增加，物性由小变大，由无形凝聚为有形。

当中心体外的太极体聚合量递减，加之构成中心体的有极体由聚合能性减弱至隐藏时，中心体由外向里产生的自转速度递减趋于静止状态。此时，由压力和吸力不断积累而成的中心实球体已经定型，为最大的实体，我们称之为刚实体，位于原始期单元虚体所覆盖的里部（见图 1–22）。

在聚合这一阶段中，太极体由自身虚体生成实体，物性由小累积变大，虚性由强变弱，当太极体自身体性由最虚生成最实时，太极体终止聚合运动后，处于相对静止状态，此时太极体物性以最大体形存在。

二、天道变动

天道，是客观现象体的形体膨胀散开，释放热性，力向外出，促使形体顺时针旋转运动。其本质上属于有形的物体产生热性气体，类似于并列的双脚迈开关系，简称迈步法则。

天道变动的过程，是刚实性消退，虚柔性发展的过程。

客观现象体由于自身内聚运动停止，致使有极体中心点所产生的向上蔓延力性不再受到来自相邻面的压力而逐渐向外膨胀，使自身体积逐渐放大，促使太极体由物性向虚性转化的膨胀现象。膨胀过程中因膨胀强弱不同，产生了整体弥合和整体膨胀两个过程，弥合过程是单元体虚性发展弱期，其膨胀力性是由里向外的抗力过程；膨胀过程是太极体虚性发展强期，膨胀力性是由外向里弹跳过程。

（一）整体弥合过程

客观现象中心体的单元实体聚合逐渐隐匿后，膨胀能性显现，太极体自我膨胀，随之，相邻有极体相互撞击，相互作用，外部承接内部的外向作用，由里部向外部产生了蔓延的外向抗力，致使客观现象整体的太极体之间的距离、密度、形体开始膨胀变化。越在外部受到的抗力越大，越在里部则越小。

随着抗力的增强，外部的膨胀力也越来越强，由此产生了新的体积较大、密度较稀疏的无极体，此时期的虚性较弱，大部为物性体。但里部受到抗力最小，其密度比最外部的柔性较为紧密，具有强大的压力和部分吸力。这一时期太极体所产生的膨胀力还不能突破压力和吸力的作用，最外部柔性在来自内向抗力的作用下，开始产生了外旋自转圆弧运动（见图 1–23）。在这一变化过程中，太极体由纯粹单一的物性有极体转化为具有虚性的无极体，且太极体虚性范围为最小状态，大部还表现为物性体形。

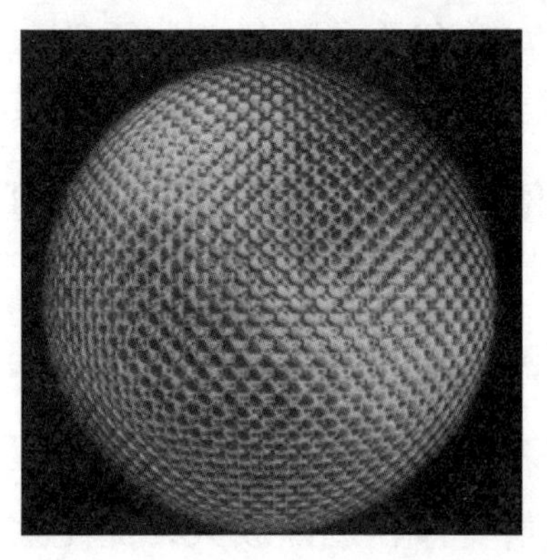

（二）整体膨胀过程

随着太极体自身膨胀力渐强，加速撞击邻居，太极体之间的相互作用力越来越强大，并产生了由里向外运动的弹力。同时，中心体的压力和吸力随着太极

体属性的转变而渐隐，此时的太极体的弹力形成强大的爆发力，冲破阻力，外向喷发，产生爆炸现象（见图 1–24）。

爆炸的飞出物，是太极体膨胀最强结果，随着膨胀逐渐减弱乃至结束，太极体转化为最虚特性的无极体，还原为客观现象原始静止期的最虚特性。

上述地道和天道变动的客观现象过程，是由客观现象太极体的有极体转和无极体互相转变后引起了整体的客观现象随之变动现象。也是最初期的变动现象描述，而由客观现象的太极体之间构成的高级单元体或更高级的个体所引起的客观现象整体变动，其原理同样是如此，也是柔虚体和刚实体互相转变现象。

图 1–25 中，核心点是地道聚合变动结果体，体现形体为刚柔性。最外层是天道膨胀变动结

果体，体现外表是阳阴虚无属性。最外层虚无的阳变阴凝聚为核心点的刚柔，核心点的刚变柔膨胀为最外层的阳阴，二者同时变动，相互交荡，分分合合，合合分分。

三、人道进退

由于客观现象的单元体具备了天地人位置关系，与客观现象位置分层的天地人三位置一一对应，其变动起始位、变动落脚点位，以及变动位移的途径，最能体现客观现象进退路径演变。

（一）客观现象单元体命名及属性分类

1. 单元体命名

里中外皆是有极体构成的单元体，命名为乾体。

里中外皆是无极体构成的单元体，命名为坤体。

里外是有极体中部是无极体的单元体，命名为离体。

里外是无极体中部是有极体的单元体，命名为坎体。

里是有极体中外是无极体的单元体，命名为震体。

里是无极体，中外是有极体的单元体，命名为巽体。

里中是有极体外是无极体的单元体，命名为兑体。

里中是无极体外是有极体的单元体，命名为艮体。

2. 属性分类

（1）有属性体和无属性体

以有和无互相演变，属性分类为有体和无体。

坎、震、乾、艮，是一有之道，为有的变动轨迹。坎体，有生，名有中；震体，有长；乾体，有至极，并标志始衰，始衰点是柔元或天元，因有生无，成就天位，故称天元，即天始；艮，有衰亡的过程和有亡终点，衰亡过程名为少有，有亡终点名为天炁。中坎、震长和乾极，为有的蓄积发展，或称潜伏发展，属于地道主导时期。乾元、艮衰、艮终为有的衰败发展，为有显现发展，属于天道主导。

离、巽、坤、兑，是一无之道，为无的变动轨迹。离体，无生，名无中；巽体，无长；坤体，无至极，无的衰点是刚元或地元；兑，无的衰败过程名少柔，无灭亡的终点名地精。中离、长巽和极坤，为无的蓄积发展，属于天道主导。坤元、少兑和兑终，属于无的衰败发展，属于地道主导。

天地互化：坤至极化坎有中，坤地元化生震长有，兑少无化乾至极，兑地精化乾天元，乾天元化离无中，艮少有化巽长无，艮天炁化坤至极。形成一个封闭式循环周期。即：乾—离—艮—巽—艮—坤—坎—坤—震—兑—乾—兑。

（2）以里部是有极体和无极体划分形体为刚柔体。

震、兑、乾和离，形体是刚体。震兑，是柔往刚来；乾离是刚往柔来。

巽、艮、坤和坎，形体是柔体。巽艮，是柔来刚往。坤坎是柔往刚来。

刚来柔往，生成地位。柔来刚往，生成天位。

（3）以外部为有极体和无极体显现阳阴属性。

乾、离、巽和艮，为阳属性。乾离为阳进，巽艮为阳退。

坤、坎、震和兑，为阴属性。坤坎为阴进，震兑为阴退。

（二）客观现象时序和位序

1. 天时序

天时序，是单元体的刚实体膨胀化气，体现阳阴（热寒）属性，属于虚气体变动存在的位置。体现迈步法则，即对立分开（见图 1-26）。

图中，阴阳对立持恒分布，乾坤对立、坎离对立、震巽对立、艮

兑对立。乾离为春阳，主生气，乾主立春，离主春分；巽艮为夏阳，主长气，巽主立夏，艮主夏至。坤坎为秋阴，主杀气，坤主立秋，坎主秋分；震兑为冬阴，主藏气，震主立冬，兑主冬至。

天位八时，实质上是乾—离—艮—巽—艮—坤—坎—坤—震—兑—乾—兑周期循环发展的缩减版。

十二时的位置用十二种符号体现阴阳之气（见表1–1）。

十二时性	乾	离	艮	巽	艮	坤	坎	坤	震	兑	乾	兑
	天元	生无	有衰	长无	天炁	无极	生有	地元	长有	少无	有极	地精
	春			夏			秋			冬		
符号	寅	卯	辰	巳	午	未	申	酉	戌	亥	子	丑

2. 地位序

地位，是单元体的无极体聚合成质体，体现刚柔（虚实）的形体，处于相对固定的位置。遵循归步法则，显示刚柔持恒相摩争夺的状态。

刚柔合并分布，体现刚柔互摩争夺。乾有极为刚水，坤无极为柔水，乾天元生无为刚木，坤地元生有为柔木；艮少有为柔火，艮有终为天炁，兑少无为刚火，兑无终为地精；坎有生为刚土，离无生为柔土；震长刚为刚金，巽长柔为柔金。

刚柔持恒相摩，体现中和状态。这个中和，称之为刚柔相济的液态。刚柔失衡，刚强为固态，柔强为气态。乾刚水和坤柔水，中和相摩为液态水，坤动聚合夺乾，则发展为固态水，乾动膨胀则发展为气态水。其余以此类推。

东北和东为木位，东南和南为火位，西南和西为土位，东北和北为金位，中为地乾坤水位。

艮天炁生成坤水，兑地精生成乾木，所以天炁藏于柔水，地精藏于刚木。乾通气于艮，艮通气于坤，兑通气于乾，坤通气于兑，艮兑互相通气。

地九宫的位置体，用十种符号体现刚柔（见表1–2）。

	乾	坤	乾	坤	艮	兑	坎	离	震	巽
属性	有极	无极	天元	地元	少有	少无	生有	生无	长有	长无
	刚水	柔水	刚木	柔木	柔火	刚火	中土	中土	刚金	柔金
五行	壬	癸	甲	乙	丙	丁	戊	己	庚	辛
	中宫水		东方木		南方火		西方土		北方金	

3. 天时和地位关系。

天道变动，其根源于地位的刚实体，此时膨胀属性显现，聚合属性消失，地位刚实体产生了亢力或浮力。地道变动，根源于天时的柔虚体，此时聚合属性显现，膨胀属性消失，天时产生了引力或吸力。

天地互根，变动同时。天地互根是关联性，天十二时化生地十体，地十体生化天十二气，十二时分为阴阳各六，十体分刚柔各五，简称五运六气。

天时的迈步法则和地位的归步法则是天时地位的区别。

地位是天时的阳阴气变动化质体，并步于中宫水位。天时是地位的刚柔质体变动化气，迈步为最虚、最大状态的气属性位。最大和最小之间互相转变，就是天时地位的关联性。

（三）爻变序

天时阴阳气变动和地位刚柔体变动，都是历经天人地三才位置，简称发展三部曲（见图1-28）。天道三部曲：乾底部——乾中部——

乾外部，或称天位—人位—地位。地道三部曲：坤外部—坤中部—坤底部，或称地位—人位—天位。

1. 天时爻变

（1）三阳进退：乾里部进退为子进午退，为少阳进退；中部为寅进申退，为阳明进退；外部为辰进戌退，为太阳进退，依序演变。

（2）三阴进退：坤外部进退为未进丑退，为太阴进退；中部为酉进卯退，为少阴进退；里部为亥进巳退，为厥阴进退。

由于少阳子午属于阳动的开始和终止，太阴未丑为阴动的开始和终止，子午丑未四者相对恒静于中。其余动八时依序进退变动，称之为爻序。

2. 地位爻变

（1）有位进退：壬进烝退，甲进戊退，丙进庚退。

（2）无位进退：癸进精退，乙进己退，丁进辛退。

壬精烝癸，四者也是相对恒精于中。

总之，天时和地位的爻变，壬子、癸未和精丑、烝午，是动的终始，相对恒静位中（见图 1–29）。

（四）人位序

天和地的爻变，推动了天时和地位之间相交，产生了绝对的零和方位，即人位。人位居于天地之中，人的中心点集阴阳和刚柔相济零和于一体的位置点（见图 1–30）。

人位序：乾甲坤乙东方木，艮丙兑丁南方火，坎戊离己中宫土，巽辛震庚西方金，乾壬坤乙北方木。

人法地的原则，决定了地位中宫水和人位中宫土相合于中宫，相对恒静。人位的坎戊和乾壬对立统一，离己和坤癸对立统一，坎戊体位于乾壬体方位，离己体位于坤癸体方位。

人位，是天时和地位的交汇的零和位置。受到阳和阴的影响，导致位序变化。天时主导地位，地位主导人位。天时的爻变属性决定了地位的爻变属性，地位的爻变属性又决定了人位的位序变化。

天时的阳进和阴退时间，是地时的爻变属性阳主导，决定了人位的位序由乾甲—坤乙—艮丙—兑丁—离己—坎戊—巽辛—庚震—坤癸—乾壬的顺序，改变

为乾甲—坤乙—艮丙—兑丁—坎戊—离己—震庚—巽辛—乾壬—坤癸的顺序（见图 1–31）。

天时的阳退和阴进时间，是地时的爻变属性阴主导，决定了人位的位序由乾甲—坤乙—艮丙—兑丁—离己—坎戊—巽辛—庚震—坤癸—乾壬的顺序，改变为坤乙—乾甲—兑丁—艮丙—离己—坎戊—巽辛—震庚—坤癸—乾壬的顺序（见图 1–32）。

人的位序改变，是由表里阳和阴的平衡关系，改变为表里是有和无的平衡关系。阳时，是表为一有之道，里为一无之道。阴时，是表为一无之道，里是一有之道。

（五）天地爻和人序的区别

天时序：乾—离—巽—艮—坤—坎—震—兑—乾。

图 1–33

这个序属于膨胀结果相对静恒的位置分布，也是气变自我生成演变的顺序。

地位序：坤—乾—兑—艮—坎—离—震—巽。这个序属于聚合结果相对静恒的位置分布，体现方以类聚、物以群分的柔变刚的强弱程度分布。

爻变序：乾—巽—兑—离—坤—震—艮—坎—乾。这个序是气通变进退的时间顺序，与生成顺序和刚柔程度分层无关。

人位序：是天时和地位相交零和的恒位。天时是纯粹的有精和炁无为中，所产生的始有戊和始无己被封存于精炁位置；地位是以运动之终始的壬癸水为中。人位则是精炁戊己和壬癸和合一体的位置为中宫，体现了阴阳和刚柔相互间对立统一的零和恒位。

第二章　象说

象者，像也。包含两种含义：一是指自然界、人或物的形态或样子，即某些事物相同或相似，如某人凶的像头狼。二是指以模仿、比照的方法制成的人或物的形象，即映像。如比照人物制作的画像、铜像、肖像、录像等。简单说，象就是指自身映像和类象他物这两种含义。本文所说之象，主要是指类象他物的内涵。

第一节　总论

客观现象涵盖大全，无所不包。各种物象之间有各自的明细特征，但无论是高级的客观现象，还是低级的客观现象，都是由最简单的不可再分割体即太极体构成。因此，客观现象的构成之象，都由太极体的象及其有和无这两仪延伸拓展来表示。

一、象源

客观现象是五彩缤纷的世界，其丰富性、层次性和复杂性不以人的主观认知而以偏概全。但它们都是由太极体无限扩展发展而来。太极体“有动则呼、无动则吸”的变化规律，是客观现象衍变的总纲。所有衍变物都遵循“有无均量恒中为静物、有无失量动则出或入”的定律而变化。同时，衍生体在动变中“有强则呼而明，无强则吸而暗”是特有的本质现象，是动之客观现象共有特性。

日出则明，日暮暗至。日夜互相交替更变，反复无穷，生生不息。

日出，是无数亿万个太极体的交集体，并且这个交集体是“有无失量动则出”“有强则呼而明”的属性特征。日暮，则是“有无失量动则入”“无强则吸而暗”的属性特征。固然，从科学角度而言，暗是地球自转结果。但我们可以类象于地球这个实体属于太阳光辉终点站的“无动则吸而暗”结果体。

太阳与地球的关系，类同于太极体的有极体和无极体的关系。即：太阳是太极体的有极体之动，呼而明；地球是太极体的无极体之动，吸而暗。地球和太阳互相运动中的更替规律，就是太极体的一有一无的呼吸之道。日落日暮的这一交替规律，类比于客观现象基础体太极体有无互相交替之象，这种类比法属于高度浓缩集中的类象方式，称之为抽象。而反映实际的象，可称之为具象。比如：太阳实际的映像就是具象。

总而言之，日出和日暮交替现象，是客观现象的取象之源。日出取象为有动，日暮取象为无动。日出的本质就是太阳之动，日暮的本质就是地球之动。

二、象符

表 2-1　取象源

取象源	日出	日暮
象符	▬	▬ ▬
属性	有动	无动
类象	光明、暑热、清轻、进、外出、升、扩散、大、君子、男人、膨胀、化气、生长、向往、优等	阴暗、寒冷、浑浊、退、内入、降、收敛、小、小人、女人、聚合、成质、杀藏、消极、劣等

日出之象，具有光明发散特征，并且光辉根源是

实体。即光明之无，是实体动则化气体结果。用实线—类象日出之根为有，有动外出化气体。

日暮之象，具有无极体收缩晦蒙特征，并且收缩之根在无，是虚体动则化质体结果。用虚线- -类象日暮之根为无，无动入内化质体。

根据日出和日暮的动性，类象万物的共有属性是一分为二的转化。即：日出动变属性为外出发散性，具备光明、大、膨胀、生长、暑热等散射性特征。于人而言就是积极的、宽广的、喜悦的心理感受。日暮动变属性为内入收敛性，具备阴暗、小、聚合、杀藏、寒冷等收缩性特征。于人而言就是消极的、狭窄的、悲伤的心理感受。

同时不难得知：日出和日暮现象，本身就是对立和统一的。所谓对立，是现象乃至属性都是相反的，你大则我小，你小则我大。所谓统一，则都是太极体构成的高级复合体，自我两种形式的更替变化。谁也缺少不了谁，此一时彼一时之间的交替显现。这种对立统一现象，继而延伸到所有一分为二的事物中。

一旦确立了客观现象最基础体太极体的象符，源自于日暮和日出交替变化之象，无论多么高级的复合体之象都是由太极体的虚实之象构成象符。但高级复合体和太极体的象符是有所区别的，太极体象符所表示的类象，是简单的二元划分。而高级的复合体象符表示的类象打破了二元划分结构，变得更加丰富，程度更加细化，可以是四分、八分、六十四分乃至更细化的结构。

三、象位

表 2–2 象位

位置 位性		上位	下位
象源		日升顶	日暮底
有	▬	在外膨胀，背中而往	在内膨胀，向中而来
		失位	正位
无	╍	在外收敛，向中而来	在内收敛，背中而往
		正位	失位

（一）运动轨迹位置

从日出升则日辉到人类头顶，日暮落则日辉远离人类的昼夜交替的变化现象引申的类象得知：一是日出和日暮皆有位移运动，出则到顶，为上位；入则到底，为下位；出入点参照位置为中。即：所有运动物的轨迹必有上中下三位。二是同一位置中有来则无往，无来则有往。

从太极体“有动则外出、膨胀化气、轻清上升、虚无在顶，以及无动则入内、聚合成质、浑浊下沉、实有在底”的变化规律得知：实性有极体在下位、虚性无极体在上位的，称之为正位。实性有极体在上位、虚性无极体在下位的，称之为失位，或位置不对。

由太极体构成的高级复合体，其运动轨迹同样有上位、下位和中位的位置关系。如太阳就是亿万个太极体组合构成的高级复合体，上下位的取象源于此。

（二）自我内部空间象位

同理，由太极体衍生出的所有高级复合体，改变了太极体自身没有内部空间的现象，产生了里外乃至上中下的内部空间。

太极体是物源基础体，由其交集产生的双极体，有极体在下、无极体在上的双极交集体，是当位关系；无极体在下、有极体在上的双极交集体则是失位。

单元体是命源基础体，由其交集产生的复合体，有量强的单元体在下位，无量强的单元体在上位，属于正位，或当位。比如下和中为有、上为有的单元体在下位，上和中为无、下为有的单元体在上位，都属于当位或正位。若相反，则属于失位，或位置不对。

四、象位关系

太极体构成的所有复合体，其内部的各个太极体的有极体和无极体要么各自之间，要么相互之间产生三种关系。一是互相迎合关系，名之相交关系，犹如两个远端相向的车辆互相迎合行驶，最终会在一个点产生相交关系。二是背向分离关系，名之丕，即不交。即相向行驶相交后互相背离走向两个端点的车辆关系。三是同向运动的关系，名之志应，或志同。如方向一致，共向同一端点行驶的车辆关系。

当上位置的太极体或单元体或更高级的复合体其是无量强、下位置是有量强，其位置关系属于正位关系，运动中互相迎合的关系则属于相交关系，两者关系紧密，互相呼应。当上位置是有量强、下位置是无量强，其位置关系属于失位关系，运动中相背分离。当上下位置的太极体或单元体或更高级的复合体都是有量强，则属于志同运动，同向外出驶向上位端点；若其是无量强，则属于志同驶向下位端点。简单说：正位关系形成了事物生长关系，即上无动下行生有壮大了下位置，下有动上行生无壮大了上位置，作为一个整体的事物则越来越壮大。不当位关系则是衰败死亡关系，即上位置的有生无而上行脱离下位置有，下位置的无动生有而下行脱离上位置无，上下分离，位置颠倒，对于一个结合的整体事物而言，属于衰败死亡发展关系。对简单的太极体交集体而言，由于太极体仅有无极体和有极体两种状态形式，无极体在上位、有极体在下位的交集体则是正位关系，属于生长关系；有极体在上、无极体在下的交集体则是失位关系，属于衰败死亡关系。而对于单元体甚至更高级的复合体交集的整体而言，由于有和无能共存一体，是一个相互相磨争夺的过程，并且这个过程分类越来越细，如单元体自我发展过程有八阶段，其中四个阶段属于有生到最强的发展阶段，另外四个阶段属于无生到最强的四个阶段。所以，单元体或高级体的内部是有生发展的，其在下位时，有弱无强时，尚不属于正位，随着有的增强，正位越来越明显，其在上位时，则与下位相反，不当位越来越明显；内部是生无发展的，其在下位时，无弱有强时，尚显正位，由于无的增强，不当位越来越明显，其在上位时，则与下位相反，当位越来越明显。

在志同驶向端点的关系中，又有三种情形，一是上下位置的地位都是有量或无量且上下量相同的，其关系表现为平行有序运动，上行的则下位斥力上位，下行的则上位斥力下位。二是上位有量或无量强于下位同属性的，则上下拉开间距，上位移动快于下位，抢先入上位。则上位快速追赶下位，推动或催化下位抢先入位。三是上位无量或有量强于下位同属性的，下位催化或推动上位入位。则下位拉开与上位的间距。

总之，追赶关系属于催化关系，拉远关系则是滞后关系，平行关系则是同步斥力关系。

第二节　物源基础象

一、太极体象

太极体是客观现象的首端体，是一切的源头，其自身变化是虚实之间的转化。即无极体和有极体之间转化构成完整周期。虚体动，客观现象由无化有，其根在无，其果为有。实体动，客观现象由有到无，其根在有，其果为无。用〇这个零符号来表示太极体的总形状，在客观现象原始静止期时，这个零所代表的是太极体为最虚状态。由于太极体变动周期一半是虚体一半是实体。且太极体的首端状态始于虚无，鉴于此，〇分为二，一半为虚无的白色表示无半圈，一半是实体的黑色表示有半圈。同时，无源自于有动，用实心黑点嵌套于无圈中，以示有动；有源自于无动，用虚空圆点嵌套于有圈中，以示无动（见图 2-1）。

图 2-1　太极体象图

这一现象源于昼夜之象。昼为有动化无，天下文明，日辉万物。夜为无动化有，天下阴暗，阴寒肃杀万物。

采用高度浓缩的抽象方式，以根源为象，有动化气过程用实线表示，无动化质过程用虚线表示。（见表 2-3）

表 2-3　太极体抽象

太极体	
〇	
无动	有动
⚋	⚊

二、太极体交集象

（一）太极体交集象及发展顺序

无以数计的太极体或有⚊或无⚋之间交集，产生了四种双极体之象，上无下无极体为⚏象，上无下有极体为⚎象，上有下有极体为⚌象，上有下无极体为⚍象。太极体产生的交集体自我发展过程遵循“先无后有、起始同一”的变化顺序原则。即：上下无极体发展为上无下有极体，上无下有极体发展为上下皆有极体，上下皆有极体发展为上有下无极体，上有下无极体又发展为上下皆无极体。

表 2–4　双极体交集及发展顺序

交集象及自我发展顺序			上位	
			无⚋ 正位	有⚊ 失位
下位	无⚋	失位	1. ⚏ ← ↓	4. ⚍ ↑
	有⚊	正位	2. ⚎ →	3. ⚌

这一发展顺序，遵循了客观现象始于虚无的无极体，发展为实体的有极体，即无生有；再有极体发展为无极体，即有生无。

（二）太极体交集类象

表 2-5　太极体交集类象

象源＼类象	上位夜		上位昼	
	⚏	⚎	⚌	⚍
	下位柔	下位刚		下位柔
属性	杀	藏	生	长
日象	晚	夜	早	午
年象	秋	冬	春	夏

1. 上下皆无的交集体⚏象，上无极体是正位、夜象，下无极体是失位、柔体，上下无极体为平行的同步入内关系，为杀。取象为虚无的无极体，动则化生孕育有。类象为一日的前半夜，一年的秋季，寒冷阴暗，万物凋零肃杀。

2. 上无下有的交集体⚎象，上无极体是正位、夜象，下有极体是正位、刚体，上无极体和下有极体是相交关系为藏。取象为无动生刚，类象为一日的后半夜，一年的冬季，有动在下，藏而津长，刚来柔往，万物静藏。

3. 上下皆有的交集体⚌象，上有极体是失位、昼象，下有极体是正位、刚体，上、下有极体为平行的同步外出关系，为生。取象为实体的有极体，动则孕育无。

类象为一日的上午，一年的春季，暖和而光明。万物生育，春机盎然。

4.上有下无的交集体⚍象，上有极体是失位、昼象，下无极体是失位、柔体，上有下无为背向分离的丕关系，为长。取象为有动生无，类象为一日的下午，一年的夏季，无动在下，津而长气，柔来刚往，万物繁荣兴盛。

同步关系的交集体，其象纯粹精一。皆无之象名炁，皆有之象名精。纯粹精一极则变，精为生气、炁为杀气。有和无相杂而交的象，名之精炁交感为藏气生体。有和无相杂而丕的象，名之精炁分离为长气杀体。

太极体之间交集的双极体之象，与太极体或有或无之象比，丰富了位置关系。太极体自身不存在里外或上下的关系，而交集的双极体之象具备了里外或上下的关系。并且，有动外出，化无丽辉天下，拓展了空间，取象有为健，为天。无动入内，收敛阴寒万物，塌陷了空间，取象无为顺，为地。因此，两仪之象，就是天有地无之象。天有在上、地无在下之象，就是天地丕，互离长气而伤体，万物衰败。天有在下，地无在上之象，就是天地互来交感，万物藏象体生而长，万物兴盛。上下皆天有，则是纯粹之精，极则生气膨胀，名之大来。上下皆地无，则是纯粹之炁，极则杀气为凝缩，名之小来。⚍之象，体虚而伤，是小来大往之象。⚎之象，体生而壮，是大来小往之象。⚌之象，是纯粹精一，天行健，有健之象。⚏是纯粹为炁，地无而顺之象。

客观现象都是由太极体构成的，无论多么高级的复杂体，其象都是由一有极体和一无极体这两仪的无数个量组合，并且遵循上述原理类象。

第三节　命元基础象

一、单元体三才位象说

表 2–6　单元体发展顺序

单元体发展顺序								
属性	☷→	☵→	☳→	☱→	☰→	☲→	☴→	☶
	独阴	少阴	厥阴	少阳	巨阳	阳明	太阳	太阴
	坤顺	坎陷	震雷	兑泽	乾键	离火	巽风	艮山
上位	无吸，为夜或寒凉				有呼，为昼或热温			
中位	无进	无退	无进	无退	有进	有退	有进	有退
下位	杀气生体，为晚和秋		藏气长体，为夜和冬		生气伤体，为早和春		长气灭体为午和夏	

单元体是三个太极体交集构成的，自身内部具有了天地人三才位置，与客观现象整体环境空间上中下或天地人位置有了一一对应。同时，中间位置的人位，能够出或入，即上天和下地的运动轨迹，与相关位置具备了信息交接，能够输出或反馈相关变化信息。所以，单元体为命元的基础体。简单说，一切具备生命特征的客观现象，都是由单元体组合构成。

（一）八象说

单元体是由太极体构成的，其象就由太极体的有极体和无极体之间或纯粹或相杂组成。每个太极体都是有极体和无极体两种变化，三个太极体的两种变化组合，构成八个单元体演变，其象称之为八象。

1. 阴象。有极体量少于无极体量所构成的象为阴象

（1）艮象。上为有极体，中、下为无极体构成的单元体象为☶象。为外昼象、里柔体、中人有退之象。外部天位的有极体与下部地位的无极体构成的象为⚍长气灭体之象，即无来有往，津长无极体，也表示天有动衰弱，为后期之动；下部的地位无极体和中部的人位无极体构成的象为⚏藏有之象，即地人属于平行内入关系，表示地无动初期，属于强势之动；中部的

人位无极体和上部的天位有极体构成的象也是⚎长无灭有之象，表示人有动之弱，后期之动。整体的象为有极体消往、无极体而来之象，利于无津长。于有而言，为不利关系，表现为亡，即止，名之为艮。同时，艮象因外在表现为有，而内在表现为无，无极体量强于有极体量，无动而入，内空而外隆之象，类比为山。

（2）坤象。纯粹无极体构成的单元体象为☷象。由于其上中下三个位置都是无象，或虚体象，其特性表现为无的软性，或名顺，为外夜象、里柔体、中人无进之象，天地人都体现杀气孕育体的特性。无动则吸，内入生有，发展结果为纯粹的有极体，内入降下运动体现了收缩了空间，空间充满了有性的实体，与人类感知的存物一致，故名之为地。这一地顺之象，称之为坤。坤象天地人三才同一，彼此间属于平行的同步内入关系。

艮山和坤地的区别，艮山外部为有，为山丘象。坤地外部为无，没隆，为平原大地之象，三无平行同部内入关系。

（3）坎象。上天下地为无极体、中人为有极体构成的单元体象为☵象。为外夜象、里柔体、中人无退之象。上天和下地皆为无极体，构成的象表示天部无动之初期，无强势之动，为杀气有生之象；地无和人有是丕关系，构成的象⚍是长气灭有，表示地部有动后期，弱势之动；天无和人有是交泰关系，构成的象⚎是无动后期，利于有。人有虽生，但因天阴杀气、地柔藏体，有陷于天地之中，属性为险、陷和难，名之为坎。

（4）震象。上天位和中人位是无极体、下地位是有极体构成的单元体象为☳象。为外夜象、里刚体、中人无退之象。天和地构成的关系为天无动后期，长体灭气之象；地和人构成的关系为地无动后期、也是长体灭气之象；人和天构成的关系为人无动初期，强势之动，藏特性。整体表现为长有之象，利于有蓄积。其象与人感知的地内动而物出之象，内有杀无特性，类象名为震雷，动起。

总之，无极体量强于有极体量的，动则内入而暗，简称阴。坤阴纯粹单一，都是无极体动，所化之体为有极体，是万物之母，其象为地顺、无形承载万物。而艮、震和坎之阴，因或外、或内、或中位是有极体动化无，虽无动入内暗而为阴，但因有而显。坎中之有，其象为有陷；艮外之有，其象为山隆；震内之有，其象为地中雷动、类聚而起。这四个阴象中，艮天位为刚呼，整体从属热性，化无内聚而强，剥有之象，为太阴。坤象绝有，坎象孕生有为少阴，震象则类聚有为厥阴。简言之，阴的本意是幽暗之体。

2. 阳象。有极体量多于无极体量的象为阳象

（1）兑象。上为无极体、中和下位为有极体构成的单元体象为☱象。为外夜象、里刚体、中人有进之象。外部天位无极体与下部地位有极体构成的象为⚎藏体灭气之象，即天部无动后期，无往有来，津长有极体；下部的地位有极体和中部的人位有极体构成的象为⚌至极生气之象，即地部有强势动之初期；中部的人位有极体和上部的天位无极体构成的象也是⚎长有灭无之象，表示人部无动后期藏有。整体的象为无极体消往、有极体而来之象，利于有津长。于有而言，为有利关系，表现为喜悦，名之为兑。同时，兑象因外在表现为无，而内在表现为有，有极体量强于无极体量，有动而出，犹如寒冰融化之象，类比为泽。

（2）乾象。纯粹有极体构成的单元体象为☰象。由于其上中下三个位置都是有象，或实体象，其特性表现为坚硬性，或名键性。有动则呼，外出化无，发展结果为纯粹的无极体，外出升空运动体现了、扩展了空间，空间充满了无性的气体，与人类感知天

的存物一致，故名之为天。这一天健之象，称之为乾。象天地人三才同一，彼此间属于平行的同步外出关系。

乾天和兑泽的区别，兑泽外部为无，无收敛之象。乾天外部为有，没有收敛之象，三有平行同部外出。

（3）离象。上天下地为有极体、中人为无极体构成的单元体象为☲象。为外昼象、里刚体、中人有退之象。天地为有，人为无，犹如里外钢壳内部为肉质的鳖甲之象。上天和下地皆为有极体构成天有强势动之初，为生气伤体特性；地有和人无是交泰关系，构成的象⚎是地无动之后期长有灭气，利于长有。天有和人无是丕关系，构成的象⚍是长气灭体，不利于天有；人无和天有构成的关系是人有动之后期，杀有特性。整体为天部有动而长气、地有动生气，人无陷于天地有之中。离象动则有呼外出而明，无则被陷于中静伏，整体之象犹如太阳散射出的火势之象，根火催旺，外象火明，中火象虚弱陷于中，整体火动而出，名为火离或火丽。

（4）巽象。上天和中人是有极体、下地位是无极体构成的单元体象为☴象。为外昼象、里柔体、中人有进之象。天和地构成的关系是天部有动之后期长气灭体特性；地和人关系构成也是地有动之后期长气灭体；天和人同为有极体，构成人有动初期，生气伤体特性。整体为天地长无灭有，虽人有强，但生气助力无，不利于人有。有极体动升，内虚而柔，与人感知的风象类似，因风轻清外出，内无杀有，类象名为巽，即风入。

总之，艮天位为阳，兑天位为阴，但艮整体属性为柔津而长，蓄积阴势，实为阴生。同理，兑为刚津而长，蓄积阳势，实为阳生。所以，有极体量强于无极体量的，动则外出而明，简称阳。乾阳纯粹精一，没有无极体动，是万物兴荣之根源，其象为天健。而兑、巽和离之阳，因或外、或内、或中位是无极体，虽然有动外出明而为阳，但物轻而柔虚。离中部无，其象为丽火；兑外部无，其象为悦泽；巽里部无，其象为风入。兑乾离巽四象中，兑虽天位为无，但属于有长灭气之象，为少阳；离为孕生无为阳明，巽为长无灭体为太阳。简言之，阳的本意是指光明之气。

八个单元体的发展顺序是：始于纯无的坤，然后动则显中为坎，生本为震，本动蓄积而长，再显心为兑，兑长为乾，乾又依序发展为离、巽、艮和坤，原始返终，生生不息的循环。

（二）位象进退说

三个太极体构成了上中下或表中里三个位置。每一个位置的太极体不同，或有或无，影响到整体的属性。上位为天位，下位为地位，中部为人位。地位的有无体现天的有无进退，当天是有，地的有是天的有强生气即有进，地的无则体现天的有弱长气即有退；当天是无，地的无是天的无强即杀气无进，地的有是天的无弱而长体即无退。人的有无体现地的有无生长和杀藏，当地是有，人的有为地的有强而生气损体即生，人的无则体现地的无退，是长体灭气即藏；当地是无，人的无是地的无强而杀气孕体即杀，人的有是地无进而长气灭体即长。天的有无又体现人的有无进退。

八象中，天位：乾离是天有进、艮巽是天有退，坤坎是天无进、震兑是天无退。地位：震离是地无退而长有灭气、兑乾是地有进生气伤体，巽坎是地有退而长气灭体、坤艮是地无进而杀气孕体。人位：乾巽是人有进生气伤体、离艮是人有退长气灭体，坤震是人无进杀气灭体、坎兑是人无退长有灭体。

二、单元体交集象及位象

表 2-7　单元体交集位象

天上 / 地下		☰		☲		☴		☶		☷		☵		☳		☱	
		交集	位象	交集	位象	交集	位象	交集	位象	交集	位象	交集	位象	交集	位象	交集	位象
☷	天	否	[illegible]	晋	[illegible]	观	[illegible]	剥	[illegible]	泰	[illegible]	需	[illegible]	大壮	[illegible]	夬	[illegible]
	人		[illegible]		[illegible]		[illegible]		[illegible]		[illegible]		[illegible]		[illegible]		[illegible]
	地		[illegible]		[illegible]		[illegible]		[illegible]		[illegible]		[illegible]		[illegible]		[illegible]
☰	天	乾	[illegible]	大有	[illegible]	小畜	[illegible]	大畜	[illegible]	坤	[illegible]	比	[illegible]	豫	[illegible]	萃	[illegible]
	人		[illegible]		[illegible]		[illegible]		[illegible]		[illegible]		[illegible]		[illegible]		[illegible]
	地		[illegible]		[illegible]		[illegible]		[illegible]		[illegible]		[illegible]		[illegible]		[illegible]
☱	天	履	[illegible]	睽	[illegible]	中孚	[illegible]	损	[illegible]	谦	[illegible]	蹇	[illegible]	小过	[illegible]	咸	[illegible]
	人		[illegible]		[illegible]		[illegible]		[illegible]		[illegible]		[illegible]		[illegible]		[illegible]
	地		[illegible]		[illegible]		[illegible]		[illegible]		[illegible]		[illegible]		[illegible]		[illegible]
☶	天	遯	[illegible]	旅	[illegible]	渐	[illegible]	艮	[illegible]	临	[illegible]	节	[illegible]	归妹	[illegible]	兑	[illegible]
	人		[illegible]		[illegible]		[illegible]		[illegible]		[illegible]		[illegible]		[illegible]		[illegible]
	地		[illegible]		[illegible]		[illegible]		[illegible]		[illegible]		[illegible]		[illegible]		[illegible]
☵	天	讼	[illegible]	未济	[illegible]	蒙	[illegible]	涣	[illegible]	师	[illegible]	坎	[illegible]	困	[illegible]	解	[illegible]
	人		[illegible]		[illegible]		[illegible]		[illegible]		[illegible]		[illegible]		[illegible]		[illegible]
	地		[illegible]		[illegible]		[illegible]		[illegible]		[illegible]		[illegible]		[illegible]		[illegible]
☲	天	同人	[illegible]	离	[illegible]	家人	[illegible]	贲	[illegible]	明夷	[illegible]	既济	[illegible]	丰	[illegible]	革	[illegible]
	人		[illegible]		[illegible]		[illegible]		[illegible]		[illegible]		[illegible]		[illegible]		[illegible]
	地		[illegible]		[illegible]		[illegible]		[illegible]		[illegible]		[illegible]		[illegible]		[illegible]
☳	天	无妄	[illegible]	噬嗑	[illegible]	颐	[illegible]	益	[illegible]	复	[illegible]	屯	[illegible]	随	[illegible]	震	[illegible]
	人		[illegible]		[illegible]		[illegible]		[illegible]		[illegible]		[illegible]		[illegible]		[illegible]
	地		[illegible]		[illegible]		[illegible]		[illegible]		[illegible]		[illegible]		[illegible]		[illegible]
☴	天	姤	[illegible]	鼎	[illegible]	巽	[illegible]	蛊	[illegible]	升	[illegible]	井	[illegible]	恒	[illegible]	大过	[illegible]
	人		[illegible]		[illegible]		[illegible]		[illegible]		[illegible]		[illegible]		[illegible]		[illegible]
	地		[illegible]		[illegible]		[illegible]		[illegible]		[illegible]		[illegible]		[illegible]		[illegible]

单元体自身发展有八种象，每一种再演变为八种，相荡交叠产生六十四种交集体。单元体交集规律依然

遵循太极体交集规律。只不过单元体与太极体相比，分化更细，由简单的一有一无交替变化，演变为能够包含有和无的阴阳、刚柔和进退交替变化。单元体交集的象仍然分为上位和下位，以与上位相同开始依序演变发展下位的相荡规律。八象中有孕于坤、生于坎、长于震、蓄于兑、成于乾、衰于离、病于巽、亡于艮。无孕于乾、生于离、长于巽、蓄于艮、成于坤、衰于坎、病于震、亡于兑。即坤、坎、震和兑这四象在下位，属于先不当位，后发展越来越当位关系；在上位，则属于先当位，后发展越来越不当位关系。乾、离、巽和艮这四象在下位，属于先当位，后发展越来越不当位关系；在上位，则属于先不当位，后发展越来越当位关系。

同时，交集体上下单元体的位具有对应关系，构成位象，即上位单元体的天位和下位单元体的天位相应，形成新体的天象，上位天为天象之表，下位天为天象之里；上位单元体的地位和下位单元体的地位相应，形成新体的地象，也是上为地表下为地里；上位单元体的中位和下位单元体的中位相应，形成新体的人象，上为人表下为人里。

另外，上下单元体相荡交集的新体，其位象虽然都是由两个太极体交集的双极体象，但依然可以浓缩抽象，即上下无极体的双极体⚏和上无极体下有极体的双极体⚎，浓缩抽象为太极体的无极体⚋象，⚏象是⚋象的前期之动、有穷尽而无纯粹，⚎象是⚋象的后期之动、无极则变；上下有极体的双极体⚌和上有极体下无极体的双极体⚍，浓缩抽象为太极体的有极体⚊象，⚌象是⚊象的前期之动、无穷尽而有纯粹，⚍象是⚊象的后期之动、有极则变。所以，浓缩抽象后，又以单元体的天地人三才构成关系分析新体的整体属性，只不过六画卦的天地人关系比单元体天地人关系更加细化，程度变得更加丰富。比如上艮☶和下兑☱构成的新体䷨，其构成的天位象⚍，地位象⚎，人位象⚎，分别浓缩抽象为天⚊地⚋人⚋，成为艮象☶。但此浓缩抽象的艮与单元体艮的程度表示不同，浓缩的艮天位象长气、有动后期，地象和人象为藏、无动后期，而单元体的艮天象可能是有动初期或者有动后期，地和人的无也同样可能是无动初期或者是无动后期，不能具体化。天地人三者随意之一的有和无之动为初期或后期，会影响到新体的整体属性。也就是说，构成交集体的太极体越多，分类越细，程度越明显；太极体越少，则越笼统，模糊性强。

从单元体与单元体交集的象归纳不难得知：下位单元体从与上位单元体同一开始，依序演变八次形成一个完整周期，这个周期过程产生的交集体位象，经高度浓缩后所形成的抽象单元体全部与上位单元体相同，这种规律性称之为宫系，共有八宫系。单元体之间的交集，仍然与太极体之间交集的原理一致。即：上位单元体主昼夜之象、或名阳阴之象，下位单元体主刚柔之体。兑和艮，为阳阴出入分界线，兑为夜往昼来（阴静阳动），艮为昼往夜来（阳静阴动）。兑乾离巽为昼明或阳动，艮坤坎震为夜暗或阴动，虽兑为阳动，其外为阴象，属于阴象阳动体；艮为阴动，其外为阳象，属于阳象阴动体。这两种象都是假象，最易迷惑。

坎和离，为刚柔分界线，也是昼夜平分线。离为刚止柔来，坎为柔止刚来，坎震兑乾为刚动体，离巽艮坤为柔动体。同样，坎虽为刚动，但其地位之体为柔，属于表象是刚动，本质是柔动体；离则属于表象是柔动，本质是刚动体；这两种体也是假象体，迷惑之体。

阳动之象，则热生而外出，外出则膨胀；阴动之象，则寒生而内入，内入则收敛。刚动之象，则聚体而长有，长有则壮大；柔动之象，则散体而长无，长无则体衰。所以，兑为热生之始，艮为寒生之始，坎为有生之始，离为无生之始。始，坯胎之象。

（一）坤☷宫系

上位坤☷，下位依序分别为坤☷、坎☵、震☳、兑☱、乾☰、离☲、巽☴和艮☶，产生的交集体分别称之为坤䷁、师䷆、复䷗、临䷒、泰䷊、为明夷䷣、升䷭、谦䷎。

坤宫系以天位是无为夜或阴象，属于夜之前半初期，同时坤又以地位为无为柔象，人位为无进，整体属于寒阴虚柔之动。坤是阴刚之母，利于阴刚而不利于阳柔。在交集体中处于上位属于当位关系，交集体的整体属性与下位单元体的阳阴和刚柔强弱有关。八个交集体中，下位单元体是从坤始，坎、震、兑、乾有性则由孕育到生、长乃至成，位置关系是由最不当位的坤象逐渐发展到最当位的乾，特别是泰象，整体属性上下持恒为中，上坤之无的阴柔动生有下行利于乾，下乾之有的阳刚动生无上行利于坤。下位单元体是乾、离、巽、艮和坤，有性则由极则衰、病、亡到绝的发展，位置关系由最当位的离发展为最不当位的坤。坤象，整体为有绝灭。

（1）坤䷁。上下单元体相同，皆为寒阴虚柔之动，上杀正位、下杀失位，上下等同，为平行的同步入内关系，构成的天位象、地位象和人位象都是上下无极体的⚋杀性，浓缩抽象后依然为☷，即坤动杀气，有顺服，为地之象。

（2）师䷆。上坤阴柔之动与下坎阴柔之动，上杀正位、下杀失位，但孕育有为刚之动。上坤无动入内，下坎无生有陷人中，上转化下，名为师。构成的天位象和地位象是⚋杀，人位象是上无下有⚍藏特性，浓缩抽象为☷。

（3）复䷗。上坤阴柔之动与下震阴刚之动，上坤杀而正位、下震藏有刚动而逐步正位，上地位为无入内，下震的地位藏有，触底后蔓延上行，名之复，即下降之势触底反转向上之意。构成的天位象和人位象是⚋，地位象⚍，浓缩抽象为☷。

（4）临䷒。上坤阴柔之动与下兑阴刚之动，上坤正位、下兑长有临近正位，上无入内，下兑有长蓄积。无强动而收敛，有动而呼出，坤无强过兑有，但兑处于津长之势，上下结合，其象为上下快要接近平衡点，名之为临，即接近之意。构成的天位象是⚋杀，地位象和人位象是上无下有⚍藏特性，浓缩抽象为☷。

（5）泰䷊。上坤阴柔动与下乾阳刚动，上坤无杀而正位、下乾有生显正位，杀和生对冲而中和，上无入内，下有外出，上下迎合，势均力敌，互相平衡。所构之象为上下交，万物体衍生，名为泰，即和之意。

构成的天位象、地位象和人位象是上无下有⚍藏特性，浓缩抽象为☷。

（6）明夷䷣。上坤阴柔动与下离阳刚动，上下皆柔，但一阴一阳，互相不合，且离之柔为始而弱于坤柔，冲突中弱方受伤，又因离刚动则明为火，因此整体属性名为明夷。构成的天位象和地位象是藏⚍象，人位象是上下无极体杀⚏象，浓缩抽象为☷。

（7）升䷭。上坤阴柔动和下巽阳柔动，上坤正位、下巽之有为病，体现柔动，上下同为柔，虽为上阴下阳，但上坤和下巽皆以艮为中线而互为均衡。整体是上无动入内，下有生无入内，柔性强而虚，脱离地而外出，

名升。构成的天位象和人位象是藏⚍象，地位象是上下无极体杀⚏象，浓缩抽象为☷。

（8）谦䷎。上坤阴柔动和下艮阳柔动，上坤正位、下艮无强而有失位。上无动入内，下艮有末期动外出而止、转化阴柔之始，即下有转化上无、属性阴柔动，新交集体微弱之阳，名之谦，强弩之末，谦虚谨慎。构成的天位象是⚍藏象，地位象和人位象是上下无极体⚏杀象，浓缩抽象为☷。

从坤宫系内交集体八象演变的浓缩之象都在坤象中不难得知，在具体象中，因天位、地位和人位象的有动和无动之属性不同，导致整体属性不同。即：坤

象是天地人三位象都是杀气象，师象则天地杀气象、人位藏象，复象则天人杀象、地位藏象，临象则天位杀象，地人藏象，泰象则天地人皆藏象，明夷象则天地藏象、人杀象，升象则天人藏象、地杀象，谦象则天藏象、地人杀象。杀气象是无动初期有顺伏，藏象是无动后期生有而蓄积。所以，藏象在地位的，利于有发展，杀象在地位的，遏制无势。简单说：生气象和长气象利于无之柔，杀气象和藏气象利于有之刚。地位为生气或长气，则整体利无生或长，即柔，地位为杀气或藏气，则整体利于有生或长，即刚。八象中，杀和藏为蓄积刚不利于阳，刚始坤坎，震、兑、乾依次越来越强，刚止于离，阳生于强刚之兑。生气和长气则蓄积柔不利于阴，柔始于离，巽、艮、坤依次越来越强，柔止于坎，阴生于强柔之艮。坎离两象，是乾坤极则变体。即坤无极则变，坯胎生育有刚；乾有极则变，坯胎生育无柔。变则标志始衰。其余七宫系的象理也如此说。

（二）坎☵宫系

上位坎☵，下位依序分别为坎☵、震☳、兑☱、乾☰、离☲、巽☴、艮☶和坤☷，产生的交集体分别称之为坎䷜、屯䷂、节䷻、需䷄、既济䷾、井䷯、蹇䷦、比䷇。

坎宫系以天位是无为夜象，属于夜之前半后期，同时又以坎地位是无表现为柔性体，人位为有进，整体属于阴柔之动。体现的也是杀气属性，但坎属于坤无极的变体，开始坯胎生育有刚，而有在上位是失位，所以坎宫系相对于坤宫系而言，开始失位。交集体的整体属性则由下位单元体的有属性决定。八个交集体中，由于上位坎是坯胎生育有刚，下位单元体属于有强的，则整体体现刚属性。即节、需为有强为刚性。屯卦则蓄积刚，井是蓄积柔。既济则有无均衡，为刚柔相济。蹇是无夺有。比是下位无绝有上位无孕育坯胎有，同时下位坤无极则变坯胎孕育有，即将有发展为上下位是坎的象，称之为比，即类同。

(1) 坎䷜。上下单元体相同，上坎阴柔动当位、下坎失位但坯胎孕育有刚动，为平行的同步入内关系，构成的天位象、地位象是上下无极体的⚋藏性，人位象是长⚌，浓缩抽象后为☵，有陷天地之中，为坎、为陷、有难。

(2) 屯䷂。上坎阴柔动、下震阴刚动，上坎正位、下震生有始正位，上位无极则变生育有，上转化下，蓄刚体，囤积之象，名屯。天位杀象，地位藏象，人位长气象。天地位象关系构成了杀气象，地位和人位关系构成微弱长气之象，即人位长气而地位藏气冲淡杀性，天位杀和人位长关系又构成微弱藏关系，整体是杀而藏气蓄积刚体。

（3）节䷻。上坎阴柔动正位、下兑阴刚动长有渐正位，上下为刚应而志同，虽坎和兑出入属性不同，但以震为中线阴阳持恒为中和，柔本上位，刚本下位，整体刚柔当位而分明，名之节。天位杀象，地位藏象，人位生象。

（4）需䷄。上坎阴柔动正位、下乾阳刚动有正位，上坎无阴生育有刚，下乾为有刚生阳动而明，且下乾阳强于上坎阴，阻碍坎刚生，待乾极则变离体，上下既济方可，名之需，即等待之意。天地位象为藏，人位象为生。整体属性为刚藏而生，利于有蓄积。

（5）既济䷾。上坎阴柔动正位、下离阳刚动正位，上坎阴柔下降迎合下离阳刚上升，且刚柔、阴阳皆对冲而中和，名之既济。但上坎之有和下离之无，影响上下结合互相迎合的力度，内心始分离。相对于泰而言，既济结合的向心力开始脱离。天地位象为藏，人位象为长气。

（6）井䷯。上坎阴柔动正位、下巽阳柔动逐渐失位，上坎阴柔弱于下巽阳柔，柔携坎而上行，此象名为井，即井水上升之意。天位象藏、地位象杀、人位象生。

（7）蹇䷦。上坎阴柔动正位、下艮阳柔动而有亡为失位，上下以坤为中线而平衡，但上坎生有刚下行遇到下艮夺有刚而受阻，名蹇。天位象藏、地位象杀、人位象长。

（8）比䷇。上坎阴柔动正位、下坤阴柔动失位，但上坎为下坤极则变体，下行中不受其害，名为比，即类同。天地位象杀，人位象长。

（三）震☳宫系

上位震☳,下位依序分别为震☳、兑☱、乾☰、离☲、巽☴、艮☶、坤☷和坎☵，产生的交集体分别称之为、为震䷲、归妹䷵、大壮䷡、丰䷶、恒䷟、小过䷽、豫䷏、解䷧。

震宫系以天位是无为夜象，属于夜之后半初期，同时震又以地位是有为刚象之初期，人位是无进，整体属性为阴刚之动。体现藏有特性，具有刚动而起的特点，在上位则有不当位而丕的开始。由于震为藏有，其利于有，不利于无。八个交集体中，震为藏有刚而起，归妹为杀无，大壮为有刚强，丰为有刚强而大明，恒为上下对冲而和、体性转为柔体，小过为无强而阴柔，豫则上震下行遇到坤之无转化刚而喜，解则上震下行遇到所化之地坎下行而分离。

（1)震䷲。上下单元体相同，皆为阴刚动，上当位、下失位，但也意味着上向失位开始、下向正位开始，为平行的同步入内无生有之象。天人位象杀，地位象生。地位刚生而起，地中出物，名震或雷。

（2）归妹䷵。上震阴刚动正位、下兑阴刚动正位，以一无之动类象女，一刚之动类象男，即坤兑离巽为女，乾艮坎震为男。兑之无在天位，为柔危，名少女；离之无在中为生无，名中女；巽之无在下为长柔，为长女；坤为纯无为母，母极则变生子。艮之有在上为有危，名少男；坎之有在中生刚，名中男；震之有在下长刚，名长男；乾为纯有为父，父极则变生女。长男则夺女，震动则化兑。上震阴刚动而化下兑阴刚，即上聚下，名归妹。天位象杀，地位象生，人位象藏。

（3）大壮䷡。上震阴刚动正位、下乾阳刚动正位。虽上阴下阳，但震乾以兑为中线而平衡，所以上下刚荟萃，刚强则生阳，刚为大，柔为小，名大壮。天人位象生，地位象长。

（4）丰䷶。上震阴刚动正位、下离阳刚动正位，虽然上震为阴下离为阳对冲，但离之阳强于震之阴，且离之生气于震之藏气，上下刚荟萃，动而大明，名丰。天位象藏，地位象生，人位象杀。

（5）恒䷟。上震阴刚渐失位、下巽阳柔渐失位，上震下行遇到下巽上升，刚柔和阴阳皆对冲而和，名恒。又因下巽生无柔蓄阴而下行，上震则生有刚蓄阳而上行，属于天地分离的开始，所以恒中有变。天位象藏，地位象长，人位象藏。

（6）小过䷽。上震阴刚渐失位、下艮阳柔失位，整体无量强于有量，下艮无蓄积剥有，艮柔盛于震刚，上震下行遇剥，且都为阴，名小过。天位象藏，地位象长，人位象杀。

（7）豫䷏。上震阴刚渐失位、下坤阴柔失位，上震下行遇到下坤之柔，但柔极则变，刚之源泉，坤无不害震有，名之为豫，即喜欢之意。天位象杀，地位象长，人位象杀。

（8）解䷧。上震阴刚渐失位、下失坎阴柔失位，上震有动起遇到下坎之有动下，上下分离之象，名解，即分开之意。天位象杀，地位象长，人位象藏。

（四）兑☱宫系

上位兑☱，下位依序分别为兑☱、乾☰、离☲、巽☴、艮☶、坤☷、坎☵和震☳，产生的交集体分别称之为兑䷹、夬䷪、革䷰、大过䷛、咸䷞、萃䷬、困䷮、随䷐。

兑宫系以天位是无为夜之后半后期，同时又以其地位是有为刚之前半的后期，人位为有进，整体属性为阴刚动生阳。兑体现长有特性，也是体现了动而起的特点，在上位则是不当位而丕的加强。兑有强，内部刚动而明，外部为无晦蒙，整体逐渐光明外出，即有灭无。由于兑为有长，相对于震而言，更利于有，不利于无。八个交集体中，兑、夬、革、大过四个交集体为有强无弱，有动大明，兑为有长而起，夬为阳灭阴而刚盛，革为冲和窒息坯胎无，大过是阳盛而刚化柔。咸、萃、困和随四卦则是有无均衡刚柔相济，但有动而升出逐渐被限制。咸是兑下行遇到艮上行冲和相感而应，萃是上兑下行遇到坤阴恒静得势，困则是下坎无坯胎生育有于中而下行、制约上有津长，随则是下震之有触底津长有、与上兑之有呼应蓄积。

（1）兑䷹。上下单元体相同，皆为阴刚动，上兑渐失位、下兑渐正位，同步刚津长外出，动而明。天位象杀，地人位象生。

（2）夬䷪。上兑阴刚渐失位、下乾阳刚正位，上下同为刚动，兑残阴之动弱于乾阳之动，阴危之象，名夬。天位象藏，地人位象生。

（3）革䷰。上兑阴刚渐失位、下离阳刚正位，上兑与下离以乾为中线而阴阳平衡，但兑藏气制约离生气，刚灭柔，即泽灭火，名之革。天位象藏，地位象生，人位象长。

（4）大过䷛。上兑阴刚动渐失位、下巽阳柔动而渐失位，下巽蓄无入内有升出，上兑蓄有入内无动降入，但下柔强于上刚，整体柔升出动而明，名大过，即刚变柔之象。天位象藏，地位象长，人位象生。

（5）咸䷞。上兑阴刚动渐失位、下艮阳柔动渐失位，艮之有残余外出、内无蓄积阴长，兑之无残余入内，内有蓄积阳长，上下阴阳、刚柔对冲而和相感应，名咸。天位象藏，地人位象杀。

（6）萃䷬。上兑阴刚动渐失位、下坤阴柔动失位，坤无为纯粹而静，不动则不影响上兑有之长，且无类聚利于有长，名萃。天位象杀，地人位象长。

（7）困䷮。上兑阴刚渐失位、下坎阴柔失位，上下同为阴动之类，但上兑应生阳刚 动上行、下坎阴动下行与上兑阴相应，限制，上兑之刚不升、下坎之刚不降，互相制约，名困。天位象杀，地位象长，人位象生。

（8）随䷐。上兑阴刚渐失位、下震阴刚虽失位、但也是正位的始点，下震有生而入内、触底翻转，且震转化为兑，上兑有长不受影响，性同而出，名随。天位象杀，地位象生，人位象长。

（五）乾☰宫系

上位乾☰,下位依序分别为乾☰、离☲、巽☴、艮☶、坤☷、坎☵、震☳和兑☱，产生的交集体分别称之为乾䷀、同人䷌、姤䷫、遯䷠、否䷋、讼䷅、无妄䷘、履䷉。

乾宫系以天位是有为昼之前半初期，同时又以其地位是有为刚之后半的初期，人位为有进，整体属性为阳刚之动。乾是阳柔动之父，利于阳柔，不利于阴刚。在上位则属于不当位。乾有极强，刚动而明升出。八个交集体中，乾为上下同一、纯粹精一，为阳刚，同人是下离为乾极则变体，姤是下巽蓄无而升逐渐损伤有，遯是下艮蓄无而剥有，否是下坤为纯粹之无上下极而开始脱离，讼是下坎无动下行上下分离，无妄是下震无动下行脱离，但震有生入内反弹与上有呼应，履是下兑之无为残余之无、有津长与上乾有呼应。

（1）乾䷀。上乾阳刚失位、下离阳刚正位，上下同一，极动而大明。纯有之体，名键，即乾。天地人位象生。

（2）同人䷌。上乾阳刚失位、下离阳刚正位，下离为乾有极始变体，且孕育坯胎无限于中，上下应而升，名同人，即类同一体。天地位象长，人位象杀。

（3）姤䷫。上乾阳刚失位、下巽阳柔渐失位，上乾与下巽以离为中线，乾刚动蓄阳和巽柔动蓄阴平衡，但乾动利于无，无逐渐损有，名之姤。天人位象生，地位象长。

（4）遯䷠。上乾阴刚失位、下艮阳柔渐失位，下艮残余之有动而升、生无蓄积入内而剥有，乾动则利于无，无强阴蓄积，上下开始剥离，名遯。天位象生，地人位象长。

（5）否䷋。上乾阳刚失位、下坤阴柔失位，上下阴阳、刚柔分明，纯粹精一，静则分层，极则动变，上动而出、下动而入，天地分离，名否。天地人位象长。

（6）讼䷅。上乾阳刚失位、下坎阴柔失位，下坎动孕育有而下行，上下之有刚分离，反目各行，名讼，即不亲。天地位象长，人位象生。

（7）无妄䷘。上乾阳刚失位、下震阴刚失位，上乾刚动蓄阳和下震阴动平衡，震同时是正位的开始，即生有入内翻转而呼应乾有刚，名无妄，即上有无灾害之意。天人位象长，地位象生。

（8）履䷉。上乾阳刚失位、下兑阴刚渐正位，下兑有长而转化乾，下兑虽然是无动下降，但属于残余之无，名履。天位象长，地人位象生。

（六）离☲宫系

上位离☲,下位依序分别为离☲、巽☴、艮☶、坤☷、坎☵、震☳、兑☱和乾☰，产生的交集体分别称之为离䷝、鼎䷱、旅䷷、晋䷢、未济䷿、噬嗑䷔、睽䷥、大有䷍。

离宫系以天位是有为昼象，属于昼之前半后期，同时又以离地位是有为刚性体，人位为无进，整体属性为阳刚之动。体现的也是生属性，但离属于乾无极则变体，开始坯胎孕育无，而无在上位则当位，所以离宫系相对于乾宫系而言，开始当位。交集体的整体属性则由下位单元体的无属性决定。八个交集体中，由于上位离是坯胎生育无，下位单元体属于无强的，则整体体现柔属性。即旅和晋为无强柔性蓄积阴。鼎卦则两阳动蓄积柔，噬嗑是下震之阴动灭上离之阳动而蓄积刚。未济则有无均衡互相脱离，为刚柔相济。睽是上下反目不聚。大有是下位乾静极动则孕育坯胎无，有利于离，同时上离尚为有强是刚动而明，称之大有。

（1）离䷝ 。上下单元体相同，皆为阳刚之动。上离失位但坯胎孕育无、下离当位，为平行的同步外出关系，构成的天地位象生，人位象杀，无陷天地之中，于光明而言为丽辉。

（2）鼎䷱。上下皆阳，但上离失位、下巽生无始失位，上离生育无，下位巽长无，且上离转化下巽，双阳助无柔而升，名鼎。天位象生，地位象长，人位象藏。

（3）旅䷷。上离阳刚失位、下艮阳柔无长渐失位，上下为无进而同类，下艮残余之有升而外出剥上离有，有处于败势，名之旅。天位象生，地位象长，人位象杀，整体属性显无来有往，利于无。

（4）晋䷢。上离阳刚失位、下坤阴柔失位，上离阳刚动而外出，下坤之阴弱于离之阳而不下行亦不上行、不剥有，离动不受阻，名晋，即进之意。天地位象长，人位象杀。

（5）未济䷿。上离阳刚失位、下坎阴柔失位，上下有量和无量等同，整体刚柔相济，外刚内柔。上离阳刚动而外出、下坎阴柔动而内入，互相分离，名之未济。但下坎之有和上离之无，影响上下分离的力度，内心始相向迎合。相对于否而言，未济分离开始减弱而向心聚。天地位象长，人位象藏。

（6）噬嗑䷔。上离阳刚失位、下震阴刚失位，但震有生入内反转蓄上，阴刚灭阳柔，整体为蓄刚，名噬嗑，即下有呼应上有。天位象杀，地位象长，人位象藏。

（7）睽䷥。上离阳刚失位、下兑阴刚渐正位，上离为阳柔而升、下兑为阴刚降，上下反目不合，各行其道，名睽。天位象长，地位象生，人位象藏。

（8）大有䷍。上离阳刚失位、下乾阳刚正位，下乾转化上离，上离之无得益于下乾之有，名大有。天地位象生，人位象藏。

（七）巽☴宫系

上位巽☴，下位依序分别为巽☴、艮☶、坤☷、坎☵、震☳、兑☱、乾☰和离☲，产生的交集体分别称之为巽䷸、渐䷴、观䷓、涣䷺、益䷩、中孚䷼、小蓄䷈、家人䷤。

巽宫系以天位是有为昼象，属于昼之后半初期，同时巽又以地位是无为柔象之初期，人位是有进，整体属于阳柔之动。巽相对于离而言，柔强而蓄阴，离是孕生柔，巽是长柔，即巽偏向阴发展，体现了动而入的特点，在上处于当位的开始。由于巽为生无，其利于无，不利于有。八个交集体中，巽为长无而入，渐为杀有，观为无动，涣为上下分离而散，益为体性转为刚体，上下有呼应，中孚为有强而刚，上生无和下有长互相消耗为零，小蓄则上生无不受下乾制约而蓄积，家人则上巽生无升出和下离坯胎无外出志同呼应。

（1）巽☴。上下同一为阳柔而升出，生无内入而蓄积。天人位象生，地位象杀。

（2）渐䷴。上巽阳柔渐当位、下艮阳柔渐失位。下艮与上巽同为阳柔类，且巽转化艮，整体内部为无津长渐渐剥有，名渐。天位象生，地位象杀，人位象长。

（3）观䷓。上巽阳柔渐当位、下坤阴柔失位。上下同为柔类，阳阴各自正位，坤不制约上巽，可看到上巽有生无助我无类，名观。天人位象长，地位象杀。

（4）涣䷺。上巽阳柔渐当位、下坎阴柔失位。下坎阴柔动而下行，上巽阳柔动而外出，互相背离而行，名涣，即解散之意。天位象长，地位象杀，人位象生。

（5）益䷩。上巽阳柔渐当位、下震阴刚失位，但震在下位属于当位的始点。上巽有动生无而蓄积阴，下震阴动生有入内，上无感应下无，无阴蓄刚，即损上巽利下震，名益。天人位象长，地位象藏。

（6）中孚䷼。上巽阳柔渐当位、下兑阴刚渐当位。巽柔弱于兑刚、兑阴弱于巽阳，整体为阳刚之动，有言可信，名中孚。天位象长，地位象生，人位生藏。

（7）小蓄䷈。上巽阳柔渐当位、下乾阳刚有成而正位。乾为无之父，不制约上巽之无生，名小蓄。天人位象长，地位象生。

（8）家人䷤。上巽阳柔渐当位、下离阳刚当位。上下同属性为阳，且离转化巽，下离为上巽之根本，名家人。天位象生，地位象藏，人位象长。

（八）艮☶宫系

上位艮☶，下位依序分别为艮☶、坤☷、坎☵、震☳、兑☱、乾☰、离☲和巽☴，产生的交集体分别称之为艮䷳、剥䷖、蒙䷃、颐䷚、损䷨、大蓄䷙、贲䷕、蛊䷑。

艮宫系以天位是有为昼末期之象，同时又以其地位是无为柔之前半的后期，人位为无进，整体属性为阳柔之动。艮体现长无特性，也是体现了动而入的特点，即在上位的正位加强。艮无强，内部柔动而暗，外部为有余辉，整体阴暗逐渐内入，即无灭有。由于艮为无长蓄积，相对于巽而言，更利于无，不利于有。八个交集体中，艮、剥、蒙、颐四个交集体为无强有弱，无动阴寒，艮为无长而入，剥为无灭有，蒙为下坎刚限于外艮柔，颐是上艮夺有生无蓄下震之有。损、大蓄、贲和蛊四卦则是无动而降入逐渐被限制。损是下兑阳刚动利于上艮残阳生无，大蓄是下乾不制约上艮长无，贲则是下离之无与上艮之无而应，蛊则下巽有升外出生无蓄积入内助长艮无。

（1）艮䷳。上下单元体相同，皆为阳柔，上艮渐正位、下艮渐失位，同步柔津长内入，动而止。天位象生，地人位象杀。

（2）剥䷖。上艮阳柔渐正位、下坤阴柔失位，整体无量强于有量，动而趋暗，柔争夺刚，有处于危之象，名剥。天位象长，地人位象杀。

（3）蒙䷃。上艮阳柔渐正位、下坎阴柔失位，坎杀被艮长制约，艮残余之阳变阴之际，交集体整体为阳柔之象，名之蒙。天位象长，地位象杀，人位象藏。

（4）颐䷚。上艮阳柔渐正位、下震阴刚虽失位但属于正位之始，上艮长气强制震藏气，上艮阳转化阴感应震阴而蓄积震刚，名颐。天位象长，地位象藏，人位象杀。

（5）损䷨。上艮阳柔渐正位、下兑阴刚渐正位。下兑阴刚动与上艮残阳感应，上艮动而剥有，利于无，名损，或名损下益上，即损有利无。天位象长，地人位象藏。

（6）大蓄䷙。上艮阳柔渐正位、下乾阳刚正位。

乾有为纯粹，不影响上艮无之长，反而阳动利于上艮残阳之动加速生无，名大蓄。天位象生，地人位象藏。

（7）贲䷕。上艮阳柔渐正位、下离阳刚正位。艮离以巽为中线而平衡，下离孕生坯胎无，利于上艮有长外出而生无蓄积，名贲。天位象生，地位象藏，人位象杀。

（8）蛊䷑。上艮阳柔渐正位、下巽阳柔渐失位。下巽无生而入内、发展转化艮，上艮无长，上下无呼应，名蛊，即内部虚无壮大而肿胀。天位象生，地位象杀，人位象藏。

总之，通过上述八宫系象的叙述可知：上下单元体交集的结合体总是以有和无之间互相争夺为主旋律，过程则体现在刚柔和阴阳之间的关系上，乃至位置关系上。阳动生热而外出，阴动生寒而内入，阳在上阴在下，就会形成分离而否的关系，阳在下阴在上，就会产生相交而泰的关系。同时，又以刚柔的强弱，决定了阳和阴的强弱，以及交集体的发展属性。刚强则阳强，刚弱则阳弱。交集体整体体现刚强于柔的，阴盛于阳，则蓄积刚，继而发展为阳；阳盛于阴，则生无，继而发展为阴。而柔强于刚的，则阴盛蓄刚以后发展为阳，阳盛继续转化柔随后发展为阴。

三、交集体的爻象

表 2-8 交集体的爻象

爻中 / 天地		☰		☵		☶		☳		☷		☲		☱		☴	
		交集	位象	交集	位象	交集	位象	交集	位象	交集	位象	交集	位象	交集	位象	交集	位象
[illegible]	天	[illegible]	[illegible]	[illegible]	[illegible]	[illegible]	[illegible]	[illegible]	[illegible]	[illegible]	[illegible]	[illegible]	[illegible]	[illegible]	[illegible]	[illegible]	[illegible]
	人		[illegible]		[illegible]		[illegible]		[illegible]		[illegible]		[illegible]		[illegible]		[illegible]
	地		[illegible]		[illegible]		[illegible]		[illegible]		[illegible]		[illegible]		[illegible]		[illegible]
[illegible]	天	[illegible]	[illegible]	[illegible]	[illegible]	[illegible]	[illegible]	[illegible]	[illegible]	[illegible]	[illegible]	[illegible]	[illegible]	[illegible]	[illegible]	[illegible]	[illegible]
	人		[illegible]		[illegible]		[illegible]		[illegible]		[illegible]		[illegible]		[illegible]		[illegible]
	地		[illegible]		[illegible]		[illegible]		[illegible]		[illegible]		[illegible]		[illegible]		[illegible]
[illegible]	天	[illegible]	[illegible]	[illegible]	[illegible]	[illegible]	[illegible]	[illegible]	[illegible]	[illegible]	[illegible]	[illegible]	[illegible]	[illegible]	[illegible]	[illegible]	[illegible]
	人		[illegible]		[illegible]		[illegible]		[illegible]		[illegible]		[illegible]		[illegible]		[illegible]
	地		[illegible]		[illegible]		[illegible]		[illegible]		[illegible]		[illegible]		[illegible]		[illegible]
[illegible]	天	[illegible]	[illegible]	[illegible]	[illegible]	[illegible]	[illegible]	[illegible]	[illegible]	[illegible]	[illegible]	[illegible]	[illegible]	[illegible]	[illegible]	[illegible]	[illegible]
	人		[illegible]		[illegible]		[illegible]		[illegible]		[illegible]		[illegible]		[illegible]		[illegible]
	地		[illegible]		[illegible]		[illegible]		[illegible]		[illegible]		[illegible]		[illegible]		[illegible]
[illegible]	天	[illegible]	[illegible]	[illegible]	[illegible]	[illegible]	[illegible]	[illegible]	[illegible]	[illegible]	[illegible]	[illegible]	[illegible]	[illegible]	[illegible]	[illegible]	[illegible]
	人		[illegible]		[illegible]		[illegible]		[illegible]		[illegible]		[illegible]		[illegible]		[illegible]
	地		[illegible]		[illegible]		[illegible]		[illegible]		[illegible]		[illegible]		[illegible]		[illegible]
[illegible]	天	[illegible]	[illegible]	[illegible]	[illegible]	[illegible]	[illegible]	[illegible]	[illegible]	[illegible]	[illegible]	[illegible]	[illegible]	[illegible]	[illegible]	[illegible]	[illegible]
	人		[illegible]		[illegible]		[illegible]		[illegible]		[illegible]		[illegible]		[illegible]		[illegible]
	地		[illegible]		[illegible]		[illegible]		[illegible]		[illegible]		[illegible]		[illegible]		[illegible]
[illegible]	天	[illegible]	[illegible]	[illegible]	[illegible]	[illegible]	[illegible]	[illegible]	[illegible]	[illegible]	[illegible]	[illegible]	[illegible]	[illegible]	[illegible]	[illegible]	[illegible]
	人		[illegible]		[illegible]		[illegible]		[illegible]		[illegible]		[illegible]		[illegible]		[illegible]
	地		[illegible]		[illegible]		[illegible]		[illegible]		[illegible]		[illegible]		[illegible]		[illegible]
[illegible]	天	[illegible]	[illegible]	[illegible]	[illegible]	[illegible]	[illegible]	[illegible]	[illegible]	[illegible]	[illegible]	[illegible]	[illegible]	[illegible]	[illegible]	[illegible]	[illegible]
	人		[illegible]		[illegible]		[illegible]		[illegible]		[illegible]		[illegible]		[illegible]		[illegible]
	地		[illegible]		[illegible]		[illegible]		[illegible]		[illegible]		[illegible]		[illegible]		[illegible]

两个单元体交集的象称之为位象，并且位象的下位起始与上位同，在上位主导内依序演变发展为八种象，录属于上位宫系。位象具备了上位和下位，或称天位和地位，地位以天位为律演变，简称地法天。同样，

地位继续演变发展，产生人位的单元体，构成了 9 个太极体即 3 个单元体构成的高级交集体，这个交集体的象具备了人位之象，名爻象。简单说，爻象就是地位产生的人位发展之象。

爻象同样遵循以地位单元体为律，起始与地位单元体相同，依序演变发展为 8 种单元体，名之人法地。由于位象有 64 种，每一种地位象又发展为 8 种人位象，共计有 512 种爻象。

爻象的分析原理和位象分析原理完全一致，由其产生的爻位象也是一样的分析原理。只不过位象不具备人位，仅仅是天地之间的关系，而爻象具备了天地人三才关系，影响因素由生、长、杀、藏 4 类扩展为生、长、杀、藏都具备了进退关系的 8 类象。

由于爻象是人法地，位象是地法天，二者分析原理类同，本文就不在赘述爻象，简单用表 2—8 表示以天地或上下单元体相同的交集体演变发展 8 类爻象体的象，计 64 种爻象及爻象的天地人三才爻位象，其余爻象类似推演而省略。

第四节　客观现象演变象

一、客观现象三阶进化象

道生一、一生二、二生三、三生万物，就是客观现象的三阶进化原理见图 2–2。

道象，遵循自然，一开一阖谓之变，反复无穷谓之通。极则变，通则久，循环往返不停息。

一象，亦称天时序象。一个太极体的有极体和无极体两仪之象的交替变化。

二象，亦称地位序象，两个太极体的交集构成四象体的交替循环变化。

三象，亦称人道序象。三个太极体构成的单元体八象交替循环变化，由此衍生万物。

万物象，以一、二、三象递进发展原理，相荡交集，重复演变，无期循环之象。如，以三个太极体构成的单元体象抽象抽缩为一个太极体，相荡交集产生64卦，再与人道爻变交集，演化为9个太极体构成的512种的三象物，再继续以3单元体抽象浓缩为一个太极体，再重复一生二、二生三的演变，继续数之以十、推至一百、乃至无数以计的万物象。

二、三阶进化象原理

（一）道法自然，天法道，地法天，人法地原则。以单元体成像论，上位为天，下位为地，中位为人。客观现象的演变先无极后有极，再有极体转变为无极体。单元体的天是无极体的，演化地道先无极后有极；是有极体的，先有极后无极。人位和地位一样遵循天变。简单说，天位象主导地位象和人位象的演变。

（二）天立阴阳、地立刚柔、人立进退原则。单元体的天是无极体的为阴属性的黑暗，是有极体的为阳属性的光明。地是无极体的形体为柔，是有极体的形体为刚。人位是无极体的，在天阳时是无进有退，在天阴时是无退有进；有极体则与无极体相反。

（三）大易象和简易象交替原则。由简单演变为复杂的象，称之为大易象。即由一个太极体两仪交替变化逐渐分裂演变发展为三个太极体构成的八象变化，就是大易之象，属于迈步法则范畴，其象为一个奇点放射状。由复杂象演变为简单象，称之为简易象。简易象是大易象的相反方属性发展，属于归步法则，其象为伞状聚焦奇点。客观现象的演变象就是大易象和简易象的交替循环变化之象。

三、万物象

万物象，以三个太极体构成为一个单元体的道象，继而遵循天时序一象、地位序二象以及人道序三象的演变组合象，再无穷以此为律无限衍生的象

（一）天时序象

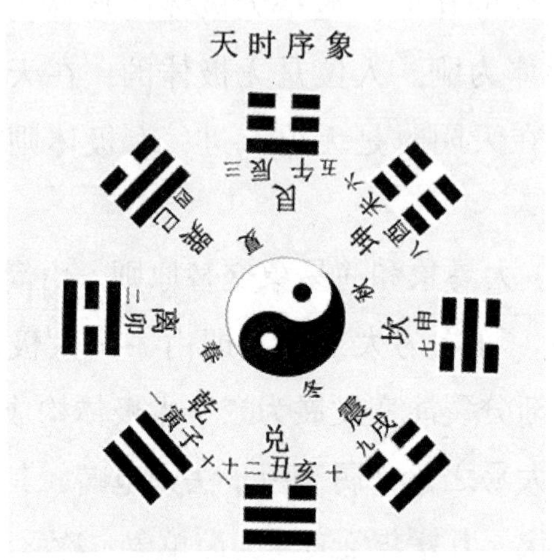

图 2–3　天时序象

天时序象，是天位的单元体生成顺序象，属于大易象的范畴。其象体现了迈步法则，即乾发展为坤，乾至刚象都是有极体，其对立面是至柔坤象，都是无极体。这种对立方称之为前后方，即坤为前方、乾为后方。阳象体乾离巽艮为后方，阴象体坤坎震兑为前方。

单元体的象又遵循方以类聚物以群分的原则：乾离巽艮，天位是有极体，体现为阳象；坤坎震兑，天位是无极体，体现阴象。震兑乾离，地位是有极体，体现地道形体为刚；巽艮坤柔，地位是无极体，体现地道形体为柔。人道则体现在天位象的主导下，地位象的进退之象。乾离，天位阳象主导，地位为刚形体，乾人位象是阳刚进，离人位象则是阳刚退。巽艮，天位象是阳主导，而地位象是柔，巽为阳柔进，艮为阳柔退。坤坎，天位是阴主导，地位是柔，坤人位则是阴柔进，坎人位则是阴柔退。震兑，天位是阴主导，地位是刚体，人位震是阴刚进，兑是阴刚退。

（二）地位序象

地位序象，是地位的单元体演化顺序象，属于简易的范畴。其象体现了并步法则，即由坤发展为乾，坤至柔体在最外层，乾至刚在最核心层，这种刚柔分层方位称之为里外方，坤是外方，乾是里方。并且地位序体现了刚柔的强弱分层关系，乾为至刚居处核心的最里属于第一层，震为强刚居处里属于第二层，坎为刚中居处中属于第三层，艮为弱刚居于外属于第四层，坤为地元居于外层属于第五层。至柔坤居于最外层属于柔的第五层，巽居于外属于第四层，离为中属于第三层，兑居于里属于第二层，乾天元居于核心属于第一层。乾天元在乾至刚外，坤地元在坤至柔里。

地位序同时体现了里外结合而聚集一方的刚柔相

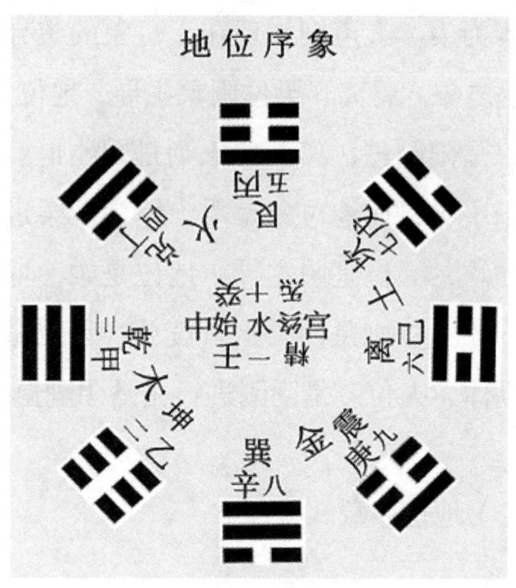

图 2-4　地位序象

磨持恒关系。乾坤持恒，类象为父母关系，震巽刚柔强大持恒类象为长子女关系，坎离刚柔为中持恒类象为中子女关系，艮兑刚柔较弱持恒类象为幼子女关系。

以客观现象物体的硬实程度类象，震性寒体刚类象为金，最硬的金属物；坎性寒而体刚柔相济类象为大地之土；艮性热而体虚类象为火象；乾至刚但为阳，即实体融化类象为水；乾极则生气类象为万物生长的木象。与其对立持恒的也是同类称名，但属于相反。比如离类象称名也是土，但属性发展则是柔土，其余以此类推。

（三）爻变序象

爻变序象，是天地互化后的产物进退顺序运动途径之象，即升降之象。爻变之象以乾坤定位生化，运行路径升降持恒关系称之为左右关系，左降右升。即乾化升，运行右方的坎艮震象。坤化降，运行左方的离兑巽象。

天道变化象是乾艮化气，流动路径是乾坎艮震坤离兑巽，天阳时走乾坎艮震，天阴时走坤离兑巽。

地道变化象是坤兑化质，流动路径是坤离兑巽乾坎艮震，天阴时走坤离兑巽，天阳时走乾坎艮震。

总之，天阳时，爻变序象变动体现气象动；天阴时，

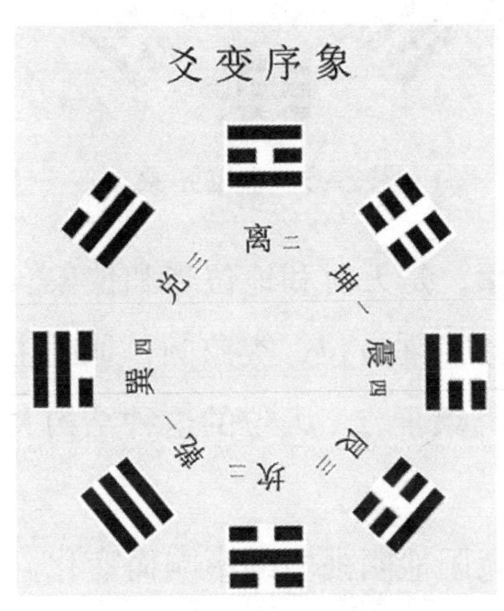

图 2–5　爻变序象

爻变序象变动体现质象动。人道与天时一致变化的现象，称之为天人合一。万物的生长规律，就是天人合一定律：天阳则万物苏醒而动，气盛，万物生长繁荣；天阴则万物休眠藏气长体，质盛，万物藏体储用。

（四）人位序象

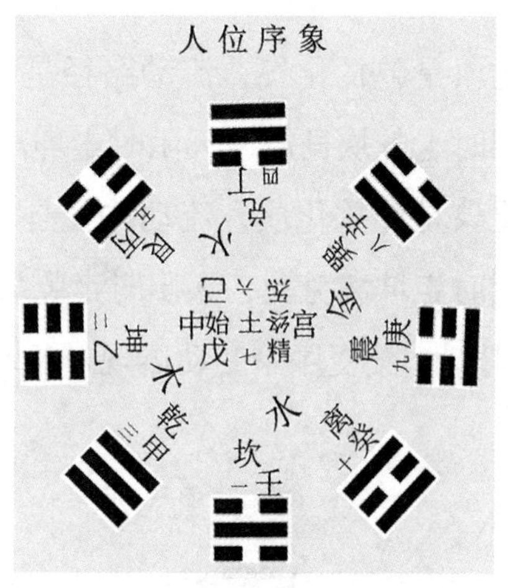

图 2-6　人位序象

人位序象，是天时和地位零和位象。体现了天阳主表，分布于四隅方位，类象圆；地阴主里，分布于四正方位，类象于方。人位的这种结构关系，简称为天圆地方。

人位受天阳地阴强弱的影响而变化。天阳进则地阴退，人位是阳动，有往无来居于表位，乾艮化生无，坎震有退。天阳退则地阴进，人位是阴动，无往有来居于表位，坤兑化生有，离巽无退。

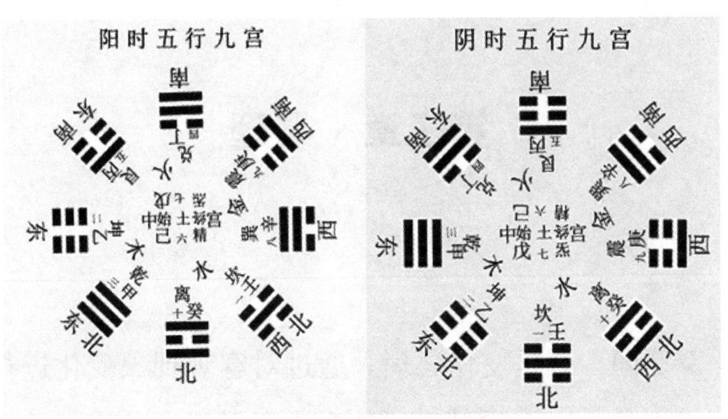

图 2-7　九宫阴阳变化象

第三章　易理

易理，就是变化之理。通过对客观现象变化进行归纳、总结，溯源其产生的根本以及发展趋势，从而清楚地了解一个真实的客观现象的变化世界，形成客观现象理论上的变化规律，加强人对客观现象的正确认识，并指导人类的实践活动，再通过实践活动完善这种理论，推动社会进步。

第一节　客观存在和本体论

客观现象是真实性地客观存在，并非人的主观意识主导而虚构的事物。人及其存在的意识只是客观现象所包含的物性存在的一部分。

一、客观存在

（一）客观存在的形式

1. 绝对存在和相对存在

以产生的条件分为绝对存在和相对存在。

绝对，是指无条件的、永恒的、无限的。作为客观现象最基本的体即太极体，其产生不需要任何条件，而是天然存在的自我演变，也就是绝对的个体存在，绝对太极体存在又以自身存在的形式分为有的绝对存在和无的绝对存在。无数个太极体都是相同的有极体或无极体聚集产生的整体，也是绝对的存在，分为精体绝对存在和炁体绝对存在。

相对，是指有条件的、暂时的、有限的。由太极体的有极体和无极体相杂构成的单元体和复合体，属于相对存在。其构成条件必须是 2 个及其以上绝对的基本体即太极体构成的体，这个体必须至少有一个是有极体或无极体与异类体相杂构成。

相对具有相反而对抗的属性特征。

2. 个体存在和交集体存在

以基本体的量而组合的体，分为个体存在和交集体存在。

奇数量的太极体构成的体，称之为个体。分为绝对个体和相对个体。1 个太极体为绝对个体，3 个及其以上奇数量的太极体组合的单元体为相对个体。

偶数量的太极体构成的体,称之为交集体。交集体，必须是 2 个及其以上的绝对个体或相对个体相互间组成的体。

3. 物性存在和非物性存在

以客观现象存在体的内部构成成分而组合的体，分为物性存在和非物性存在。

客观现象存在体都是由太极体的有极体和无极体二者之间或纯粹同一或相杂构成，其内部成分或有和无同存，或有缺无，或无缺有这三种形式。

非物性，是指不含有极体的纯粹同一的存在体，即纯粹的无极体和炁体。非物性，不以基本体的数量多少来判别，其必要条件是纯粹同一的无极体，为绝对存在形式。

物性，是指太极体的有极体这一属性。包含有极体的交集体，称为物体。物体中有的变化反映了物的属性变化。物体构成的必要条件：一是具备有极体，缺乏有极体存在的客观现象为非物体，太极体的无极体存在形式以及无数个无极体交集构成的体都是非物体。二是由两个及其以上的太极体交集构成，一个太极体不能称之为物体，只是物体的源体。

有和无相杂的物体为相对存在，纯粹为有的物体是绝对存在。

（二）客观存在的特点

1. 部分客观存在不以人的主观意识改变而不存在

意识是物的高级发展产物，有低级意识和高级意识之分，低级意识仅仅映射出客观真实存在的物象，不具备思考和应用能力，如动物感知其他动物和植物存在，感受自然的变化，但不具备改变客观存在的思维能力。而人是高级物性体，其产生的意识是一种高级意识，能反映和思考客观存在，并能改变和创造客观存在。但意识会随着物的灭亡而灭亡，而客观存在包含物性体和非物性体，人只是客观存在物性体的一种类别，人的意识灭亡并不会影响客观存在的非物性体存在。所以，客观现象非物性存在部分不以人的主观意识改变而不存在，但人的主观意识可以改变所能认知的客观现象的物性存在部分。

2. 动静反复交替变化不息

对于太极体的有极体而言，其在有极体就是绝对的动，在无极体是因绝灭而绝对的静；对于太极体的无极体而言，其在无极体就是绝对的动，在有极体是因绝灭而绝对的静。太极体自身就是遵循静极变动，动极化静，动静反复交替，循环无端，无穷变化规律。客观现象发展都是由基本体即太极体之间关系演变而来，其产生的物性和非物性，也遵循这一演变原理，即物体的有在外，则有动无相对的静；非物体的无在外，则无动有相对的静。有动外出为阳，无动内入为阴。

相对动静，物性体存在绝对的动和相对的静。有无均衡，整体为相对静态；有无失衡，则强者为绝对的动，而弱者为相对的静态处于蛰伏状态；有强则整体动出，无强而整体动入。

二、本体为物

本体，指客观事物的主体或自身，延伸为事物的来源或根源。

由于物体是太极体之间作用关系后具备有极体的交集体。而作为单个的太极体不属于物体范畴，只是物体的源体。所以，本体就是指物体，其本质就是指物体的物性，即物体的有极体。

物体和物源体二者都具备物性，但物源体是单个太极体的有极体，物体是多个太极体中的有极体和无极体交集体或多个纯粹的有极体的交集体。因此，本体只是物体，而不是物源体。

物体的有量和所处位置，就决定了客观现象存在物体呈现或硬性或软性，敛性或散性，明亮性或黑暗性，等等特征，由此构成了客观现象具有丰富性、层次性和复杂性。

（一）本体的特点

1. 本体必须包含有

这是由客观现象物性有所决定的。即客观现象所有的物体，都必须是有极体和无极体的交集体，或是纯粹同一的有极体的精体，否则就不能称之为物体，而是非物体。

2. 内部具备空间位置

由物体必须是两个及其以上的太极体交集产生，决定了其内部具备多层次性的空间结构，如简单的两个太极体构成的交集体，具备了上下空间，或称天地位置，也称里外位置。而三个太极体构成的交集体，则具备了上中下空间，或称天地人位置，也称里中外位置。而多个单元体构成的交集体，则具备了大空间内有小空间的多层式嵌套空间结构，构成的相对个体数量越多，内部结构越复杂。

（二）本体存在特征

由于物体是由太极体之间作用关系后必须具备的交集体，并有了位置关系，有和无的强弱，以及所处的位置就决定了物体具有刚柔体、阳阴象和中性体象的存在形式。

1. 刚体、柔体和中和体

物体中的有在下或内位置而强于无，为刚体。刚体表现为硬性、坚固、沉重、密度大等特征，如砂石土、动植物等。纯粹为一的精体则称之为至刚体，如人类认知最坚硬的钻石或金刚石。

物体中的无在下或内位置而强于有，为柔体。柔体表现为软性、稀疏、漂浮、密度小等特征，如风云、空气等。

物体中的无在下或者有在下，但有和无互相均衡，为中和体，也称之为刚柔相济体，其特征能刚能柔，二者兼备且均衡，如水、血液等。

总之，有越弱，则物性越柔；有越强，物性越刚；有和无等量，则物性为刚柔相济的中和体。

2. 阴象、阳象和中性象

物体中的有在上或外而强于无，物性显阳象，外出而散。阳象特点表现为明亮、舒畅、外出等，特别是以光亮性为主要显现特征。如白昼、火、灯光、太阳和热等。

物体中的无在上或外而强于有，物性显阴象，内入而敛。阴象特点表现为黑暗、紧缩、内入等，以阴暗性为主要显现特征。如黑夜、乌云、阴暗和寒冷等。

物体中的无在上或有在上，但有和无均衡，为中性象。中性象的特征介于不明不暗、不热不寒、不出不入等临界状态，主要表现为相对静止状态。比如，零温度的水，既不上升也不下降的临界静止物体，等等。

本体，是物性存在的物体，受物性强弱的影响而变化，存在着刚阴、柔阳、柔阴、刚阳和中体这五类存在体。如单元体的乾、艮、兑、震、巽、坎和离是物性存在体，属于本体类，其中艮和巽为柔阳，震和兑为刚阴，坎为柔阴，乾和离为刚阳；而单元体坎和单元体离交集产生的本体物既济或未济则因有和无均衡而为中体。而非物体，是绝对存在体，即绝对个体的无极体和交集体为纯粹同一的绝对炁体。有和无不相杂的体，其存在特征就只能表现为柔阴的独一存在形式，没有中体、柔阳、刚阳和刚阴这四种存在形式，如单元体坤为非物体，炁为柔阴。

（三）体用关系

1. 刚柔为体、阳阴为象

本体内部位置存在中的有或无，决定了本体是刚体还是柔体或中和体。构成本体的太极体为奇数量的，只存在刚体和柔体这两种存在形式。构成本体的太极体为偶数量的，其根据有和无对比强弱后，存在刚体、柔体和中和体三种形式。

本体外部位置存在中的有和无，决定了其表象或运动方式是阳象还是阴象或是临界的中性状态。有强于无，则显阳；无强于有，则显阴；有和无均衡，则为中性象。阳动则外出，阴动则内入；阳显则明，阴显则暗；中则持恒，为临界点，相对静态。

总之，本体的内部位置决定了本体物性本质为刚体、柔体和中和体，外部位置决定了本体物性现象为阳象、阴象和中性象。体为根本，象为用。

2. 刚体决定阳象、柔体决定阴象

物性强弱决定了本体的体用关系，即体决定用，刚体决定阳象，柔体决定阴象。本体的刚强则阳强、刚弱则阳弱；柔强则阴强、柔弱则阴弱。

象是体动的消耗现象，体是象消失后的结果。本体物性是动还是静，由内部的有和无的强弱决定，有量强于无量，则本体动则产生阳，当本体构成部分全部发展为有时，本体的本质为刚阳，此时阳强而显，显现后的产物则是无的诞生，即有转化为无。当无量强于有量，则本体的有为静产生阴，当本体构成部分全部发展为无时，本体消失，此时阴强而显，显现后的产物则是有的诞生，周而复始的循环发展。

本体的刚阴，是刚强蓄积阳，阳渐渐吞噬消灭阴；刚阳，是刚强阳动在外；柔阳，是柔蓄积阴，阴逐渐吞噬消灭阳；柔阴，柔性强而阴动入内。

第二节　发展论

一、发展的含义和类别

（一）发展的含义

狭义的发展，是指客观现象的存在物体无限的扩大，即由小到大，由简到繁，由低级到高级，由旧物质到新物质的运动变化过程。其不包含太极体的自我演变以及非物性演变过程。

广义的发展，是指客观现象存在体的变化趋势。

包含太极体自我演变和非物性发展过程。本文所论发展就是指广义的发展。

广义的发展，既包含客观现象存在的物体发展，又包含客观现象存在的非物体发展。既包含由简到繁的过程，又包含由繁到简的过程；既包含由低级到高级的过程，又包含了由高级到低级的过程；既包含了由小到大的过程，又包含了由大到小的过程。如：春天和夏天，是客观现象由简到繁、由小到大的过程，而秋天和冬天则是由繁到简、由大到小的过程。

（二）发展的类别

1. 低级发展和高级发展

以客观现象存在体的内部构成的太极体的数量多少分为低级发展和高级发展。

低级发展又名简单发展，是指变化趋势的原始阶段。太极体的有极体和无极体这两种属性自我变化过程，就是客观现象存在的最低级发展，即发展的原始端。

高级发展又名复杂发展，是指因客观现象存在体构成的太极体个数越多，其内部位置层次越丰富，继而相互作用关系越是庞杂，自身属性变化延时，与外部作用方联系越多的发展现象。

高级发展和低级发展是相对的，由内部构成的太极体的数量决定，太极体的数量多的比少的高级。如两个太极体构成的双极体发展为低级发展，三个太极体构成的单元体比两个太极体构成的双极体高级。低级发展有首端，就是太极体的自身发展。而高级发展无终端，也不能限制太极体的个数之间交集。

高级发展和低级发展可以互相转化，先是低级发展演变为高级发展，再由高级发展演变为低级发展。这种转化，是指客观现象存在体的物性自身发展由小到大、由简到繁的发展过程，称之为高级发展进程；当物性向衰败发展时，就是高级发展向低级发展的进程，越接近物性消失，发展变得越简单。

2. 物性发展和非物性发展

以客观现象存在体的本质属性发展方向分为物性发展和非物性发展。

由于客观现象存在是由基本个体，即太极体的自我有极体和无极体互相转化过程中，太极体之间相互作用，并反复交集，产生复杂的交集体。这些交集体有纯粹同一的精体和炁体，以及有无相杂的体。精体也好，炁体也罢，都是极则变，产生相反属性。有无相杂的交集体也是要么向物性方向发展，要么向非物性方向发展，发展中都会发展为纯粹同一体。

由此，客观现象存在体向物性演变的过程，称之为物性发展。向无极体的非物性演变过程，称之为非物性发展。

物性发展，亦称之兴荣发展，是物性由少到多、由小到大的发展过程。非物性发展，又名简化发展，是物性极则衰变过程，物性由强变弱，直至消失，非物性的无极体变得强盛。比如客观现象存在的八个单元体中，坎、震、兑、乾依序发展的过程，是物性发展过程，也是物性繁荣发展的过程；而离、巽、艮、坤依序发展的过程是非物性发展过程，也是物性的简化过程。乾是物性最繁荣，坤是物性简化为零。坎是有在中为刚柔相济的中合体，动则标志向物性发展。离是无在中为刚柔相济的中合体，动则标志向非物性发展。

3. 阳象发展和阴象发展

以客观现象存在体的外部表象分为阳象发展和阴象发展。

客观现象存在体显现发热，或发光，或外出之象的发展过程，称之为阳象发展。如太阳，又如八个单元体中的乾、离、巽和艮象外部皆是有极体，其中的艮象是阴阳和合的中性体，动则标志向阴象发展。

客观现象存在体显现阴暗，或凉寒，或内敛之象的发展过程，称之为阴象发展。如地球和月亮不是发光体，又如八个单元体中的坤、坎、震和兑象外部皆是无极体，其中的兑象是阴阳和合的中性体，动则标志向阳象发展。

二、发展过程

客观现象存在体的自我发展中，既有具有时间特征的盛衰发展发展现象，又有自身内部属性变化带来的空间位移发展现象。这两种现象前者称之盛衰发展，后者称之为位移发展。二者既有区别又有联系，区别：盛衰发展重点突出发展体的物性或非物性的兴荣和衰败封闭式发展过程，属于本质发展，发展中体现循序渐进的发展趋势。位移发展重点突出发展体在移动过程中遇到不同环境下的发展现象，属于关联发展。联系：盛衰发展的时间属性和位移发展的空间属性具有统一性，即一定时间内的发展，内部主导者数量累积而位移到特定的位置上。位移特定的位置上，需要一定的时间。

空间上的位移发展，由其以客观现象存在中的单元体发展现象最为典型，因其位置空间具备天人地或外中里，其它再高级的个体也只是分天地人或上中下的内部空间结构，只不过内部属于嵌套式的空间，即天地人的内部中，每一个位置又细分天地人，可以无穷尽细分。而客观现象存在中的太极体自身发展没有空间位置，只是自身的简单忽变交替现象。两个太极体构成的双极交集体，只是具备天地或上下或表里的位置。此二者都是不成熟的低级阶段发展，特别是太极体为低级阶段发展的首端发展体，只有单元体才是高级发展的基础发展体，即低级向高级发展的变化体。相应地，单元体的盛衰发展所体现的时间阶段发展也才能体现客观现象存在体的时间发展共性。简单说：客观现象存在中的单元体的位移发展和盛衰发展规律，是客观现象存在的高级发展的基础性规律，具有普遍性，由其演变的规律性可洞察或类推更高级别的客观现象存在体发展。

（一）盛衰发展过程

客观现象的有或无自身从产生到发展成熟，乃至衰退直至消亡的完整过程，称之为盛衰发展。从产生到成熟的过程属于兴荣发展，极则衰变到消亡的过程属于衰败发展。

有和无自身单一关系的发展过程分为六阶段发展，而有和无相互之间互相争夺的过程合并为十二长生发展过程。

1. 六段发展过程

表 3–1　六段发展过程

六段		物性六过程				非物性六过程			
孕量人变	生	坎	☵	申	无中生有	离	☲	卯	有中生无
量入地变	长	震	☳	戌	有入生刚	巽	☴	巳	无入生柔
量叠天变	壮	乾	☰	子	刚强阳生	坤	☷	未	柔强阴生
极则衰变	衰	乾	☰	寅	阳明化气	坤	☷	酉	阴显化质
里散反变	病	艮	☶	辰	气入刚散	兑	☱	亥	质入柔凝
外失亡变	亡	艮	☶	午	有亡绝阳	乾	☰	丑	柔亡绝阴

客观现象存在中的单元体无论是物性发展还是非物性发展的空间位移，都是六位阶段发展，即孕量人变、量入地变、量叠天变、极则衰变、里散反变和外失亡变。其中：孕量人变、量入地变和量叠天变三阶段属于兴荣发展段，极则衰变、里散反变和外失亡变三阶段属于衰败发展段。

客观现象单元体的物性盛衰发展中，孕量人变为坎、属于生阶段、申时显象为无中生有；量入地变为震、属于长阶段、戌时显象为有入刚生；量叠天变为乾、属于成熟阶段、子时显象为刚强生阳；极则衰变为乾、属于衰阶段、寅时显象为阳明化气；里散反变为艮、属于病阶段、辰时显象为气入刚散；外失亡变为艮、属于亡阶段、午时显象为有亡绝阳。

客观现象单元体的非物性盛衰发展中，孕量人变为离、属于生阶段、卯时显象为有中生无；量入地变为巽、属于长阶段、巳时显象为无入柔生；量叠天变为坤、属于成熟阶段、未时显象为柔强生阴；极则衰变为坤、属于衰阶段、酉时显象为阴显化质；里散反变为兑、属于病阶段、亥时显象为质入柔凝；外失亡变为兑、属于亡阶段、丑时显象为无亡绝阴。

（1）孕量人变。

客观现象存在中的纯粹同一体，极则动变，产生异类属性，既不主导客观现象体的本质，也不主导客观现象体的外表现象，即这个位置必然既不是里也不是外的位置，而是中位的人位。这种异类属性潜伏在和里外属性不同的中位现象，就是孕量人变。

物性发展中，纯粹同一的炁体变动生异类属性有极体，潜伏于中部，与里和外部的无极体不同，整体为刚柔相济的中合体。

非物性发展中，纯粹同一的精体变动生异类属性无极体，潜伏于中部，与里部和外部的有极体不同，整体为柔刚相济的中和体。

（2）量入地变。

新生的异类属性变动入里，使原客观现象存在体的本质或刚或柔改变为异类，此发展称之为量入地变，即量的壮大改变了本质属性。

物性发展中，原来的客观现象体的本质是柔体，有极体诞生而入里，促使柔体改变为刚体，本质发生改变。

非物性发展中，原来的客观现象体的本质是刚体，无极体诞生而入里，促使刚体改变为柔体，本质发生改变。

（3）量叠天变。

客观现象存在体的内部主导属性发展方，随着量的累积，叠加到外部，体的本质决定了外象的必然条件产生，使外部显现之象的动力散失，向相反的外象转变，此发展现象就是量叠天变。

物性发展中，内部的有极体量增加，蔓延外部，体现了客观现象存在体的本质刚体较强，决定了阳象诞生，终止了原先的外表显像为阴。

非物性发展中，内部的无极体量增加，蔓延外部，体现了客观现象存在体的本质柔体较强，决定了阴象诞生，终止了原先的外部显像为阳。

（4）极则衰变。

客观现象存在体的内部主导属性发展方，随着量的累积，叠加到外部，使客观现象存在体发展为纯粹同一体，由本体本质所决定的象显现于外，外部显象则促使决定属性方的量极则衰，此种发展现象为极则衰变。

物性发展中，内、中的有极体量继续增加，蔓延外部，整体全部是纯粹同一的有极体，本质的刚体决定外表阳象显现，阳象消耗有极体，结果产生无极体与阳同位，标志物性始衰。

非物性发展中，内、中的无极体量继续增加，蔓延外部，整体全部是纯粹同一的无极体，柔体决定了外表显阴象，阴象消耗无极体，结果产生有极体与阴同位，标志非物性始衰。

（5）里散反变

客观现象存在体的外部显象继续增强损耗了本质决定体，产生新的异类属性并随着量的增强而入人位，改变了客观现象存在体的属性主导地位，并使外部现象失去动力源泉，此发展现象为里散反变。简单说：里散反变，是客观现象存在体的本质原主导方衰败而亡，被新生属性主导取而代之的发展现象。

物性发展中，外部阳象消耗有极体产生的无极体存于中部，体的属性主导方由有改变为无，外部的阳象失去动力之源，此时标志物性快速向衰败方发展。

非物性发展中，外部阴象消耗无极体产生的有极体存于中部，体的属性主导方由无改变为有，外部的阴象失去动力之源，此时标志非物性快速向衰败方发展。

（6）外失亡变

里部的属性量逐渐增强叠加至外部后，终止了客观现象存在体的外部显象，即原主导属性发展方被新的主导属性发展方逐渐吞灭，最终走向终始合一的发展，此发展现象为外失亡变。

物性衰败发展中，里部的无极体增强，叠量累加外部，继续增强消灭有极体，发展为纯粹同一的非物性炁体，有极体灭亡。

非物性衰败发展中，里部的有极体增强，叠量累加外部，继续增强消灭无极体，发展为纯粹同一的物性精体，无极体灭亡。

2. 十二长生

表 3–2　十二盛衰发展

<table>
<tr><th colspan="4" rowspan="2">十二盛衰发展</th><th colspan="3">物性发展象</th><th colspan="3">非物性发展象</th></tr>
<tr><th>六段</th><th>时象</th><th>时间</th><th>六段</th><th>时象</th><th>时间</th></tr>
<tr><td rowspan="6">生长发展</td><td>养</td><td rowspan="2">孕量人变</td><td rowspan="6">伏藏蓄积</td><td rowspan="2">☵</td><td>☷</td><td>未</td><td rowspan="2">☲</td><td>☰</td><td>寅</td></tr>
<tr><td>长生</td><td>☵</td><td>申</td><td>☲</td><td>卯</td></tr>
<tr><td>沐浴</td><td rowspan="2">量入地变</td><td rowspan="2">☳</td><td>☷</td><td>酉</td><td rowspan="2">☴</td><td>☶</td><td>辰</td></tr>
<tr><td>冠带</td><td>☳</td><td>戌</td><td>☴</td><td>巳</td></tr>
<tr><td>临宫</td><td rowspan="2">量叠天变</td><td rowspan="2">☰</td><td>☳</td><td>亥</td><td rowspan="2">☷</td><td>☶</td><td>午</td></tr>
<tr><td>帝旺</td><td>☰</td><td>子</td><td>☷</td><td>未</td></tr>
<tr><td rowspan="6">衰败发展</td><td>衰</td><td rowspan="2">极则衰变</td><td rowspan="6">动显损耗</td><td rowspan="2">☰</td><td>☱</td><td>丑</td><td rowspan="2">☷</td><td>☲</td><td>申</td></tr>
<tr><td>病</td><td>☰</td><td>寅</td><td>☷</td><td>酉</td></tr>
<tr><td>死</td><td rowspan="2">里散反变</td><td rowspan="2">☶</td><td>☲</td><td>卯</td><td rowspan="2">☱</td><td>☳</td><td>戌</td></tr>
<tr><td>墓</td><td>☶</td><td>辰</td><td>☱</td><td>亥</td></tr>
<tr><td>绝</td><td rowspan="2">外失亡变</td><td rowspan="2">☶</td><td>☴</td><td>巳</td><td rowspan="2">☱</td><td>☰</td><td>子</td></tr>
<tr><td>胎</td><td>☶</td><td>午</td><td>☱</td><td>丑</td></tr>
</table>

客观现象存在体的发展过程是物性和非物性的争夺过程。物性衰变则生成非物性，非物性衰变则生成物性。二者之间的关系统一叙述为客观现象体的本体盛衰发展论。

客观现象的本体生长发展是物性由无生有、由小到大、由简到繁的发展过程统称；本体的衰败发展是非物性体由有生无、由弱到强、由繁到简的发展过程。简言之，物体的盛衰发展和非物体的盛衰发展是相反方向发展，是你来我往、我来你往的互相推移发展现象。通常用更加适宜人思想中的盛衰发展常规认识来描述客观现象存在体的发展过程。

（1）生长发展阶段。

用胎、养、长生、沐浴、冠带、临宫这六类称名代表物体的生长兴荣发展递进阶段规律，描述客观现象存在体的生长发展过程。

胎，表示客观现象存在体极则变，尚处于萌芽期状态，还不显现的时期，即坯胎萌芽。如单元体物体的胎时发展期，是纯粹同一的坤炁体极则变，诞生异类属性的物性体，此时还不显象，依然以纯粹同一的坤炁体存在。单元体非物体的胎时发展期，是纯粹同一的乾精体极则变，诞生异类属性的非物性体，也是不显。

养，表示新生的体在潜移转化，不断增强属性，继而属性显象，但被限于母体中，如腹中的胎儿。单元体诞生的物体显象为坎，非物体显象为离，皆是限于中而不能位移运动。

长生，表示新生属性随着量性增加，发生质的改变而诞生，犹如胎儿出生为婴儿。新生体在母体护养下发展，比如婴儿靠母乳长大。客观现象坎物体的长生发展依然靠坤，离非物体的长生发展靠乾。

沐浴，表示新体随着量的增强，即不断壮大，脱离母体，独自行动。如成长后能说话会走路、还能接受教育的小孩。坎物体发展为震体，离非物体则发展为巽体。

冠带，表示新体随着量的增强，继续累积壮大，犹如人具有能学习、劳动时期，不断积累经验，此时期还不具备独立能力。震物体发展为兑体，巽非物体发展为艮体。

临宫，表示新体犹如人已经学业而成、成婚阶段时期，此时期经验累积丰富，具有独立的思考和行为能力，对外界具有影响力。

“胎、养、长生”三发展阶段代表新生体属性处于幼稚期，还在母体的襁褓养育中。“沐浴、冠带、临宫”三发展阶段表示新生体属性量变到质变，属性成熟的发展，是一个质的飞跃过程，即思想和行为上具有独立性。

（2）衰落发展阶段。

用帝旺、衰、病、死、墓、绝这六类称名代表物体的衰败灭亡发展递进阶段规律，描述客观现象存在体的衰败发展过程。

帝旺,表示新生体属性发展完全成熟,为极致时期,意味向极则返的萌芽期发展。物体极则返为非物体发展，非物体极则返物体发展。

衰，表示成熟体内部潜移发展为相反属性体，相反属性已现象，乾体发展为离体，坤体发展为坎体，二者都是潜伏于成熟体中部。

病,表示相反属性体累积发展,消耗成熟属性的体,继而自身失去源泉，处于虚弱发展时期，但成熟体还未散失本性,外形未变,新生体还在成熟体的护养之下。

死，表示相反属性体壮大，与原先成熟的体抗争，旧的已经形体改变，衰竭而亡，新的茁壮兴荣发展，即乾体衰亡发展为巽体，坤象非物性体衰亡发展为震体。

墓，表示原属性体属性散而丢失，成为新属性发展的能量之源，成为新体维持和壮大的口粮。乾体衰变为艮体，坤体衰变为兑体。

绝，代表原属性彻底消失，发展为纯粹同一体，如乾物体灭绝后发展为纯粹的坤体，坤象非物体灭绝后发展为乾体。

“帝旺、衰、病”三发展阶段表示成熟体的衰败阶段尚处于有型的发展期。“死、墓、绝”三发展阶段表示原先的属性体由于量减而导致质变，衰败发展为散量而绝灭的发展期。

（3）顺逆发展

物性生成非物性的时序发展，属于顺时方向发展，即乾子时化生兑丑时，乾寅时化生离卯时，艮辰时化生巽巳时。

非物性生成物性的时序发展，则是逆时针方向，即坤未时化生艮午时，坤酉时化生坎申时，兑亥时化生震戌时。

这是由阳性化气外出和阴性化质内入属性决定的。乾壬少阳、乾甲阳明和艮丙太阳化气外出，推动外旋运动。坤癸太阴、坤乙少阴和兑丁厥阴化质内入，推动内转运动。

阳动时，人位属于有动无静；阴动时，人位属于无动有静。人顺应天时阴阳，而顺逆变动，即天人合一效应。

（二）位移发展过程

位移发展，实质上是有和无互为化生体，自身盛衰导致位移运动，与新的环境发生关联。

客观现象单元体分为天地人三部位，每一个部位的太极体都在发生着有无交替发展，引起单元体属性强弱，就会形成升降运动，即位移发展。这种升降运动，只能存在于同属性主导的强弱方。

1. 有升化气的位移过程

表 3-3　有升化气

有化气				爻位时变							
		风气	☴	上爻	戌	太阳退	地位	巽	☴	☳	辛
太阳	☶			五爻	辰	太阳进		震	☳		庚
		热气	☲	四爻	申	阳明退	人位	离	☲	☵	己
阳明	☰			三爻	寅	阳明进		坎	☵		戊
		寒气	☱	二爻	午	少阳退	天位	兑	☱	☶	丁
少阳	☰			初爻	子	少阳进		艮	☶		丙

无论是少阳乾、阳明乾还是太阳艮，化气的都只能是外部天位的有极体，都可视为乾动化气，位移艮、坎和震，根因就在阳动则无静，有主导无。艮位主导兑位，坎位主导离位，震位主导巽位，就形成了一阳之道：即乾—艮—坎—震的顺时升出之道。如乾少阳

化生兑寒气，其初爻在天部，天部的有极体转化为无极体，标志少阳气进退位移，少阳初爻在子、二爻位移至相反位；三爻和四爻则是人部位置的进退，五爻和上爻则是地部的进退。

2. 无降化质的位移过程

表 3–4　无降化质

无化质				爻位时变							
		燥质	☳	上爻	巳	厥阴退	地位	震	☳	☴	庚
厥阴	☱			五爻	亥	厥阴进		巽	☴		辛
		湿质	☵	四爻	卯	少阴退	人位	坎	☵	☲	戊
少阴	☷			三爻	酉	少阴进		离	☲		己
		暑质	☶	二爻	丑	太阴退	天位	艮	☶	☱	丙
太阴	☷			初爻	未	太阴进		兑	☱		丁

少阴坤、太阴坤和厥阴兑，都是外部天位的无极体，都可视为坤动化气，位移兑、离和巽，原因是阴动则有静，无主导有。兑位主导艮位，离位主导坎位，巽位主导震位，就形成了一阴之道：即坤—兑—离—巽的逆时降入之道。如坤太阴化生艮暑气，其初爻在天部，天部的无极体转化为有极体，标志太阴气进退位移，太阴初爻在未、二爻位移至相反位；三爻和四爻也是人部位置的进退，五爻和上爻是地部的进退。

（三）位移发展和盛衰发展关系

客观现象存在体的位移发展，本质就是爻变的升降，即一阴一阳谓之道。而盛衰发展是客观现象的天位和地位交替变化，即客观现象本体的生成发展阶段是客观现象的地道演变，衰败发展是客观现象的天道演变。

天道演变决定了爻变是升运动，地道演变决定了爻变是降运动。同时客观现象的盛衰发展体现在外部的表象上，而里部的地位则体现在刚柔的相反位置上，下位主导上位，下位的是刚，体现天道为阳时；若天道为阴时，则地道八卦序布局为坤、乾、兑、艮、离、坎、巽、震，下位柔主导上位刚，体现天时是阴时。

图 3–1　天地及爻变图

图中里部的八卦顺序为坤乾兑艮坎离震巽，体现的是地位气动生体的位移发展过程，体现了形体变化的刚柔强弱程度。外部的乾、离、巽、艮、坤、坎、震和兑八顺序是体动化气的盛衰发展过程，体现外部表象的兴荣景象和衰败景象。中部的乾、巽、离、兑、坤、震、坎、艮八卦序是爻变的一阴一阳之道。乾坎艮震，体现天道阳气进退的位移；坤离兑巽，体现地道阴气进退的位移。

三、发展的助力和阻力

客观现象存在体在发展的过程中，总是不能一帆风顺，而是会遇到来自自身内部生长发展或衰败发展变化的根本原因，同时还会遇到外部的同类属性的帮助和异类属性的阻碍这一外部因素。客观现象存在体自身处于生长发展过程的，遇到异类属性为生长发展过程的则受到阻碍，遇到异类属性为衰败发展过程的则受到同类属性的帮助加快发展。客观现象存在体自身发展处于衰败发展过程的，遇到异类属性处于生长发展过程的则衰败进程加速，若遇到异类属性处于衰败发展过程的则自身衰败减缓，得到同类属性的帮助。

总之，客观现象存在体所遇到的阻力和助力，都是指来自于自身体外部的同类或异类属性的相互作用关系。

（一）发展的助力

客观现象存在体在发展的过程中，受到外部同类属性帮助的现象，称为助力现象。受到助力的大小则因外来同类属性的强弱决定。外来同类属性越强，受到的助力则越大；外来同类属性越弱，受到的助力则越小。

1. 同一聚势

客观现象存在体发展中遇到和自己完全相同的属性体，则为同一，得到的助力为聚集势力。比如，坎单元体自身发展中，遇到外部的客观现象存在体也是坎体，则得到的助力是同一聚势。无数个坎单元体聚集，则势力更大，即聚集的势力和相同体的数量呈正比例关系。

2. 类性得势

（1）弱者遇强者，被提携推动。客观现象存在体在发展中遇到比自己强的同类属性体发展，得到的助力为推力，即起到催化作用，而加速发展。比如，震单元体自身发展中，遇到兑单元体，两者属性为物性生长发展的同类体，震单元体得到兑单元体的助力为推力，即兑催化加速震自身向物性发展。

（2）强者遇弱者，得位有根源。客观现象存在体在发展中遇到比自己弱的同类属性体发展，得到的助力为有根。比如，震单元体遇到坎单元体，二者为物性发展，前者遇到后者，为屯的囤积发展现象。

（二）发展的阻力

客观现象存在体在发展的过程中，受到外部异类属性阻碍的现象，称为阻力现象。受到阻力的大小则因外来异类属性的强弱决定。外来异类属性越强，受到的阻力则越大；外来异类属性越弱，受到的阻力则越小。

客观现象存在体的本质体性的阻力刚柔各不同，刚体是硬性、下降，柔体是软性、上升，刚行遇柔体则受陷，犹如滚动的石头陷于沼泽中；柔行遇刚体，则受阻挡，犹如风被树木或墙体阻挡。客观现象存在体的阴阳显象的阻力也各不同，阳象是散光、温暖等，阴象是聚光、寒冷等。阳行遇阴象，则光散射受限，难以透射，温暖被阻热量下降；阴行遇阳象，则难以聚光，寒冷被制而趋于舒展。

1. 对冲抗衡

客观现象存在体在发展的过程中，遇到外部异类属性与自己势力均衡的对抗，受到的阻力为对冲抗衡。二者互相限制，均不得发展，形成一个零势的统一状态。单元体中，坎和离对冲抗衡，震和巽对冲抗衡，乾和坤对冲抗衡，兑和艮对冲抗衡。对冲的双方互相制约，一方不能消灭另一方。

2. 弱者受困、强者被阻

客观现象存在体在发展中，遇到异类属性时，弱方发展被阻，强者发展速度放缓。物性体发展中遇到非物性时，物性弱，发展受阻而被困；若非物性弱，物性的发展速度也被影响而放缓。比如，震物体发展中，遇到坎体，虽然同类而有根，但是坎物性体的非物性强，仍然阻碍震物性的发展速度而趋缓。震物性体遇到艮非物性体，则物性发展被制止而困住，因艮向最强的非物性发展，强于震的物性体发展，同样艮非物性的发展速度也被阻而趋于减缓。

四、发展的特点

从上述客观现象存在体的发展归纳和总结，不难得知：发展具有曲折性、交替性、封闭性、循环性和渐进性的发展特点。

（一）曲折性

客观现象存在体在发展中具有外出运动和内入运

动。外出则伸，内入为屈。伸为物性衰败的发展方向，屈是物性生长的发展方向。伸则主导动，屈为静。单元体物性衰败发展中，乾、离、巽和艮，物性体伸展外出，显象外部，主导动，而其产生的非物性体存于内，为静；单元体物性生长发展中，坤、坎、震和兑，非物性衰败发展过程，主导内入运动，显象外部，而物性则屈于内部为静。

这种能伸能屈的特点，是客观现象存在体发展的显著特性。

（二）交替性

客观现象存在体是有和无互相转化而不限次数交集产生的新体发展现象。也就是说由其所产生的客观现象存在体，无论是最简单还是最复杂的体，都是两极转化，即有极转化无极，无极转化有极，这种转化现象为相互更替，即交替。

一方发展达到极致，另一方绝灭，继而标志绝灭方诞生，此种发展现象称之为穷极则反，包含物极则反和无极则反。反，即返，返还的含义。

单元体发展中，乾极则反坤，坤极则反乾；坎极则反离，离极则反坎；震极则返巽，巽极则反震；艮极则反兑，兑极则反艮。这四对都体现了物极必反和无极必反发展，是互相转化的交替现象。他们的区别是：物或无的强弱，即乾为物最强，坎为物最弱，坤为无最强，离为无最弱。

（三）封闭性

无论是物性发展还是非物性发展，皆有始点和终点，即穷尽而反。终点发展的落脚点是绝灭，始点的立足点也是绝灭，两个点的位置是同一个点，构成了客观现象存在体自身发展是一个封闭式的周期，体现了原始返终、终始合一的特点。

单元体物性的终始合一点是坤，非物性的终始合一点是乾。坎的终始合一点是离，离的终始合一点是坎；震的终始合一点是巽，巽的终始合一点是震；艮的终始合一点是兑，兑的终始合一点是艮。

（四）循环性

客观现象存在体的发展不是一次就终结，而是终的目的是为了开始，再次发展，再次走向终点，由此形成循环无端，反复无穷的循环性发展。

（五）渐进性

客观现象存在体在发展中，并不是单一的自我发展，而是在发展的路途中遇到阻力或助力，在这两种力量的推动作用下，自我内部不断逐渐壮大或简化发展，即客观现象由低级向高级、由简单到繁杂的互相反转发展。

体现了一是新事物的不断产生、旧事物的不断灭亡，新旧事物或繁或简。二是发展中量变到质变，循序渐进，由小到大，由弱到强的互相反转发展。这两种发展特征都表明了客观现象发展不是跳跃式发展，而是依序发展；也不是完全单一的简单发展，而是发展中多变的繁杂和简化发展。

第三节　矛盾论

一、矛盾及类别

矛和盾，是古代人在军事战争中使用的武器。矛的特点是锐利，力向刺击而伤害对方。盾则是抵挡对方的矛刺冲击，避免被刺伤。简单说，矛的存在是伤害方，盾的存在是避免方，伤害和避免是双方互相关系中的相反行为。当矛强于盾，则能刺伤对方；当盾强于矛，则能避免伤害反而折损矛；当盾和矛势均力敌，则抗衡互不伤害，双方能和睦共存。

上述矛和盾的这种双方关系，从而延伸为矛盾，就是客观存在中的相反属性的互相作用关系。

由矛盾的定义确定了其必要的条件和性质：一是矛盾必须至少有两方共存，只有一方而缺失另一方，只能称之为矛或盾，不能称之为矛盾。二是共存方必须至少有两方的属性是相反关系，若共存方的属性都一致，只能都是矛或盾，不能称之为矛盾。

（一）矛盾的本质

1. 矛盾是有无相杂体的特有对立属性

本体的本质是物体的物性，而物体必须是具备有的交集关系体，既包含有无相杂的物体也包含纯粹为有的精体。这两种本体中，只有有无相杂体是具有矛盾性，即有极体和无极体是一对属性相反关系的体，有极体为刚为阳，无极体为柔为阴，一个坚硬而产生热，一个柔软而产生寒，两者属性相反，其相互作用关系构成了矛盾关系。这就决定了客观存在的有无相杂的物性体自身为矛盾体，而客观存在的纯粹精体和非物性炁体自身没有对立方而不属于矛盾体。

2. 矛盾是物体曲线运动的动力源

太极体的有极体和纯粹精体为刚体阳象，运动外出，具有膨胀打开等运动力向，其特点是向上或向前运动；无极体和炁体为柔体阴象，运动入内，具有聚合收敛等运动力向，其特点是向下或退后运动，简单说纯粹同一体只是单一的向上向前或向下向后运动。而客观存在的矛盾物性体，自身具备了向上向前和向下向后的两种矛盾的运动方式，在运动中能够交替变化，向上可转变为向下，向下可转变为向上。所以，矛盾改变了纯粹同一体的单一线性运动为多变的曲线运动轨迹。

（二）矛盾类别

1. 自我矛盾和关系矛盾

单个本体存在的矛盾，为自我矛盾。单个本体，是指本体为一个完整的独立个体，无论这个本体构成的内部多么复杂，太极体的个体数量多么庞大，所构成的这个本体都是一个独立个体，其自身存在着的矛盾，就是自我矛盾，也称内部矛盾。如艮象物体，其自身外部为有，内部和中部为无，有和无之间有矛盾，他们是一个整体的个体，此矛盾为自我矛盾或称内部矛盾。

不同本体之间作用的矛盾，为关系矛盾。不同本体，是此本体与彼本体的属性不一致，两者互相作用产生了新的矛盾。若此本体与彼本体属性相同，完全一致，就不是矛盾关系，而是多个数量的或矛或盾的关系。如艮象物体遇到兑象物体，两者互相作用，形成新的损象体，具备了新的矛盾，即互相作用的关系矛盾。若艮象物体遇到艮象物体，二者属性同一，不具备矛盾关系，而是属于同类群体之间有着相同的内部矛盾关系。

关系矛盾中，处于内部位置的本体是主导体，其自我矛盾就是内部矛盾，与外部的本体矛盾关系是外部矛盾。于内部的本体这一主导本体而言，内部矛盾是根本原因，决定了其本质发展；外部矛盾是外因，只是促进变化发展的一个因素，不决定本质发展。

2. 简单矛盾和复杂矛盾

（1）简单矛盾。本体内部或本体之间，只存在一方与另一方的双方矛盾关系，为简单矛盾。如一个有极体和一个无极体结合产生的双极体，对一个新的本极体而言，其内部矛盾只有两方，其矛盾就是简单的。又如一个本体为艮象的物体与另一个本体为震象的物体之间互相作用，所产生的关系矛盾也只是简单矛盾。

（2）复杂矛盾。本体内部或本体之间，存在着多于两方以上的矛盾关系，为复杂矛盾。如本体为艮象的物体，其内部构成有 3 方关系，即上方、中部、下方，中部和下方因属性相同而不具备矛盾关系，其内部矛盾对于无极体而言，本体为艮象的物体的内部矛盾属于简单矛盾；对于有极体而言，则属于复杂矛盾。又如本体为艮象的物体和本体为震象的物体，相互作用产生的矛盾则只属于简单矛盾，但艮和震各自内部矛盾包含复杂矛盾。若艮和震相互作用关系体再和本体为巽象的物体相互作用，则具备了多于双方关系的第三方矛盾，也就有了复杂矛盾。

对于复杂矛盾而言，关系方的数量和矛盾的复杂度呈正比例关系，关系方面越多，矛盾越复杂。

由于复杂矛盾的多元化，其又分主要矛盾和次要矛盾。

在复杂的矛盾中，处于决定体性发展方向的位置关系的矛盾，为主要矛盾。其他位置关系的矛盾则为次要矛盾。

因本体的自我矛盾和本体之间的矛盾所具备的复杂矛盾关系方，至少是三个及其以上，其相互作用后产生的位置有了上或外、下或内、中三层位置关系。在位置中，下位置的有和无主导物性本质为刚柔，上位置的有和无主导物性现象为阳阴之象，体决定象，即刚体决定阳象，柔体决定阴象，而中部的有和无为刚柔进退之象的标志位置，其是否与内部有矛盾，决定了体的刚柔强弱发展，若内部与中部有矛盾，则影响体性刚柔向强的方向发展，为复杂矛盾的主要矛盾；若内部与外部也是有矛盾关系，则为次要矛盾。比如，本体为震象的物体，内部为有极体，向刚体方向发展，中部和外部为无极体，有利柔性体，阻碍内部刚体发展，对于刚体而言，其自我矛盾属于复杂矛盾，与中部的无极体属于主要矛盾，与外部的无极体则属于次要矛盾。

同理，本体之间相互作用的主要矛盾和次要矛盾，则以位置、远近和动静来决定。在下或内位置的本体，有自我矛盾的则是主要矛盾，与其他本体的矛盾为次要矛盾。下位置本体若自身没有自我矛盾以及和中部、外部位置有多个次要矛盾时，与距离越近的本体矛盾越是主要矛盾，与距离越远位置的矛盾越是次要矛盾。在距离相等有多个矛盾时，与静止的本体矛盾是主要矛盾，因静止方是生长发展，越来越强，矛盾也越来越尖锐；与运动的本体矛盾是次要矛盾，因主导动态的一方属于衰败发展，越来越弱，矛盾也越来越小。

3. 普遍矛盾和特殊矛盾

有极体和无极体之间的矛盾，为普遍矛盾，也称共性矛盾。这是由太极体是构成客观现象存在体的最基本的个体而决定，简称普遍性基本体。客观现象存在的所有本体物体，都是由两个及其以上的太极体间相互作用交集产生至少含有一个有极体的新体，也就具备了有极体和无极体这一对最基本的矛盾体，即共性矛盾。简单说：客观现象所有的物体都具备共性矛盾。

特殊矛盾，也称个性矛盾，构成本体内部的有极体和无极体二者任意的数量以及量差决定了矛盾方面的复杂性，这种差异复杂性为特殊矛盾。

无极体和有极体的数量越多，且量差越小，构成的本体内部矛盾或不同本体间作用的关系矛盾越复杂，矛盾越大，也就越体现矛盾的特殊性；无极体和有极体的数量越少，且量差越大，构成的本体内部矛盾或不同本体间作用的关系矛盾就越简单，矛盾越小，也就越表现为矛盾的普遍性。

二、矛盾特点

1. 两面性

一正一反、一上一下、一出一入等，是矛盾的特有属性，即相反性，任何形式的矛盾都只是两个方面的对立，故称两面性。两面性存在于所有的客观现象的本体矛盾中，其内部是此消彼长的变化发展，如年轻发展为年老，光明之后发展为黑暗，等等。

2. 对立性

一方为了自身发展壮大必须吞噬另一方的消灭行为，为对立性，亦称争夺性或斗争性。简单说，只有牺牲对方的体，作为自身发展的能量源，二者这种你死我活的争夺行为，就是相互的对立性，绝不允许敌我永远共存，即使共存也只是在双方势均力敌或新生方诞生而隐藏的条件下暂时共存。

3. 统一性

矛盾双方对立过程中，一方失去斗争性而趋向消亡，继而另一方独大，此时的矛盾特性渐失，发展为统一性，或称同一性。统一性主要体现在矛盾的原始初期和最终末期。原始初期，新的事物产生，斗争性萌芽，但还不足以和另一方争夺；最终末期，则是衰败方散失斗争性，逐渐消亡，只有一方存在。这两种情形，都标志着统一性的形成也就是矛盾的消失。

4. 转化性

矛盾的两方面，互相此一时彼一时地主导矛盾的总体发展趋势，为矛盾的转化性。这是由太极体的有极体和无极体互相转化这一普遍性规律所决定的。矛盾，其本质就是矛盾的双方，即有和无的斗争。无极体诞生乃至发展壮大，需要有的牺牲为发展源，直至有消失，实现矛盾的统一性，发展为纯粹的客观存在的非物性炁体时，矛盾也就消失，物性从而处于绝对的静止，物性静极则生变，有的诞生也就标志矛盾的诞生，而有的发展壮大需要消灭无作为源泉，矛盾产生直至无的消失，即无极体处于绝对的静止，又一次实现矛盾统一性，由此周而复始的演变，一会儿是有斗争无，即有主导发展方向；一会儿是无主导发展方向而斗争有，二者互相转化从而主导矛盾的发展属性。这种现象，就是矛盾的转化性。

根据客观现象本体矛盾所体现的特性，也可定义：矛盾，就是客观现象有无相杂体存在的相反属性互相转化中的对立和统一。

三、矛盾的主要方面

矛盾的主要方面，就是指客观现象本体矛盾存在的内部矛盾或主要矛盾属性发展的趋势。或者说，矛盾的主要方面就是内部矛盾或主要矛盾的双方，主导着矛盾的属性发展过程。根据主导方的强弱，这一过程分为趋附矛盾、对抗矛盾和同化矛盾依序发展的三阶段。

（一）趋附矛盾

纯粹同一体极则动变，诞生异类属性并处于微弱时期，只能依附强者而生存，此时诞生的矛盾称之为趋附矛盾。其体现了：一是纯粹同一体极则诞生异类属性。比如，精物体的本体动到极致则非物体静，静极则产生非物体；是非物体炁的则因物体绝灭而处于静极，继而生物性体。二是纯粹同一体是没有矛盾的，异类属性的诞生，也是矛盾的诞生。三是新生异类属性体微弱处于静而顺从，但主导矛盾的发展属性是向着有利于自我的发展方向。

特点：矛盾处于暗处，即主导方由于自身较弱，静而隐藏自己，未显露本性，麻痹忽略对方，趋附壮大。

（二）对抗矛盾

矛盾中的主导方发展到和对方势均力敌时的矛盾，为对抗矛盾。其表现为：一是矛盾由弱到最强，处于矛盾最大，即鼎盛期的矛盾。二是双方实力平衡，互不能吞噬对方，但两者的斗争最为激烈。

特点：矛盾摆在明处，主导方已不畏惧对方，双方抗衡而相对静止，等待时机消灭对方。

（三）同化矛盾

矛盾中的双方已经失衡，主导方变得强大而能吞噬消灭对方的矛盾，为同化矛盾。

特点：同化就是清除异类，一统独大。矛盾双方发生颠覆转变，静的一方转变为动，动的另一方转变为静，矛盾由大转变为小，直至矛盾消失，客观现象物性存在发展为非物性存在，或者非物性存在发展为物性存在。

四、本体的矛盾和发展关系

客观现象本体存在，既包含矛盾又包含发展。矛盾是发展的动力和方向，是发展的相反属性共存体。发展是矛盾双方属性互相转化过程中“旧事物死亡、新事物产生”互相更替的必然现象。有发展就有矛盾，矛盾就必然是发展。

（一）发展中的矛盾

发展的本质，于客观现象物体自身而言，是由无到诞生以及由弱转强，再由强到衰乃至死亡而消失的过程。于客观现象物体之间相互作用的关系而言，是矛盾产生而斗争到逐渐同化为一并反复转化的结果过程。本体无论是自身发展还是相互间的作用，物体的发展必然存在有或无灭亡消失后发展为纯粹的精体或炁体状态，这一结果状态是没有矛盾存在的。简单说，矛盾只是发展中的绝大部分，发展还包含没有矛盾性存在的物性精体和非物性炁体部分。

（二）矛盾中的发展

矛盾的本质，于客观现象有无相杂的物体自身而言，是自身存在相反属性的两方面互为争夺过程，而主导方决定着本体属性的发展方向。若本体存在内部是有为主导，则本体发展向着刚体和阳象发展；若本体存在内部是无为主导，则本体发展向着柔体和阴象发展。于客观现象本体存在相互间的作用矛盾而言，也是由内部矛盾或主要矛盾的主要方面决定着相互间作用的发展趋势。简单说：矛盾双方中的一方主导着发展的属性方向。

总之，矛盾和发展基本上是同步发展，但发展过程中还有一部分是没有矛盾的纯粹同一的精体或炁体。而发展的属性方向则取决于矛盾的主导方是有或无。

第四章　体和气

第一节　五体

客观现象单元体在发展中，因内部构成的有极体量的增减变化，导致量变到质变，体形发生相应地变化，表现为具有一定特征的形体现象，体现在人身边周围的各种自然变化现象。

一、五体类象

表 4–1　五体类象

六阶段发展			物性				非物性			
			五行	象	阳干	属性	五行	象	阴干	属性
进	初始	孕量人变	土	☵	戊	刚中	土	☲	癸	柔中
	二爻	量入地变	金	☳	庚	刚大	金	☴	乙	柔大
	三爻	量叠天变	水	☰	壬	至刚	水	☷	丁	至柔
退	四爻	极则衰变	木	☰	甲	天元	木	☷	己	地元
	五爻	里散反变	火	☶	丙	少刚	火	☱	辛	少柔
	上终	外失亡变	空	☶	天炁	刚亡	亡	☱	地精	柔绝

五体，亦称五行，是客观现象存在体的形体内有和无发展各阶段动态属性类象的称名。客观现象存在单元体的物性和非物性发展阶段各有六阶段，而作为有亡的天炁和无绝的地精，纯粹精一，不存在矛盾现象，处于绝对的静止状态，并且是有和无的落脚点与起点，无恒静于最外层、有恒静于最核心。因此，五行是相对具有运动属性的形体阶段属性的类象称名。

由于五行是物性和非物性发展五阶段的动态形体

称名，主要体现为刚柔形态，或称虚实形态。根据人类身边所接触的客观现象真实形态体类象五行。

（一）物性五行类象及特点

1. 土。孕量人变的时期，物性形体潜伏蓄势于无中，类土。特点：无极恒静孕育刚，刚陷于静止的无中，动态相对静止，形体刚柔相济，具有湿凉性，犹如土中生物。

2. 金。量入地变的时期，质重坚实而埋于土下之物，类金。特点：蓄积长刚，加速凝聚，动势加强，质重下沉入内，其性动态、形体刚硬，性寒。

3. 水。量叠天变的时期，人地天三部聚合成至刚，生成热量，化坚生明，类水。特点：动势反转，热生而明，内坚软化，仍处于寒凝末端，外部不散，内部驱动，里外关系构成整体相对持恒的零态，性平。

4. 木。衰极则变的时期，人部蓄积的膨胀势能产生气，逐渐蔓延外部，力向由人部发展到地部，继而伸展到天部，这种一身衔接天地人三部的形体，类木。特点：力向由里向外动出，产生了气，内部坚硬软化复苏，外部舒展，热和光明蔓延外部。显现于颜色鲜目，性温。

5. 火。里散反变的时期，人部的热气继续蓄积，浸入地部，致使形体由刚形体膨胀散射为虚柔体，外部光明四射，类火。特点：外出散射动势强劲，光明和热能最强，形体变虚，性热。

（二）非物性五行

物性发展和非物性发展是互相推移交替的发展现象，坎衰则离来，离衰则坎来；震衰则巽来，巽衰则震来；乾衰则坤来，坤衰则乾来；艮衰则兑来，兑衰则艮来。由此，客观现象体的物性发展有五体，非物性发展也有五体，两两属性为等量持恒相反而对抗的关系，合而称之为行，简称五行。

因客观现象本体的物性形体体现于刚，其五行称之为刚五行。非物性形体体现于柔，是刚五行的相反属性五行，称之为柔五行。

坎体，刚柔相济的刚中土，性凉，形体外表柔而内实如水；离体，刚柔相济的柔中土，性温，形体外表刚内虚柔如火。

震体，刚强夺柔的长刚金，性寒，燥而如雷；巽体，柔强夺刚的长柔金，性热，散而如风。

乾体，至刚性变的水和木，颜色鲜明夺目，性平与温，动而如升出的水汽、伸展的枝叶；坤体，至柔性变的水和木，颜色晦暗幽深，性平与凉，动而如雨下、树根扎地。

艮体，刚毁柔盛的少刚火，灼热而虚，性热，动而如光放电；兑体，柔亡刚盛的少柔火，冷峻而坚，性寒，动如水体急速凝寒冰。

二、五行九宫

五行属于形体动态的范畴，而形体属于地位的客观现象体。地位的分布体现的是并步法则，遵循方以类聚、物以群分的原则，形成九宫方位。

（一）五方九宫

地精居于最核心，属于恒定范畴，乾水为至刚，地精和乾水同位。天炁居于最外层，也是恒定范畴，坤水为至柔，天炁和其同位。最外和最核心等量持恒，形成方以类聚为水恒居于中，称之为中宫或恒宫，是刚柔水互相转变的方位。

根据日出东方、日暮西方的取象，膨胀生气的木为阳气诞生取象东方，膨胀散开的光热为阳气生长取象南方，气杀为阴取象西方，气藏生体取象北方。则坤木、乾木方以类聚木居于东方，其中分东北为外、东为里，属于刚柔木互相转变的方位；兑火、艮火方以类聚火居于南方，分东南为表、南为里，属于刚柔火互相转变的方位；坎土、离土方以类聚土居于西方，分西南为表、西为里，属于刚柔土互相转变的方位；震金、巽金方以类聚金居于北方，分东北为外、北为里，属于刚柔金互相转变的方位。

（二）转变原理

最核心为地精，最外层为天炁时，属于天地正位。标志地精化气阳动出，天炁化质阴动入，此时物性体膨胀在里，虚气体聚合在外，即乾水在核心的中宫，乾木在里位的东方，艮火在里位的南方，坎土在外位的西南，震金在外位的东北；而坤水在中宫的外方和天炁同宫，坤木在外的东北，兑火在外的东南，离土在里的西方，巽金在里的北方。

核心的地精完全转变为天炁时，地精翻转到最外层，称之为天地反作，或失位。同时乾水也反转到最外层，坤水反转到最核心的中宫；乾木反转到外的东北方，坤木反转到里的东方；艮火反转到外的东南方，兑火反转到里的南方；坎土反转到里的西方，离土反转到外的西南方；震金反转到里的北方，巽金反转到外的东北方。

简单说：东北、东南、西南、西北四隅方以及核心中宫五位属于外五方，是柔的正位；东、西、南、北四正位和里位的五方，是刚的正位。这种正位关系体现了内部有膨胀化气外出，属于光明显现，客观现象体壮大的景象，称之为阳时变化；外部无聚合成质体内入，属于黑暗阴临、形体聚积，客观现象体生成的景象，称之为阴时变化。

里外位置的客观现象体失位，柔体居于里、刚体居于外，这种位置关系体现了内部无动阴入，聚合收缩，显现寒阴，客观现象体萎缩衰败景象，称之为阴阳反作。

三、五行十干

（一）物性五行干，表示物性盛衰发展。有就是物性，物性的体形表现为刚性。

壬为至刚水，甲为天元木，丙为少刚火，戊为刚中土，庚为长刚金。天元，生无的动能。

戊土和庚金，为有的生长发展阶段。壬水是有的极致而变的发展阶段，甲木和丙火是有的衰败发展阶段。有发展始于戊土，终于丙火，循环无端，周而复始演变发展。

（二）非物性五行干，表示非物性盛衰发展。无就是非物性，非物性的体形表现为柔性。

癸为至柔水，辛为长柔金，己为柔中土，丁为少柔火，乙为地元木。地元，生有的动能。

己土和辛金，为无的生长发展阶段。癸水是无的极致而变的发展阶段，乙木和丁火是无的衰败发展阶段。无发展始于己土，终于丁火，循环无端，周而复始演变。

（三）十干往来

乾壬来坤癸往，坤癸来乾壬往。

乾甲来坤乙往，坤乙来乾甲往。

艮丙来兑丁往，兑丁来艮丙往。

坎戊来离己往，离己来坎戊往。

震庚来巽辛往，巽辛来震庚往。

总之，十干是单元体物性和非物性体卦象的一种文字含义取代符号。十干的应用，更加具体化的反应出物性的各个阶段性特点，描述更加精准。但是，十干不能代替单元体卦象的作用，不能真实描述单元体自我演变的位置清晰过程。而五行则是卦象的实物类比描述，有利于帮助人们理解单元体卦象变化特征的真实涵义。

四、冲制和转化关系

物性与非物性的五行发展是一一对应的对立矛盾

关系，同类之间具有内部的克制矛盾关系，异类之间具有了外部的相冲矛盾关系。由此，十干之间也就具备了冲制和转化关系。

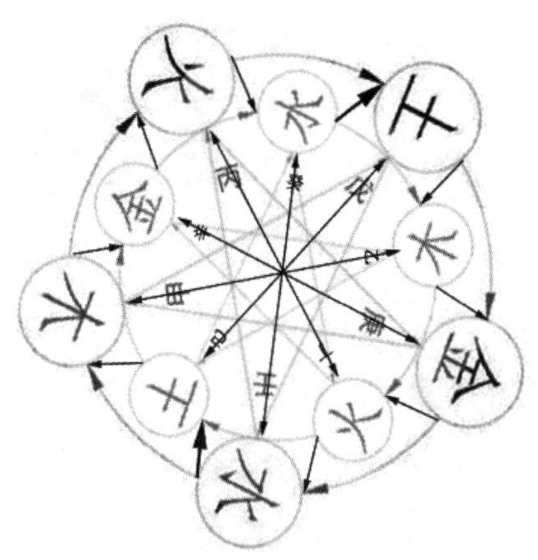

图 4-1　冲制和转化关系图

（一）相冲关系

图 4-2　相冲关系图

物性变动属于膨胀化气外出、非物性变动属于聚合为质内入，二者之间的属性相反，相互之间的关系称之为相冲关系。

1. 对冲关系

同行之间的物性和非物性势能均衡，二者之间的关系称之为对冲关系。对冲的结果是势能为零，互相制衡。

壬水和癸水互相对冲为零和；

甲木和乙木互相对冲为零和；

丙火和丁火互相对冲为零和；

戊土和己土互相对冲为零和；

庚金和辛金互相对冲为零和。

2. 偏冲关系

异类之间相反属性不对称的相冲关系，称之为偏冲关系。

物性和非物性中：壬、己、甲、辛和丙为阳象，属于膨胀体；癸、戊、乙、庚和丁为阴象，属于聚合体。二者异类相互之间的关系除了同行的对冲，皆属于互相偏冲关系。如壬水和乙木属于偏冲关系，其余类推。另外，异类相反属性之间除了具有偏冲关系，部分还具备相生关系，如丁火生壬水，二者之间同时具备偏冲和相生关系。其余类推。

（二）克制关系

同类之间相反属性的关系，称之为克制关系或制约关系。即：土和水互相克制，水和火互相克制，火和金互相克制，金和木互相克制，木和土互相克制。

1. 物性克制

壬水、甲木、丙火属于阳外出，丙、戊和庚属于阴内入。丙火，本性是阳，但瞬间物性消失，发展为天炁，为阴。故丙火的含义还涵盖天炁。

物性五阶段发展，属于同类的阶段递进转化发展，但遇到同类的不同阶段体，就具有了相互间的关系。壬水和丙火互相克制，丙火又和庚金互相克制，庚金和甲木互相克制，甲木和戊土互相克制，戊土和壬水互相克制。

图 4–3　克制图

2. 非物性制约

癸水、乙木、丁火属于阴内入，丁火涵盖的地精、己土和辛金则是阳出。癸水和丁火互相克制，丁火和辛金互相克制，辛金和乙木互相克制，乙木和己土互相克制，己土和癸水互相克制。

（三）转化关系

同类之间的阶段递进演化关系，称之为转化关系。即：土转化金，金转化水，水转化木，木转化火，火转化土。

图 4–4　转化图

1. 物性之间自我转化

戊土转化庚金，庚金转化壬水，壬水转化甲木，甲木转化丙火，丙火转化戊土。

2. 非物性之间自我转化

己土转化辛金，辛金转化癸水，癸水转化乙木，乙木转化丁火，丁火转化己土。

（四）物性和非物性之间相互化生

物性和非物性各自极则衰变，生成相反对立属性，并加速自身属性阶段转化发展，双方之间的这种关系称之为异类化生关系。这种关系是一种封闭周期循环关系。

非物性化生物性：己土化生甲木，辛金化生丙火，癸水化生戊土，乙木化生庚金，丁火化生壬水。

物性化生非物性：壬水化生己土，甲木化生辛金，丙火化生癸水，戊土化生乙木，庚金化生丁火。

图 4–5　互生图

周期封闭式化生关系：己土化生甲木，甲木化生辛金，辛金化生丙火，丙火化生癸水，癸水化生戊土，戊土化生乙木，乙木化生庚金，庚金化生丁火，丁火化生壬水，壬水化生己土。

五、五行十神

表 4-2　十神

物	非物	关系	同类	异性
☰ 壬水	☲ 己土	我转化者	食神	伤官
☰ 甲木	☱ 丁火	我克制者	偏财	正财
☶ 丙火	☷ 癸水	克制我者	偏宫	正官
☵ 戊土	☷ 乙木	转化我者	偏印	正印
☳ 庚金	☴ 辛金	同我行者	比肩	劫财

干神，是以一个干为本体，在其自身发展的过程中与其他干作用的生克制化关系或矛盾关系属性，称之为干神。由于干具有物性五干和非物性五干，相互关系为十种，亦称十神。其属性又充分体现了盛衰发展情况，或者说有和无之间的矛盾关系情况，以庚金为本体的干神属性如下，其余类推。

1. 转化我者为枭印。

同性为偏印，也叫枭神，简称枭；异性为正印，简称印。枭体现了本体属性较弱，处于矛盾的开始状态。正印则体现了本体强并同化对方属性。本体为庚金，戊土是其偏印，己土为正印。坎戊土有量蓄积入下转化震，所以坎戊土化震庚金，又因坎戊土是无强，震有和坎无具有矛盾关系，震处于弱期，是和无矛盾发展的开始；离己土来则坎戊土往，助震庚金之有脱离坎无的限制而升出，己土呵护壮扶庚金，亦称己土异化庚金，简单说离己土帮助震庚金反抗坎戊土之无制约的矛盾。

2. 同行者为比劫。

同性为比肩，简称比；异性相冲为劫财，简称劫。本体为庚金，庚金为比肩，辛金为劫财。两个震庚金不具备矛盾性，是同类聚势关系，即互相团结携手前进关系，即比肩。巽辛金和震庚金是一对对抗矛盾的关系属性，震庚金是有主导发展，巽辛金是无主导发展，二者对抗相冲，即辛金冲散庚金发展。

3. 我转化者为食伤。

同性为食神，简称食；异性为伤官，简称伤。本体为庚金，壬水为食神，癸水为伤官。震庚金有量叠加外变，发展为没有矛盾关系的乾壬水，为物性极致，此时一派团结和睦、气象万千的融洽关系。坤癸水克离己土，离己土为震庚金正印，正印受伤，本宫失去扶壮之源，称之为伤宫。

4. 我克者为妻财。

同性为偏财，简称财；异性为正财，简称妻财。本体为庚金，甲木为偏财，乙木为妻财。乾甲木向非物性发展，震庚金向物性发展，二者具有矛盾关系，但壬水和甲木皆为乾体，属于震之所生，同时乾甲木还不能影响震本体属性庚金主导向有发展，而乾甲木非物性是震庚金物性发展的能量之源，即一方壮大发展必须以牺牲另一方为前提，称之为财。坤乙木来则乾甲木往，同时乙木克制辛金，化解了震巽的对抗矛盾，助震庚金蓄财，这种关系称之为妻财。

5. 克我者为杀官。

同性为偏官，简称杀；异性为正官，简称官。本体为庚金，丙火为杀，丁火为正官。艮丙火克震庚金，称之为杀，核心就是艮为非物性强盛时期，已经主导矛盾关系，而震由主导属性转变为被主导关系。兑丁火来则艮丙火往，同时克坤癸水，避免震被杀，保住离己土正印不被坤癸水克，扶壮震宫保住命，称正宫。

总之，干神属性中充分体现了本体属性发展中遇到其他客观现象体的十干属性产生相互作用关系，同类为一的属性则有助于强化势力为比肩；同类属性不相同，则因其内部构成的有无之间的强弱，继而产生的矛盾关系所决定，即对抗矛盾为劫财，克自己的为杀，帮扶自己的为正官，制约矛盾对方有利于壮大自己的为妻财，化我壮大的为印绶，克制化我的为伤宫，损耗我的为枭，我化的制约杀为食神。

表 4-3　十类干神关系表

干神	甲	乙	丙	丁	戊	己	庚	辛	壬	癸
甲	比肩	劫财	偏印	伤宫	偏宫	妻财	偏财	正宫	食神	正印
乙	劫财	比肩	正印	食神	正官	偏财	妻财	偏宫	伤宫	偏印
丙	食神	正印	比肩	劫财	偏印	伤宫	偏宫	妻财	偏财	正宫
丁	伤宫	偏印	劫财	比肩	正印	食神	正官	偏财	妻财	偏宫
戊	偏财	正宫	食神	正印	比肩	劫财	偏印	伤宫	偏宫	妻财
己	妻财	偏宫	伤宫	偏印	劫财	比肩	正印	食神	正官	偏财
庚	偏宫	妻财	偏财	正宫	食神	正印	比肩	劫财	偏印	伤宫
辛	正官	偏财	妻财	偏宫	伤宫	偏印	劫财	比肩	正印	食神
壬	偏印	伤宫	偏宫	妻财	偏财	正宫	食神	正印	比肩	劫财
癸	正印	食神	正官	偏财	妻财	偏宫	伤宫	偏印	劫财	比肩

第二节　三气和数

表 4–4　三气

<table>
<tr><th colspan="4">六阳气</th><th colspan="4">六阴气</th></tr>
<tr><th colspan="3">气象</th><th colspan="2">气位</th><th colspan="3">气象</th><th colspan="2">气位</th></tr>
<tr><td rowspan="2">少阳初气</td><td rowspan="2">寒</td><td>子 ☰</td><td>少阳进</td><td>壬</td><td rowspan="2">太阴初气</td><td rowspan="2">暑</td><td>午 ☶</td><td>少阳退</td><td>炁</td></tr>
<tr><td>丑 ☱</td><td>太阴退</td><td>精</td><td>未 ☷</td><td>太阴进</td><td>癸</td></tr>
<tr><td rowspan="2">阳明中气</td><td rowspan="2">热</td><td>寅 ☰</td><td>阳明进</td><td>甲</td><td rowspan="2">少阴中气</td><td rowspan="2">湿</td><td>申 ☵</td><td>阳明退</td><td>戊</td></tr>
<tr><td>卯 ☲</td><td>少阴退</td><td>己</td><td>酉 ☷</td><td>少阴进</td><td>乙</td></tr>
<tr><td rowspan="2">太阳末气</td><td rowspan="2">风</td><td>辰 ☶</td><td>太阳进</td><td>丙</td><td rowspan="2">厥阴末气</td><td rowspan="2">燥</td><td>戌 ☳</td><td>太阳退</td><td>庚</td></tr>
<tr><td>巳 ☴</td><td>厥阴退</td><td>辛</td><td>亥 ☱</td><td>厥阴进</td><td>丁</td></tr>
</table>

（一）气变原理

气，是有变动后产生无的称名。物性体成熟膨胀产生无为阳气，无发展成熟后变为阴气，聚合产生物性体的有。

1. 三阳气。

阳气，是物性成熟动而膨胀化生无，相应地释放出光明和热性，称之为阳气。

物性发展过程中,坎戊土和震庚金,属于物性诞生、蓄积的发展阶段，不能产生阳气。乾壬水至刚，极则动变，属于阳气初始阶段，称之为少阳气或阳初气；乾甲木生气而出于地中，称之为阳明气或阳中气；艮丙火爆炸而散射升于天空，光明四射热气最盛，称之为太阳气或阳末气。

乾壬寒水化生兑精少阳气。少阳，即阳气很少，为乾壬水所化之气，虽然里部极则变生阳气，但外部仍处于阴寒，其体为纯粹的有极体，属性为刚阳，最大的特点是形体具有光明的泽性，所生之无的形体，类象为兑。

乾甲热木化生离已土阳明气。乾壬光明泽性转化为乾甲木发展阶段，产生了热性，类象日升出温暖的光明，属性为刚阳，所生之无的形体类象为离。

艮丙火散射化生巽辛金太阳气。乾甲木转化发展为艮丙火阶段，物性爆炸散失而光明犹存、热量最盛外出，内部的非物性蓄积阴而内入，所生之无为巽象，如风。

2. 三阴气。

阴气，是阳气成熟为无变动衰败发展为相反属性的气称名。

阳气萌芽为少阳的兑精，诞生于阳明的离，成长于太阳的巽，成熟于至柔的坤癸太阴气，继而发展为坤乙少阴气和兑丁厥阴气。

由于阴气聚合内入，生成物性的有体，属于逆向生有的关系，加之有诞生潜伏则制约有动膨胀，坤癸太阴气逆向产生艮天炁，制约乾少阳，形成乾壬少阳进艮炁少阳退；坤乙少阴逆向产生坎戊土，形成乾甲阳明进坎戊阳明退；兑丁厥阴逆向产生震庚金，形成艮太阳进震太阳退。同理，兑精少阳属于太阴退，离己阳明属于少阴退，巽辛太阳属于厥阴退。

（二）气支

气的动变轨迹，称之为气支。气支又分母气和子气。

1. 阳气支位

子丑，少阳气；子为母气乾、丑为子气兑。

寅卯，阳明气；寅为母气乾、卯为子气离。

辰巳，太阳气；辰为母气艮、巳为子气巽。

2. 阴气支位

午未，太阴气；未为母气坤，午为子气艮。

申酉，少阴气；酉为母气坤，申为子气坎。

戌亥，厥阴气；亥为母气兑，戌为子气震。

阳气，是物性顺生非物性的关系，子在外母在里，物性体主导，气为子附属藏静。阴气，是非物性逆生物性的关系，子在里母在外，非物性主导物性静藏。简单说：阳气，是物性膨胀生无。阴气，是非物性聚合生有。

（三）三气和五行的关系

五行，是有和无的变动五个阶段的形体。三气，则是有和无的五个阶段中的三个阶段动后所化的气。

形体所在的位是地位，主要表现为刚柔或称虚实，用十干表示。

气所在的位是天位，主要表现为寒热或称光明和阴暗，用十二支表示。

形体的诞生和发展，主要根因取决于阴气。阴气来临，形体凝聚，蓄势成长。形体成熟后，动变产生阳气。阳气成熟后发展为阴气。

也可以这么说：气是非物性的表现形式。行是物性的表现形式。同时也体现物性和非物性之间的争夺。

二、气类

（一）天气和地气

表 4–5　天地人位进退变化

天气				地气			
天位 ☶	少阳	子 ☰	少阳进	天位 ☱	太阴	未 ☷	太阴进
		午 ☶	少阳退			丑 ☱	太阴退
人位 ☵	阳明	寅 ☰	阳明进	人位 ☲	少阴	酉 ☷	少阴进
		申 ☵	阳明退			卯 ☲	少阴退
地位 ☳	太阳	辰 ☶	太阳进	地位 ☴	厥阴	亥 ☱	厥阴进
		戌 ☳	太阳退			巳 ☴	厥阴退

物性变动的阳气，称之为天气。少阳进于子退于午，阳明进于寅退于申，太阳进于辰退于戌。子午寅申辰戌六气，称之为天气。由于这六气主要变动于乾艮坎震四体位，亦称天道，或一阳之道。

非物性变动的阴气，称之为地气。太阴进于未退于丑，少阴进于酉退于卯，厥阴进于亥退于巳。未丑酉卯亥巳六气，称之为地气。这六气主要变动于坤兑离巽四体位，亦称地道，或一阴之道。

（二）正气和邪气。

表 4–6　正气和邪气

<table>
<tr><td rowspan="2">名称</td><td colspan="3">天动</td><td colspan="3">地动</td></tr>
<tr><td colspan="2">化阳</td><td>气性</td><td colspan="2">化阴</td><td>气性</td></tr>
<tr><td rowspan="3">正气</td><td>少阳</td><td>子丑</td><td rowspan="3">阳来阴往
柔进刚退</td><td>太阴</td><td>午未</td><td rowspan="3">阴来阳往
刚进柔退</td></tr>
<tr><td>阳明</td><td>寅卯</td><td>少阴</td><td>申酉</td></tr>
<tr><td>太阳</td><td>辰巳</td><td>厥阴</td><td>戌亥</td></tr>
<tr><td rowspan="3">邪气</td><td>太阴</td><td>午未</td><td rowspan="3">阴来阳往
刚进柔退</td><td>太阳</td><td>子丑</td><td rowspan="3">阳来阴往
柔进刚退</td></tr>
<tr><td>少阴</td><td>申酉</td><td>阳明</td><td>寅卯</td></tr>
<tr><td>厥阴</td><td>戌亥</td><td>少阳</td><td>辰巳</td></tr>
</table>

物性膨胀化阳气或聚合成阴体时，母气和子气称之为正气。子母气的相反属性气，则是邪气

膨胀化气属于天动，物性化生无。子少阳气、寅阳明气和辰太阳气是正气的母气，丑少阳气、卯阳明气和巳太阳气是正气的子气。而午少阳退、申阳明退和戌太阳气则属于邪气，未太阴气、酉少阴气和亥厥

阴气也是邪气。最邪的气则是未酉亥三母气，因为最邪母气和正气母气属于持恒对冲关系。

聚合成阴体属于地动，非物性生有。未、酉和亥为阴正气的母气，午、申和戌是阴气的子气；子、寅和辰三阳气则是阴的最邪的母气，丑、卯和巳则是阴的子邪气。

（三）主气和客气。

在阳的正气动变中，母气子、寅和辰三阳气属于主气，子气丑、卯和巳三阳气属于客气。

表 4–7　主气和客气

名称	阳动正气			阴动正气		
	生柔		气性	生刚		气性
主气	少阳	子 ☰	阳顺出	太阴	未 ☷	阴逆入
	阳明	寅 ☰		少阴	酉 ☷	
	太阳	辰 ☶		厥阴	亥 ☱	
客气	寒	丑 ☱	蓄柔	暑	午 ☴	蓄刚
	热	卯 ☲		湿	申 ☵	
	风	巳 ☴		燥	戌 ☳	

在阴的正气动变中，母气未、酉和亥三阴气为主气，午、申和戌三阴气为客气。

阳动的主气子、寅和辰在下位，客气丑、卯和巳在上位，亦称主气司地，客气司天。原因在于膨胀之物在最外。

阴动的主气未、酉和亥在上位，客气午、申和戌在下位，亦称主气司天，客气司地。原因在于聚合之物在最里。

三、气位

气的分布方位，简称气位。

气位的分布，本质上是天位，属于迈步法则分布。迈步法则是无打开状态，没有核心中宫位置点，而是属于八方十二位，即阳气母子六位和阴气母子六位分布。

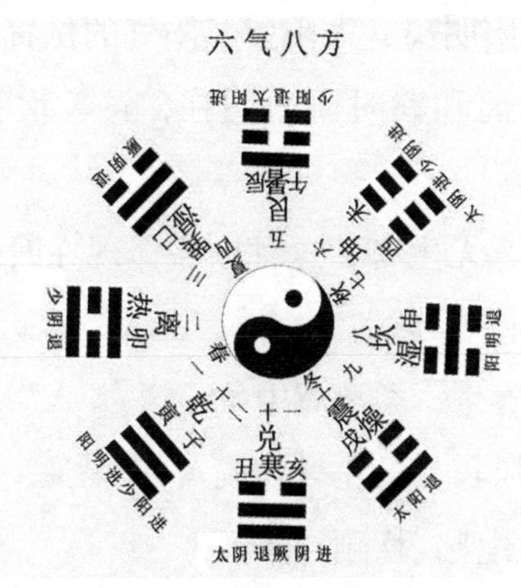

图 4–6　六气八方

乾为天门，坤为地户。乾坤，易之门邪？一开一阖谓之变，反复无穷谓之通。阳气始于乾，阴气始于坤。少阳气，子为母气位北方，丑为子气位东北方；阳明气，寅为母气位东北方，卯为子气位东方；太阳气，辰为母气位东南方，巳为子气位东南方。太阴气，未为母气位西南，午为子气位南方；少阴气，酉为母气在西方，申为子气在西南方；厥阴气，亥为母气在西北方，戌为子气在西北方。

这个气位分布，既体现了有生无化阳气外出，又体现了阴气生有内入。乾有极生无，依次顺向生成少阳兑、阳明离、太阳巽三阳气，同时也是冲散太阴艮、少阴坎、厥阴震三阴气的位置诞生。坤无极生有，依次逆向生成太阴艮、少阴坎、厥阴震三阴气，也是冲散少阳兑、阳明离、太阳巽三阳气的位置点诞生。简单说：兑、离和巽时阳来阴往，艮、坎和震是阴来阳往。

有生无、无生有，这种顺序体现在时令的气候特征上。这个特点诗赋：

乾动报春生，柔离辉中争；
繁枝巽风长，艮止暑之成。
坤阖秋阴盛，坎刚神降征；
震雷寒冻藏，冬兑悦来更。

乾是生气和长气的形体之本，离是生气，巽是长气，艮是气显而止。坤是杀气和藏气的形体之本，坎是杀气，震是藏气，兑则是气杀而止。生气为春，长气为夏；杀气为秋，藏气为冬。夏止则气息；冬末则气复苏。

四、气爻

气爻，是阳气和阴气变化移动的轨迹称名。

（一）阳气六爻

阳气的生成顺序：少阳—阳明—太阳。母气变化移动的轨迹则是：少阳子进—少阳午退—阳明寅进—

气爻时序

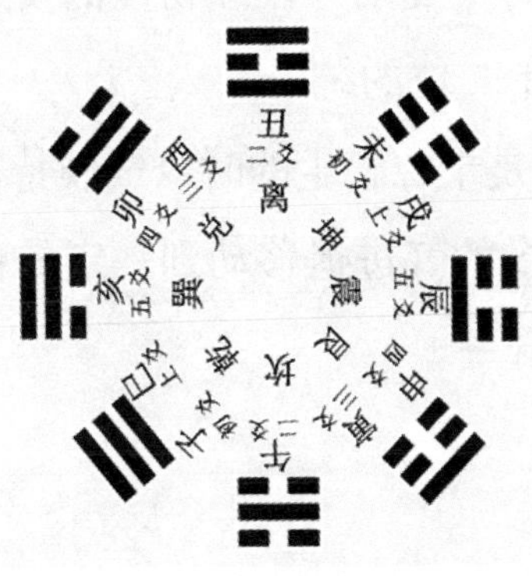

图 4–7　气爻时序

阳明申退—太阳辰进—太阳戌退。这个轨迹称之为阳动六爻，依序称之为阳初爻子—二爻午—三爻寅—四爻申—五爻辰—上六爻戌。因阳动的形体为乾和艮，退则是依序坎、艮、震，这六爻连贯简化卦象序为：乾—坎—艮—震。

（二）阴气六爻

阴气的生成顺序：太阴—少阴—厥阴。母气变化移动的轨迹是：未太阴进—丑太阴退—酉少阴进—卯少阴退—亥厥阴进—巳厥阴退。这个顺序就是阴六爻：初爻未—二爻丑—三爻酉—四爻卯—五爻亥—上六爻巳。阴气的形体根本是坤和兑，退位则依序是离、兑和巽，连贯简化序为：坤—离—兑—巽。

阳气六爻，属于有生无的时令变动移位；阴气六爻，属于无生有的时令变动移位。物性的发展，十二长生时令就是气爻十二位的统一。

天位的气，是十二长生的时令气候特征。爻的动变，体现了这一时令的气进退移动到一定的位置，这种关系称之为天人合一。

表 4-8　六爻

	刚动生阳						柔动生阴					
长生	长生	沐浴	冠带	临宫	帝旺	衰	病	死	墓	绝	胎	养
时变	子	丑	寅	卯	辰	巳	午	未	申	酉	戌	亥
	阳气六爻						阴气六爻					
气爻	初爻	二爻	三爻	四爻	五爻	上爻	初爻	二爻	三爻	四爻	五爻	上爻
移位	子	午	寅	申	辰	戌	未	丑	酉	卯	亥	巳

总之，阴阳气的各六时令，是母气生子气的连续性特征。阴阳气变动各六位，则是母气的进退位置点的连续性特征。都是以十二支表示时间属性和位移位置。为区别二者之间的应用，习惯上时间属性采取地位十干和天位十二支相交六十甲子的关系来表示，而阴阳各气的变动六爻位移采用初、二、三、四、五、上爻表示位置点。

阳气六爻，通常称之天六位，初爻称之天初进子，二爻称之位地二退午，三爻称之天三进寅，四爻称之地四退申，五爻称之天五进辰，上爻称之地六退戌。初、三和五爻属于母气阳动之位，成就天位，以天爻命名；而二、四和六位则属于阴气所生子位置，属于地动时令，以地冠名。

阴气六爻，通常称之为地六爻，初爻称之为地初进未，二爻天二退丑，三爻称之为地三进酉、四爻称之为天四退卯，五爻称之地五进亥，上爻称之为天六退巳。初、三和五属于地之母气本位，以地命名；二、四和六则退于天动所生阳子气时令，以天命名位。

表 4–9　三气六爻

气爻	阳气						阴气					
	少阳		阳明		太阳		太阴		少阴		厥阴	
	子	丑	寅	卯	辰	巳	午	未	申	酉	戌	亥
初爻	子	丑	寅	卯	辰	巳	午	未	申	酉	戌	亥
二爻	午	未	申	酉	戌	亥	子	丑	寅	卯	辰	巳
三爻	寅	卯	辰	巳	午	未	申	酉	戌	亥	子	丑
四爻	申	酉	戌	亥	子	丑	酉	卯	辰	巳	午	未
五爻	辰	巳	午	未	申	酉	戌	亥	子	丑	寅	卯
上爻	戌	亥	子	丑	寅	卯	辰	巳	午	未	申	酉

各气的爻变初始位置确定，跟随各气的十二长生的长生位置点而确定。比如：太阳巳子气，其气长生在巳，初爻始于巳、二爻位亥、三爻位未、四爻位丑、五爻位酉、上爻位卯。其余以此类推。

阳气和阴气六爻合一周，其运行规律都是依序顺承，形成了一周期的封闭式轨迹：子—午—寅—申—辰—戌—未—丑—酉—卯—亥—巳。卦象序简化：乾—坎—艮—震—坤—离—兑—巽。天时爻变轨迹：子—午—寅—申—辰—戌—丑—未—卯—酉—巳—亥。地位爻变轨迹：未—丑—酉—卯—亥—巳—午—子—申—寅—戌—辰。但无论是阳时位移轨迹还是阴时位移轨迹，卦象序简化版还是乾—坎—艮—震—坤—离—兑—巽。

五、气数

表 4–10　气数

<table>
<tr><th colspan="6">天数</th><th colspan="6">地数</th></tr>
<tr><th>物</th><th>气</th><th colspan="3">属性数</th><th>动序数</th><th>非物</th><th>气</th><th colspan="3">属性数</th><th>动序数</th></tr>
<tr><td>壬</td><td>子</td><td rowspan="3">阳来刚往</td><td>一</td><td>始数</td><td>十一</td><td>癸</td><td>未</td><td rowspan="3">阴来柔往</td><td>十</td><td>始数</td><td>六</td></tr>
<tr><td>甲</td><td>寅</td><td>三</td><td>中数</td><td>一</td><td>乙</td><td>酉</td><td>二</td><td>中数</td><td>八</td></tr>
<tr><td>丙</td><td>辰</td><td>五</td><td>极数</td><td>三</td><td>丁</td><td>亥</td><td>四</td><td>极数</td><td>十</td></tr>
<tr><td>炁</td><td>午</td><td rowspan="3">刚来阳往</td><td>五</td><td>始数</td><td>五</td><td>精</td><td>丑</td><td rowspan="3">柔来阴往</td><td>四</td><td>始数</td><td>十二</td></tr>
<tr><td>戊</td><td>申</td><td>七</td><td>中数</td><td>七</td><td>己</td><td>卯</td><td>六</td><td>中数</td><td>二</td></tr>
<tr><td>庚</td><td>戌</td><td>九</td><td>极数</td><td>九</td><td>辛</td><td>巳</td><td>八</td><td>极数</td><td>四</td></tr>
</table>

气数，用以体现属性阴阳强弱程度。

（一）天数和地数

1. 天数

体现阳气进退，反映有的生成和衰败发展的数，称之为天数。用奇数表示天数。以奇数的五中数体现阳变阴的交替关系，即一为阳的始气数，三为阳的中气数，五为阳的末气数和阳气退藏的始数，七是阳气退藏的中数，九是阳气退藏的末数。天一少阳进、天三阳明进、天五太阳进和少阳退、天七阳明退和天九太阳退，合计二十五数，是有的生成发展和衰败发展数。天五，是有的根基，天七是有的生数，天九是有的成长蓄积数，此三数为阳潜藏，有蓄积成长；有动化阳气，损耗有，始数天一、天三有散、天五有亡，此三数是阳气动出，有衰败发展。

2. 地数

体现阴气进退，反映无的生成和衰败发展的数，称之为地数。用偶数表示地数。以偶数四为中数体现阴变阳的交替关系，即十为阴的始气数，二为阴的中气数，四为阴的末气数和阴气退藏的始数，六是阴气退藏的中数，八是阴气退藏的末数。地十太阴进、地二少阴进、地四厥阴进和太阴退、地六少阴退和地八厥阴退，合计三十数，是无的生成发展和衰败发展数。地四，是无的根基，地六是无的生数，地八是无的成长蓄积数，此三数为阴潜藏，无蓄积成长；无动化阴气，损耗无，地十是无损耗的始数、地二是无病死、地四无绝，此三数是阴气动入，无衰败发展。

（二）属性数和动序数

天动和地动的强弱程度数，为属性数。天一和地十、天三和地二、天五和地四、天七和地六、天九和地八为属性持恒的对立演变，合计天地数五十有五，衍生万物。

体现气生成而动为起点，依序发展的时令气候特征顺序数，称之为动序数。气的始点为阳气，乾动生阳气。又因乾壬还处于藏时令，生气为乾甲。即：气动之始为寅时令，依序的生成和衰败发展顺序的数序，就是动序数，分别为寅一、卯二、辰三、巳四、午五、未六、申七、酉八、戌九、亥十、子十一、丑十二。

动序数，体现的是时令顺序数，气候时令分春夏秋冬四时，因此：寅一、卯二和辰三为春时序数，巳四、午五和未六为夏时数序，申七、酉八和戌九为秋时数序，亥十、子十一和丑十二为冬时数序。

每一季节时令的的第一个数，为初气数，称之为孟月数，即一寅、四巳、七申和十亥月为孟月。每季的中气数称之为肿月，即二卯、五午、八酉和十一子为四肿月。末气数为季月，辰三、未六、戌九和丑十二为四季月。

六、气的冲制和化生关系

（一）相冲

1. 对冲关系

同气的进与退之间的矛盾关系，为对冲关系。

阳气进退对冲：子午对冲，寅申对冲，辰戌对冲。

阴气进退对冲：未丑对冲，酉卯对冲，亥巳对冲。

2. 偏冲关系

阳气和阴气对等之间的矛盾关系，为偏冲关系。

子未偏冲，寅酉偏冲，辰亥偏冲，午丑偏冲，申卯偏冲，戌巳偏冲。

（二）克制关系

阳气和阴气之间不对等的的矛盾关系，称之为克制关系。子丑寅卯辰巳为阳气进，午未申酉戌亥为阴气进，双方之间构成了对冲、偏冲和克制关系。剔除偏冲和对冲的关系，皆属于克制关系。比如子和午是对冲，子和未是偏冲，子和戌、子和申、子和酉、以及子和亥属于克制的矛盾关系，子和亥的矛盾最小，还属于异类气性转化关系。其余依此类推。

（三）转化关系

同类气之间的转化关系。

1. 阳气自我转化

子转化丑，丑转化寅，寅转化卯，卯转化辰，辰转化巳。

2. 阴气自我转化

午转化未，未转化申，申转化酉，酉转化戌，戌转化亥。

3. 异气之间的互相转化关系

亥阴转化为子阳，巳阳转化为午阴。

第三节　气和体关系

客观现象的体膨胀产生气，气凝聚产生了体，二者之间是互相转化的关系，同时气在运行的过程中与体又存在相互制约的关系。

一、卦象统一

表 4-11　气和体卦象统一

卦象	一有之道						一无之道					
	阳时				阴时					阳时		
	☰		☶		☵	☳	☷		☱		☲	☴
气	子	寅	辰	午	申	戌	未	酉	亥	丑	卯	巳
体	壬	甲	丙	炁	戊	庚	癸	乙	丁	精	己	辛

客观现象的形体和气属性互生关系的，其卦象相同。

形体为至刚的壬和产生天元的甲，其卦象是里中外为有极体的乾卦象，由此产生的少阳气子和阳明气甲，也是卦象里中外为有极体的乾象；少刚丙火、绝有的天炁和辰太阳气、午太阴气卦象为艮象，刚中戊和申少阴气卦象为坎，长刚庚和戌厥阴气卦象为震。

至柔癸、地元乙和未太阴、酉少阴卦象相同为坤，少柔丁、绝无的地精和亥厥阴、丑少阳气卦象相同为兑，柔中己和卯阳明气卦象为离，长柔辛和巳太阳气卦象为巽。

二、相生

相生规律：形体至刚壬为母体，极则变，产生少阳气子，子顺向成熟为丑气，反辅母体壬生成柔元体地精，地精又反辅壬，产生天元体甲，甲化生阳明气寅，寅顺时成熟生卯气，卯反辅甲体生柔中体己，己又反辅甲，产生少刚体丙，丙化太阳气辰，辰顺时成熟生巳气，巳反辅丙体生长柔体辛，辛又反辅丙，成就至柔体癸。至柔体癸为母体，极则变，产生太阴未气，未逆向成熟为午气，午顺辅母体癸生刚元体天炁，天炁又顺辅癸，产生地元体乙，乙化生少阴气酉，酉逆向成熟生申气，申顺辅乙体生刚中体戊，戊又顺辅乙，产生少柔丁，丁化厥阴气亥，亥逆向成熟生戌气，戌顺辅丁体生长刚体庚，庚又顺辅丁，成就至刚壬。由此形成封闭式的生成关系。

表 4-12　气和体相生

<table>
<tr><td rowspan="3">名称</td><td colspan="6">体成熟生无损有成柔</td><td colspan="6">气成熟生有损无成刚</td></tr>
<tr><td colspan="3">体变生无出</td><td colspan="3">无生柔在外</td><td colspan="3">有生刚在里</td><td colspan="3">气变生有入</td></tr>
<tr><td colspan="3">刚体生阳气</td><td colspan="3">阳气生柔体</td><td colspan="3">柔体生阴气</td><td colspan="3">阴气生刚体</td></tr>
<tr><td>母</td><td>壬</td><td>甲</td><td>丙</td><td>丑</td><td>卯</td><td>巳</td><td>癸</td><td>乙</td><td>丁</td><td>午</td><td>申</td><td>戌</td></tr>
<tr><td rowspan="2">子</td><td>少阳</td><td>阳明</td><td>太阳</td><td>柔元</td><td>柔中</td><td>长柔</td><td>太阴</td><td>少阴</td><td>厥阴</td><td>刚元</td><td>刚中</td><td>长刚</td></tr>
<tr><td>子</td><td>寅</td><td>辰</td><td>精</td><td>己</td><td>辛</td><td>未</td><td>酉</td><td>亥</td><td>炁</td><td>戊</td><td>庚</td></tr>
</table>

上述生成规律体现了体和气相生关系中的四个封闭式环节关系，即刚体化生阳气，阳气反向辅助刚体膨胀柔体，柔体收缩生阴气，阴气又顺向辅助柔体凝聚刚体。

（一）刚体化生阳气

至刚壬、天元甲和少刚丙，为刚动化生阳气。其中壬化少阳子气，少阳成熟为丑气；甲化阳明寅气，阳明成熟为卯气；丙化太阳辰气，成熟为巳气。三刚体化生三阳气，属于刚损耗生长气的过程，简称刚退阳进。刚体动化生阳气后，体衰亡之位，属于刚退之位，刚损耗停止潜伏，壬退之位是炁位，甲退之位是戊位，丙退之位是庚位，此三位称之为刚伏阳止。

表 4–13　刚体生阳气

刚体内顺	刚动阳进						刚伏阳止					
	生	成	生	成	生	成	生	成	生	成	生	成
母	壬	精	甲	己	丙	辛	炁	癸	戊	乙	庚	丁
子	子	丑	寅	卯	辰	巳	午	未	申	酉	戌	亥

刚体化阳气在体内，是壬、甲和丙三刚体为主导，产生阳气顺出，进退运动拓展天气为阳的封闭式运转周期。

（二）阳气化生柔体

表 4–14　阳气生柔体

柔体外顺	阳进蓄柔						阳退柔止					
	生	成	生	成	生	成	生	成	生	成	生	成
母	子	丑	寅	卯	辰	巳	午	未	申	酉	戌	亥
子	壬	精	甲	己	丙	辛	炁	癸	戊	乙	庚	丁

丑、卯和巳三阳气，是少阳子、阳明寅和太阳辰三阳气的成熟之气，此三气之所以成熟，是至刚乾象的里、中和外有极体⚊自我转化为无极体⚋，变为兑

丑少阳、离卯阳明和巽巳太阳三气，再反作用至刚乾的三部位，相继化生为兑精柔元、离己柔中和巽辛长柔三柔体。三阳气反辅化生柔体后，阳气衰尽，柔生停止，简称阳退柔止。

阳气生柔体，是成熟的三阳气主导，反辅刚体，化生柔体静伏，阳气进退运动使地体刚变柔的一个封闭式运转周期。

（三）柔体生阴气

表 4-15　柔体生阴气

柔体内逆	柔动阴进						柔藏阴止					
	成	生	成	生	成	生	成	生	成	生	成	生
母	炁	癸	戊	乙	庚	丁	壬	精	甲	己	丙	辛
子	午	未	申	酉	戌	亥	子	丑	寅	卯	辰	巳

至柔癸、地元乙和少柔丁，为柔动化生阴气。其中癸化太阴未气，太阴成熟为午气；乙化少阴酉气，少阴成熟为申气；丁化厥阴亥气，成熟为戌气。三柔体化生三阳气后，属于柔损耗生长质体的过程，简称柔动阴进。柔体动化生阴气后，体衰亡之位，属于柔退之位，柔损耗停止伏藏，癸退之位是精位，乙退之

位是己位，丁退之位是辛位，此三位称之为柔藏阴止。

柔体化阴气，是癸、乙和丁三柔体为主导，产生阴气逆入，进退运动拓展天气为阴的封闭式运转周期。

（四）阴气生刚体

午、申和戌三阴气，是太阴未、少阴申和厥阴亥三阴气的成熟之气，此三气之所以成熟，是至柔坤象的外、中和里的无极体--自我转化为有极体—，变为艮午太阴、坎申少阴和震戌厥阴三气，再顺向作用至柔坤的三部位，相继化生为艮炁刚元、坎戊刚中和震庚长刚三刚体。三阴气顺辅化生刚体后，阴气衰尽，刚生停止，简称阴退刚止。

阴气生刚体，是成熟的午、申和戌三阴气主导，顺辅柔体，化生刚体静藏，阴气进退运动使地体柔变为刚的一个封闭式运转周期。

表 4–16　阴气生刚体

刚体外逆	阴进蓄刚						阴退刚止					
	成	生	成	生	成	生	成	生	成	生	成	生
母	午	未	申	酉	戌	亥	子	丑	寅	卯	辰	巳
子	炁	癸	戊	乙	庚	丁	壬	精	甲	己	丙	辛

三、相制

由于气具有运动性，以及阳气反辅刚体化柔、阴气顺辅柔体成刚的关系，促使气性和形体属性不同之间的关系产生制约关系。

（一）阴气制约形体膨胀关系

1. 有体的生成阶段形体夹杂阴气，制约刚体动化阳气。戊和庚，属于有的生成阶段，属于阳气退之位，是阴气的着力点，推动下移覆灭阳动体壬、甲和丙，特别是天炁和壬形成持恒对冲，戊和甲形成持恒对冲，庚和丙形成持恒对冲。

2. 强盛的阴气逆向运行，浸染柔体在反辅中制约刚体膨胀为气。癸、乙和丁是阴气之根，未、酉和亥位是阴气产生，逆向运转巳、卯和丑柔体位，反作用巳、卯和丑阳气，此三位的阴气又作用于母体子、寅和辰气，制约了阳气的外出发展。

（二）阳气制约形体聚合关系

1. 无体的生成阶段形体夹杂阳气，制约阴气动化形体。己和辛，属于无的生成阶段，属于阴气退之位，是阳气动的着力点，推动上升的阳气覆灭阴气体癸、乙和丁，顺时制约阴气动。地精和癸持恒对抗，己和乙持恒对抗，辛和丁持恒对抗。

2. 强盛的阳气顺行上升，感染阴气顺辅中制约柔体聚合。丑、卯和巳为阳气时，顺时进退未、酉和亥位，阳气扼杀阴气动，制约了柔体凝聚。

总之，气和体的制约，主要体现在力向运动以及阴阳属性。阳气的力向是由里向外升出，阴气的力向运动是由外向里降入。一升一降的气，进入膨胀或聚合的位置时，相同属性的则是辅助关系，相反属性的则是制约关系。最关键的是：阳气和阴气的进退位，是顺时作用和反作用于母体的，由此与母体产生了关系。

四、气和体互为十二长生

1. 六气十二长生

阳气的运动力向是由里向外顺时而出，阳气的产生过程是损耗有的过程，决定了阳气的盛衰发展受有的影响，有越弱阳气外出越强盛，有越强阳气受制约越强，其兴荣衰败的十二长生体现了顺时方向发展。

阴气的运动力向是由外向里逆时而入，阴气的发展和阳气发展是相反关系，有越强阴的运动越强，有越弱阴的运动受阻，其兴荣衰败的十二长生体现了逆时方向发展。

表 4-17　六气十二长生

五行 三气			甲三	己六	丙五	辛八	天炁	癸十	戊七	乙二	庚九	丁四	壬一	地精
			☰	☲	☶	☴	☶	☷	☵	☷	☳	☱	☰	☱
子	少阳顺	☰	冠带	临宫	帝旺	衰	病	死	墓	绝	胎	养	长生	沐浴
丑		☱	沐浴	冠带	临宫	帝旺	衰	病	死	墓	绝	胎	养	长生
寅	阳明顺	☰	长生	沐浴	冠带	临宫	帝旺	衰	病	死	墓	绝	胎	养
卯		☲	养	长生	沐浴	冠带	临宫	帝旺	衰	病	死	墓	绝	胎
辰	太阳顺	☶	胎	养	长生	沐浴	冠带	临宫	帝旺	衰	病	死	墓	绝
巳		☴	绝	胎	养	长生	沐浴	冠带	临宫	帝旺	衰	病	死	墓
午	太阴逆	☶	帝旺	临宫	冠带	沐浴	长生	养	胎	绝	墓	死	病	衰
未		☷	衰	帝旺	临宫	冠带	沐浴	长生	养	胎	绝	墓	死	病
申	少阴逆	☵	病	衰	帝旺	临宫	冠带	沐浴	长生	养	胎	绝	墓	死
酉		☷	死	病	衰	帝旺	临宫	冠带	沐浴	长生	养	胎	绝	墓
戌	厥阴逆	☳	墓	死	病	衰	帝旺	临宫	冠带	沐浴	长生	养	胎	绝
亥		☳	绝	墓	死	病	衰	帝旺	临宫	冠带	沐浴	长生	养	胎

（1）三阳气是顺时方向十二长生

少阳气诞生为子，子气长生壬、沐浴地精、冠带甲、临宫己、帝旺丙、衰辛、病天炁、死癸、墓戊、绝乙、胎庚、养丁。

少阳气成熟为丑，丑气长生地精、沐浴甲、冠带己、临宫丙、帝旺辛、衰天炁、病癸、死戊、墓乙、绝庚、胎丁、养壬。

阳明气诞生为寅，寅气长生甲、沐浴己、冠带丙、临宫辛、帝旺天炁、衰癸、病戊、死乙、墓庚、绝丁、胎壬、养地精。

阳明气成熟为卯，卯气长生己、沐浴丙、冠带辛、临宫天炁、帝旺癸、衰戊、病乙、死庚、墓丁、绝壬、胎天炁、养甲。

太阳气诞生为辰，辰气长生为丙、沐浴辛、冠带天炁、临宫癸、帝旺戊、衰乙、病庚、死丁、墓壬、绝地精、胎甲、养己。

太阳气成熟为巳，巳气长生辛、沐浴天炁、冠带癸、临宫戊、帝旺乙、衰庚、病丁、死壬、墓地精、绝甲、胎己、养丙。

（2）三阴时是逆时方向十二长生

太阴气诞生为未，未气长生癸、沐浴天炁、冠带辛、临宫丙、帝旺己、衰甲、病地精、死壬、墓丁、绝庚、胎乙、养戊。

太阴气成熟为午，午气长生天炁、沐浴辛、冠带丙、临宫己、帝旺甲、衰地精、病壬、死丁、墓庚、绝乙、胎戊、养癸。

少阴气诞生为酉，酉气长生乙、沐浴戊、冠带癸、临宫天炁、帝旺辛、衰丙、病己、死甲、墓地精、绝壬、胎丁、养庚。

太阴气成熟为申，申气长生戊、沐浴癸、冠带天炁、临宫辛、帝旺丙、衰己、病甲、死地精、墓壬、绝丁、胎庚、养乙。

厥阴气成熟为亥，亥气长生丁、沐浴庚、冠带乙、临宫戊、帝旺癸、衰天炁、病辛、死丙、墓己、绝甲、胎地精、养壬。

厥阴气成熟为戌，戌气长生庚、沐浴乙、冠带戊、临宫癸、帝旺天炁、衰辛、病丙、死己、墓甲、绝地精、胎壬、养丁。

2. 五行十二长生

有的生成发展受阴气的顺时作用于柔体产生，阴气顺时的作用于柔越强有越强，反之越弱，其兴荣衰败的十二长生为顺时发展。

无的生成发展则是受阳气逆时方向作用于刚体产生，与有发展是相反的，其十二长生为逆时发展。

表 4-18　五行十二长生

三气			五行		有顺					无逆				
					壬一	甲三	丙五	戊七	庚九	癸十	乙二	丁四	己六	辛八
					☰		☶	☵	☳	☷		☱	☲	☴
春生	阳明	阳胀	寅	☰	冠带	长生	胎	病	帝旺	衰	死	绝	冠带	临官
		明升	卯	☲	临官	沐浴	养	死	衰	帝旺	病	墓	沐浴	冠带
	太阳	至阳	辰	☶	帝旺	冠带	长生	墓	病	临官	衰	死	长生	沐浴
夏长		热散	巳	☴	衰	临官	沐浴	绝	死	冠带	帝旺	病	养	长生
	太阴	天炁	午	☶	病	帝旺	冠带	胎	墓	沐浴	临官	衰	胎	养
		阴显	未	☷	死	衰	临官	养	绝	长生	冠带	帝旺	绝	胎
秋杀	少阴	神降	申	☵	墓	病	帝旺	长生	胎	养	沐浴	临官	墓	绝
		阴缩	酉	☷	绝	死	衰	沐浴	养	胎	长生	冠带	死	墓
	厥阴	燥聚	戌	☳	胎	墓	病	冠带	长生	绝	养	沐浴	病	死
冬藏		至阴	亥	☱	养	绝	死	临官	沐浴	墓	胎	长生	衰	病
	少阳	阳显	子	☰	长生	胎	墓	帝旺	冠带	死	绝	养	帝旺	衰
		地精	丑	☱	沐浴	养	绝	衰	临官	病	墓	胎	临官	帝旺

（1）五有体是顺时方向十二长生

至刚体壬长生子、沐浴丑、冠带寅、临宫卯、帝旺辰、衰巳、病午、死未、墓申、绝酉、胎戌、养亥。

天元体甲长生寅、沐浴卯、冠带辰、临宫巳、帝旺午、衰未、病申、死酉、墓戌、绝亥、胎子、养丑。

少刚体丙长生辰、沐浴巳、冠带午、临宫未、帝旺申、衰酉、病戌、死亥、墓子、绝丑、胎寅、养卯。

刚中体戊长生申、沐浴酉、冠带戌、临宫亥、帝旺子、衰丑、病寅、死卯、墓辰、绝巳、胎午、养未。

长刚体庚长生戌、沐浴亥、冠带子、临宫丑、帝旺寅、衰卯、病辰、死巳、墓午、绝未、胎申、养酉。

（2）五无体是逆时方向十二长生

至柔体癸长生未、沐浴午、冠带巳、临宫辰、帝旺卯、衰寅、病丑、死子、墓亥、绝戌、胎酉、养申。

地元体乙长生酉、沐浴申、冠带未、临宫午、帝旺巳、衰辰、病卯、死寅、墓丑、绝子、胎亥、养戌。

少柔体丁长生亥、沐浴戌、冠带酉、临宫申、帝旺未、衰午、病巳、死辰、墓卯、绝寅、胎丑、养子。

柔中体己长生卯、沐浴寅、冠带丑、临宫子、帝旺亥、衰戌、病酉、死申、墓未、绝午、胎巳、养辰。

长柔体辛长生巳、沐浴辰、冠带卯、临宫寅、帝旺丑、衰子、病亥、死戌、墓酉、绝申、胎未、养午。

五、气和体相互关系特点

（一）气和体发展的相反性

阳气的产生损耗刚体，阴气的产生损耗柔体。阳气退则刚进，阴气退则柔进。

（二）气和体互为主导性

1. 气主导体。

气推动体位移运动。阳气在刚体内推动刚体顺行公转，阳气在柔体外推动柔体顺行自转。阴气在柔体内推动柔体逆行公转，阴气在刚体外推动刚体逆行自转。简称阳顺阴逆，天刚地柔。

寅气属于阳气推动柔体逆行上升之始，卯气明显；酉气属于阴气推动刚体顺行下降之始，申气显现。

2. 体主导气。

刚体是阳气的根基，乾至刚壬为阳气之门，乾甲天元为阳气生，丙少刚阳气出为火象；柔体是阴气的根基，坤至柔癸为阴气之门，坤乙地元为阴气生，兑少柔阴气入为泽象。

刚化生柔，为父仁慈；柔变化刚，为母乃刚。

（三）气和体互生的封闭性

刚生阳，阳生柔，柔生阴，阴生刚，是一个连贯相生的封闭式循环过程。整体一分为二，一半是刚生阳和阳生柔，体现了刚体生阳气和刚变柔；另一半是柔生阴和阴生刚，体现了柔体生阴气和柔变刚。

乾和坤为易之门，前半是乾阳开门，后半是坤阴阖门，一开一阖谓之变，反复无穷谓之通。形成了体生气、气推动体运动的封闭式完整变化周期。

第五章　时空交流

第一节　时间

客观现象总是体现着万物衰败和兴荣的交替变化。兴荣和衰败，是客观现象事物的气的盛衰体现，气盛则物兴荣，气弱则物衰败，简称时间变化就是气性盛衰变化。

一、时间属性

表 5-1　时间属性

<table>
<tr><td rowspan="3">属性</td><td colspan="6">阳气主生成发展时</td><td colspan="6">阴气主衰败发展时</td></tr>
<tr><td colspan="3">生</td><td colspan="3">长</td><td colspan="3">杀</td><td colspan="3">藏</td></tr>
<tr><td colspan="2">生气</td><td colspan="2">长气</td><td colspan="2">气旺</td><td colspan="2">气衰</td><td colspan="2">气闭</td><td colspan="2">气亡</td></tr>
</table>

续表

气	少阳		阳明		太阳		太阴		少阴		厥阴	
	子	丑	寅	卯	辰	巳	午	未	申	酉	戌	亥
	生	成	生	成	生	成	成	生	成	生	成	生

气的盛衰变化现象，就是时间属性。阳气是时间的兴荣发展属性，简称大易，主要体现为阳气主导膨胀分裂，万物扩张打开。阴气时间主导衰败发展，简称简易，主要体现为阴气聚合收缩，万物闭塞简化而萧条。

（一）生气。少阳子丑时和阳明寅时，是乾为主导的生气时间属性，万物苏醒，地中出物。但气不出，潜藏在至刚体中，潜龙勿用状态。生气时间属性，主导一年的春时，一日的早时。

（二）长气。阳明卯时和太阳辰巳时，体现艮气为主导的长气而隆的时间属性，万物生长向阳，处于动的状态。枝叶舒张，花儿开放，鸟语莺歌，人声鼎沸。长气时间属性，主导一年的夏时，一日的午时。

（三）杀气。太阴午未时和少阴申时，体现阳气盛极则变，退而柔动，是坤为杀气的时间属性，万物气闭而塌陷。主导一年时间的秋时和一日的晚时。

（四）藏气。少阴酉时和厥阴戌亥时，是兑藏气而息的时间属性，寒阴导致万物闭塞，处于静止状态。苦木落叶，花儿凋零，人卧而息。主导一年的冬时和一日的夜时。

总之，乾艮主阳气，乾为阳气生和气门打开，艮为长气而隆。坤兑主阴气，坤为阴气生和气门闭阖，兑为藏气而窒息。

二、时间嵌套划分

由于气和体之间互生的关系，并且刚体生阳气是最小空间内的变化，时间最短；而阳气生柔体则产生了最大的空间，用时最长。鉴于此，空间和时间是呈正比例的关系，时间依次划分为：阳气化生柔体是最长的年度时间、柔体化生阴气是次长的月令时间、阴气生刚体是较短的日柱时间，以及刚体生阳气是最短的时辰时间，这四类时间是嵌套层次性的循环相生时间。

年度时间，是阳气外出产生天位，并且生成柔体，空间最大，用时最长。时辰时间，是刚体生成阳气潜伏，空间最小，用时最短。年时—月令—日柱—时辰，是空间由最大到最小的递进演变，时间也是相应地由最长到最短的生成发展。但时辰既是年时发展的终点，又是反向生成年时的始点，称之为终始合一点，也称之为奇点，即膨胀的始点。

年月日时的时间周期都是十二支，只是长度不同而已，为区别它们之间不同以及体现属性出入的动态不同，分别用不同的称谓区别之。

（一）年度时间

表 5–2　阳气生柔体的时间

<table>
<tr><td rowspan="4">气动属性</td><td colspan="6">柔进</td><td colspan="6">柔退</td></tr>
<tr><td colspan="3">生柔</td><td colspan="3">长柔</td><td colspan="3">杀柔</td><td colspan="3">藏柔</td></tr>
<tr><td colspan="6">无来有往</td><td colspan="6">有来无往</td></tr>
<tr><td>寅</td><td>卯</td><td>辰</td><td>巳</td><td>午</td><td>未</td><td>申</td><td>酉</td><td>戌</td><td>亥</td><td>子</td><td>丑</td></tr>
<tr><td rowspan="2">十二年星</td><td>帝王</td><td>禄存</td><td>右弼</td><td>文曲</td><td>巨门</td><td>廉贞</td><td>七杀</td><td>破军</td><td>武曲</td><td>贪狼</td><td>左辅</td><td>天府</td></tr>
<tr><td>甲</td><td>己</td><td>丙</td><td>辛</td><td>炁</td><td>癸</td><td>戊</td><td>乙</td><td>庚</td><td>丁</td><td>壬</td><td>精</td></tr>
</table>

阳气生柔体的时间，重点是柔的进退关系。由于少阳子气尚被囚于阴刚之中，化生的精体，还属于至刚的范畴。故甲天元所化阳明气寅，为阳气生柔之始。而己土为柔之始生。

天炁为刚绝，与癸同体。地精为柔绝，与壬同体。因此，用帝王、禄存、右弼、文曲、廉贞、巨门、七杀、破军、武曲、贪狼、左辅和天府十二年星表示阳气化生柔体的进退时间。

帝王、禄存和右弼，为生柔时间；文曲、巨门和廉贞，是长柔时间。生柔和长柔，为柔进。七杀、破军和武曲，为杀柔时间，柔气收缩，凝聚；贪狼、左辅和天府，为柔藏时间。柔藏的天府又属于柔的绝境逢生时间，周而复始发展。

年度时间是化生柔体伏静，阳气顺出推动柔体自我顺行自转。阳气由地的底部逐渐升至天的顶部，扩展成最大的空间。

（二）月令时间

柔体生阴气的时间，重点突出柔体逆生阴气降入。客观现象的有完全消失，是阳退阴进。天炁为物性绝，柔收缩生阴气的成熟时令。阴气进，时间属性体现为杀气和藏气，万物简化肃杀。

表 5–3　柔体生阴气的时间

<table>
<tr><td rowspan="4">体动属性</td><td colspan="6">阴进</td><td colspan="6">阴退</td></tr>
<tr><td colspan="3">杀气</td><td colspan="3">藏气</td><td colspan="3">生气</td><td colspan="3">长气</td></tr>
<tr><td colspan="6">阴来阳往</td><td colspan="6">阳来阴往</td></tr>
<tr><td>炁</td><td>癸</td><td>戊</td><td>乙</td><td>庚</td><td>丁</td><td>壬</td><td>精</td><td>甲</td><td>己</td><td>丙</td><td>辛</td></tr>
<tr><td rowspan="2">十二月将</td><td>胜光</td><td>小吉</td><td>传送</td><td>从魁</td><td>河魁</td><td>登明</td><td>神后</td><td>大吉</td><td>功曹</td><td>太冲</td><td>天罡</td><td>太乙</td></tr>
<tr><td>午</td><td>未</td><td>申</td><td>酉</td><td>戌</td><td>亥</td><td>子</td><td>丑</td><td>寅</td><td>卯</td><td>辰</td><td>巳</td></tr>
</table>

胜光、小吉、传送、从魁、河魁、登明、神后、大吉、功曹、太冲、天罡和太乙十二月将体现柔体化阴气，内部逆行的进退时间。

胜光、小吉和传送，阴气产生，为杀气之始，柔塌陷而收缩，力向从柔的顶部降入地的底部。从魁、河魁和登明，体现藏气的时间属性特征，阴气盛极，万物休眠，气藏生形体。神后、大吉和功曹，体现了阴气退，阳气进，万物复苏，为生气。天冲、天罡和太乙，体现了阴气绝，阳气盛行而出，为长气。

月令时间是柔体化生阴气降入，推动柔体逆行公转，塌陷收缩成最小空间。

（三）日柱时间

阴气生刚体的日柱时间，是阴气凝聚生成有为刚的发展过程。用天门、日奇、地刑、星奇、地牢、地墓、天福、地户、月奇、天狱、天囚和天网十二日神为阴气生刚体的进退时间。

戊为有的生成始点，戊、庚是有的发展时间过程，壬为有成熟，而甲和丙是有的消退时间。

表 5-4　阴气生刚体的时间

<table>
<tr><td rowspan="4">气动属性</td><td colspan="6">刚进</td><td colspan="6">刚退</td></tr>
<tr><td colspan="3">生刚</td><td colspan="3">长刚</td><td colspan="3">刚散</td><td colspan="3">刚亡</td></tr>
<tr><td colspan="6">有来无往</td><td colspan="6">无来有往</td></tr>
<tr><td>申</td><td>酉</td><td>戌</td><td>亥</td><td>子</td><td>丑</td><td>寅</td><td>卯</td><td>辰</td><td>巳</td><td>午</td><td>未</td></tr>
<tr><td rowspan="2">十二日神</td><td>天门</td><td>日奇</td><td>地刑</td><td>星奇</td><td colspan="2">地牢</td><td>天福</td><td>地户</td><td>月奇</td><td>天狱</td><td colspan="2">天网</td></tr>
<tr><td>戊</td><td>乙</td><td>庚</td><td>丁</td><td>壬</td><td>精</td><td>甲</td><td>己</td><td>丙</td><td>辛</td><td>炁</td><td>癸</td></tr>
</table>

申气化戊土，有之始，有动膨胀成就天位，生戊土的时间为天门。天门、日奇和地刑，属于有生的时间；星奇、地牢和地墓，则是有的成长乃至成熟时间。天福、地户和月奇，是有退之始，也是生无之始。天狱、天囚和天网，则是有的衰亡时间，是无的鼎盛时间。

日柱时间是阴气推动刚体逆行自转运动。

（四）时辰时间

刚体生阳气的时辰时间，是有成熟化生阳气的时间。

表 5-5　刚体生阳气的时间

<table>
<tr><td rowspan="4">体动属性</td><td colspan="6">阳进</td><td colspan="6">阳退</td></tr>
<tr><td colspan="3">生气</td><td colspan="3">长气</td><td colspan="3">杀气</td><td colspan="3">藏气</td></tr>
<tr><td colspan="6">阳来阴往</td><td colspan="6">阳往阴来</td></tr>
<tr><td>壬</td><td>精</td><td>甲</td><td>己</td><td>丙</td><td>辛</td><td>炁</td><td>癸</td><td>戊</td><td>乙</td><td>庚</td><td>丁</td></tr>
<tr><td rowspan="2">十时星</td><td colspan="2">天任</td><td>天冲</td><td>天柱</td><td>天英</td><td>天蓬</td><td colspan="2">天禽</td><td>天芮</td><td>天符</td><td>天心</td><td>天辅</td></tr>
<tr><td>子</td><td>丑</td><td>寅</td><td>卯</td><td>辰</td><td>巳</td><td>午</td><td>未</td><td>申</td><td>酉</td><td>戌</td><td>亥</td></tr>
</table>

用天任、天冲、天柱、天英、天蓬、天禽、天芮、天符、天心和天辅十星为刚体化生阳气时间的进退过程。

天任为阳气之始，天冲和天柱，阳气生。天英和天蓬为阳气旺盛。天禽和天芮为阳气极则衰，阳退阴进。天符、天心和天辅为阳气闭阖的时间，和为阳气藏匿的时间。

刚体生阳气，因此时辰时间是内部顺时针运行推动刚体公转。

二、年月日时的关系

表 5-6　年月日时关系表

时间	子壬	丑精	寅甲	卯己	辰丙	巳辛	午炁	未癸	申戊	酉乙	戌庚	亥丁
年时	左辅	天府	帝王	禄存	右弼	文曲	巨门	廉贞	七杀	破军	武曲	贪狼
月时	神后	大吉	功曹	太冲	天罡	太乙	胜光	小吉	传送	从魁	河魁	登明
日时	地牢		天福	地户	月奇	天狱	天网		天门	日奇	地刑	星奇
时辰	天任		天冲	天柱	天英	天蓬	天禽		天芮	天符	天心	天辅

（一）嵌套关系。

年包含月，月包含日，日包含时。四者是递进的嵌套生成关系。而时发展为日、日发展为月、月又发展为年，四者是时辰时间反向直接生年时的过程，称之为原始返终。年时亦称之为天时，月时称之为地时，日时称之为人时，时辰称之为神时，年月日时相应简称为天地人神四时。

（二）气主导的顺逆运转。

月时和日时，是柔阴主导的时间，属于阴气由天的顶部推动有降入地的底部，成刚体，为逆时针运行。

时辰和年时，是刚阳为主导的时间，属于阳气由地的底部推动无升至天的顶部，成柔体，为顺时针运行。

四时的位移运转，都是气推动体运动现象。

（三）互为母子关系。

时辰是年时的母时，年时是月时的母时，月时是日时的母时，日时又是时辰的母时。

月时和时辰，是体动生气。月时是柔体生阴气，阴气藏于柔体；时辰是刚体生阳气，阳气藏于刚体，时间特征为十二气性。

年时和日时，是气动生体。年时是阳气生柔体，散开虚无；日时是阴气生刚体，聚合沉底。

（四）相荡交集的关系。

月时和日时，是阴气和刚体下降沉底运动。时辰和年时是阳气和柔体上升顶部运动，上下运动的过程中相互交集，称之为相荡关系。相荡则产生了更加复杂的客观现象。

三、物性发展时间和非物性发展时间

表 5-7　物性和非物性发展时间

<table>
<tr><td rowspan="2">逆布</td><td>膨胀顺时</td><td rowspan="2">非物性时</td><td>年时</td><td>丑</td><td>子</td><td>亥</td><td>戌</td><td>酉</td><td>申</td><td>未</td><td>午</td><td>巳</td><td>辰</td><td>卯</td><td>寅</td></tr>
<tr><td>聚合逆时</td><td>月时</td><td>丑</td><td>子</td><td>亥</td><td>戌</td><td>酉</td><td>申</td><td>未</td><td>午</td><td>巳</td><td>辰</td><td>卯</td><td>寅</td></tr>
<tr><td rowspan="2">顺布</td><td>聚合逆时</td><td rowspan="2">物性时</td><td>日时</td><td>子</td><td>丑</td><td>寅</td><td>卯</td><td>辰</td><td>巳</td><td>午</td><td>未</td><td>申</td><td>酉</td><td>戌</td><td>亥</td></tr>
<tr><td>膨胀顺时</td><td>时辰</td><td>子</td><td>丑</td><td>寅</td><td>卯</td><td>辰</td><td>巳</td><td>午</td><td>未</td><td>申</td><td>酉</td><td>戌</td><td>亥</td></tr>
</table>

非物性时间，是年度时间和月令时间的关系总和时间。年度变化时间是有体动化无，是非物性的生成发展时间。此时非物性静伏，随同刚体膨胀而外出，属于膨胀分裂现象，时间是由大到小的过程，即从年时间分裂生成月时间，一年的时间分裂为十二月，体现了刚体盛衰发展过程，也标志着非物性柔体的诞生强弱的过程。月令变化时间，是非物性成熟化生阴，是衰败的发展时间，此时诞生有，属于聚合弥合现象，时间是由小累积大，十二月凝绝一年。由此形成周期的封闭式循环发展时间，体现了非物性的诞生以及衰

败发展，以气的形态变化表现时间属性特征。

物性时间，是日柱和时辰时间关系总和的时间。日柱变化时间是非物性柔体动凝聚为有的刚体，是物性诞生的发展时间。此时物性潜藏凝聚壮大，属于聚合过程。时辰时间则是物性成熟动而生无的发展时间，也标志着物性衰败发展。日柱时间和时辰时间的关系总和体现了物性的变化时间。

以一个恒中的方位为参照，非物性时和物性时，是气的形态相反围绕参照物运行的，并且非物发展时间属于逆分布，年时顺行、月时逆行；物性发展时间是顺布，日时间是逆行、时辰是顺行。非物性的大时间即年时是膨胀分裂，小时间是月时聚合弥合。物性时的大时间即日时是聚合过程，小时间时辰则是膨胀过程。但它们又相互关系，物性时的膨胀属于非物性产生的初期阶段，非物性时的膨胀属于非物性的成熟阶段；非物性时的聚合时间属于物性产生的初期阶段你，物性时的聚合时间属于物性的成熟发展阶段。

四、天时和地时

表 5-8　天时和地时

<table>
<tr><td colspan="3">时间属性</td><td>厥阴进</td><td>太阳退</td><td>少阴进</td><td>阳明退</td><td>太阴进</td><td>少阳退</td><td>厥阴退</td><td>太阳进</td><td>少阴退</td><td>阳明进</td><td>太阴退</td><td>少阳进</td></tr>
<tr><td rowspan="5">气生体合天时顺出</td><td rowspan="3">膨胀成熟顺时</td><td>年时</td><td colspan="2">戌</td><td colspan="2">申</td><td colspan="2">午</td><td colspan="2">辰</td><td colspan="2">寅</td><td colspan="2">子</td></tr>
<tr><td rowspan="3">相合</td><td colspan="2">冬</td><td colspan="2">秋</td><td colspan="2" rowspan="3">死门（静）</td><td colspan="2">夏</td><td colspan="2">春</td><td colspan="2" rowspan="3">生门（静）</td></tr>
<tr><td>冬至</td><td>立冬</td><td>秋分</td><td>立秋</td><td>夏至</td><td>立夏</td><td>春分</td><td>立春</td></tr>
<tr><td rowspan="2">聚合成熟逆时</td><td>惊门</td><td>杜门</td><td>休门</td><td>死门</td><td>伤门</td><td>开门</td><td>景门</td><td>生门</td></tr>
<tr><td>日时</td><td colspan="2">卯</td><td colspan="2">巳</td><td colspan="2">未</td><td colspan="2">酉</td><td colspan="2">亥</td><td colspan="2">丑</td></tr>
<tr><td rowspan="5">体生气合地时</td><td rowspan="3">聚合初期逆时</td><td>月时</td><td colspan="2">亥</td><td colspan="2">酉</td><td colspan="2">未</td><td colspan="2">巳</td><td colspan="2">卯</td><td colspan="2">丑</td></tr>
<tr><td rowspan="3">相合</td><td colspan="2">夜</td><td colspan="3">晚</td><td colspan="3">日</td><td colspan="3">早</td><td>夜</td></tr>
<tr><td>日藏</td><td>日暮</td><td>日落</td><td>日坠</td><td>日昃</td><td>日正</td><td>日盛</td><td>日升</td><td>日出</td><td>日明</td><td>日复</td><td>日终</td></tr>
<tr><td rowspan="2">膨胀初期顺时</td><td>朱雀</td><td>玄武</td><td>青龙</td><td>勾陈</td><td colspan="2">直符</td><td>腾蛇</td><td>九天</td><td>六合</td><td>白虎</td><td colspan="2">太常</td></tr>
<tr><td>时辰</td><td colspan="2">寅</td><td colspan="2">辰</td><td colspan="2">午</td><td colspan="2">申</td><td colspan="2">戌</td><td colspan="2">子</td></tr>
</table>

（一）天时

天时，是膨胀成熟的年时间物和聚合成熟的日时间物互相持恒而对抗为零和的结合物变动时间。年时的阳动化生柔体由里外出在外，日时的阴动化生刚体由外向里，二者相反属性上下过程中相遇，相互结合产生了新的零和结合体，结合物的时间属性就是天时。年时是大环境，日时是小环境，年时主导天时，即刚阳为贵。

年时顺日时逆遇合，年时气柔体初期子寅辰由弱到强发展、后期午申戌衰败渐强发展；日时气刚体初期丑亥酉由强到弱递减发展、后期未巳卯阴渐强。所以，年时少阳进子和日时太阴退丑合而静为生门，阳生时间仍被封固不动为静藏，天时太阴进则太阴退；年时阳明进寅和日时厥阴进亥合，初期生门后期景门，天时阳明进则少阴退；年时太阳进辰和日时少阴进酉合，初期开门后期伤门，天时太阳进则厥阴退，并且阳进停止、阴转折前进；年时少阳退午和日时太阴进未合死门静止，天时太阴进则少阳退；年时阳明退申和日时厥阴退巳合，初期死门后期杜门，天时阳明退则少阴进；年时太阳退戌和日时少阴退卯合，初期杜门后期惊门，天时太阳退厥阴进。

生门和景门，是天时主春生气，生门主立春，景门主春分。开门和伤门，是天时主夏长气，开门主立夏，伤门主夏至。休门和死门，是天时主秋杀气，死门主立秋，休门主秋分。惊门和杜门，是天时主冬藏气，杜门主立冬，惊门主冬至。

（二）地时

地时，是膨胀初期的时辰时间物和聚合初期的月令时间物互相持恒而对抗为零和的结合物变动时间。时辰的刚体动化生阳气由里外出顺行，月时的柔体化生阴气由外向里降入，二者气性相反运动中相互关系，产生了零和气性，结合物的时间属性就是地时。月时是大环境，时辰是小环境，月时主导地时，柔阴为贵。

月令逆向时辰顺向遇合，月令的柔体阴气进，地时阴进阳退；月令的柔体阴气退，地时阴退阳进。

月时厥阴进亥和时辰阳明进寅合，初期朱雀后期玄武，地时厥阴进太阳退。月时少阴进酉和时辰太阳进辰合，初期青龙后期勾陈。地时少阴进阳明退。月时太阴进未和时辰少阳退午合，初期直符后期直符静止，地时太阴进少阳退。月时厥阴退巳和时辰阳明退申合，初期腾蛇后期九天，地时太阳进厥阴退。月时少阴退卯和时辰太阳退戌合，初期六合后期白虎，地时少阴退阳明进。月时太阴退丑和少阳进子合，初期太常后期太常静止，地时太阴退少阳进。

太常、白虎和六合，是地时主早气，太常丑主日复，白虎寅主日明，六合卯主日出。九天、九天和直符，是地时主日气，九天辰主日升，九天巳主日盛，直符午主日正。直符、勾陈和青龙，是地时主晚气，直符未主日昃，勾陈申主日坠，青龙酉主日落。玄武、朱雀和太常，是地时主夜气，玄武戌主日暮，朱雀亥主日藏，子太常主日终。

总之，天时主一年的春生夏长秋杀冬藏四气，是阳刚主导，以阳刚为尊，阴柔为忌。地时主一日的早日晚夜四气，是阴柔为主导，以阴柔为尊，阳刚为忌。

六、人时

人时，是天时物进退和地时物进退，根据方以类聚、物以群分的原则分布后，又结合新物的变化时间。

表 5-9　人时

<table>
<tr><td colspan="2" rowspan="3">和合人时</td><td colspan="5">阴</td><td colspan="5">阳</td></tr>
<tr><td colspan="2">藏</td><td colspan="2">杀</td><td colspan="2">恒中静止</td><td colspan="2">长</td><td colspan="2">生</td></tr>
<tr><td>退</td><td>进</td><td>退</td><td>进</td><td colspan="2">终始</td><td>退</td><td>进</td><td>退</td><td>进</td></tr>
<tr><td rowspan="2">天爻时</td><td rowspan="2">顺出</td><td rowspan="2">伤门</td><td rowspan="2">杜门</td><td rowspan="2">景门</td><td rowspan="2">死门</td><td colspan="2">中门</td><td rowspan="2">惊门</td><td rowspan="2">开门</td><td rowspan="2">休门</td><td rowspan="2">生门</td></tr>
<tr><td>死门</td><td>生门</td></tr>
<tr><td rowspan="2">地爻时</td><td rowspan="2">逆入</td><td rowspan="2">玄武</td><td rowspan="2">九天</td><td rowspan="2">勾陈</td><td rowspan="2">白虎</td><td colspan="2">中神</td><td rowspan="2">腾蛇</td><td rowspan="2">朱雀</td><td rowspan="2">六合</td><td rowspan="2">青龙</td></tr>
<tr><td>太常</td><td>直符</td></tr>
</table>

（一）天时物进退

天时物的少阳和太阴进退于中宫，相对恒静。

阳明进为生门、退为休门。

太阳进为开门、退为惊门。

少阴进为死门、退为景门。

厥阴进为杜门、退为伤门。

天时物进退，以一阴一阳谓之道的“方以类聚、物以群分”分布原则，体现为：生门—休门—开门—惊门—死门—景门—杜门—伤门，依序分布顺转的原则。

（二）地时物进退

地时物的少阳和太阴进退中宫，相对恒静。

厥阴进亥为朱雀、退巳为腾蛇。

少阴进酉为青龙、退卯为六合。

太阴进未为直符、退丑为太常。

少阳进子为太常、退午为直符。

阳明进寅为白虎、退申为勾陈。

太阳进辰为九天、退戌为玄武。

地时物进退,与天时物进退同理,但为顺分布逆行。即：青龙—六合—朱雀—腾蛇—白虎—勾陈—九天—玄武。

（三）人时

天时物进退的时间称之为天爻时，地时物进退的时间称之为地爻时。天爻时和地爻时相合为人时。人时，包含了阳时进退和阴时进退。阳时体现了生气进退和长气进退；阴时体现了杀气进退和藏气进退。进则强，退则弱而止。

1. 人时和天地时的关系：天时，是阳气主导的进退周期时间，春夏时属于阳进时，夏秋属于阳退时。地时，是阴气主导的进退周期时间，晚夜是阴进时，朝日是阴退时。人时，是阳阴各半主导进退的时间，属于天爻时物和地爻时物象合物的变化时间。

2. 人时和年月日时的关系：年月日时，是单一的客观现象体演变时间，天时和地时，则是单一物之间相互关系构成的多元体变化的时间，人时则是更加多元变化的时间。

年月日时称之为一变，则天时和地时称之为二变，人时则是三变。就是道生一、一生二、二生三、三生万物的演变规律时间递进关系。

总之，年时和日时合成天时，月时和日时合成地时，天地时合成人时。

七、时间的特点

因客观现象自身发展的特性，致使反映其变化过程的时间也相应地表现出封闭性、周期性、对立性以及堆积性等特点。

（一）封闭性。时间是描述客观现象发展的过程，而客观现象发展过程既包含从无到有的物性兴荣发展过程，又包含从有到无的物性衰败发展过程，客观现象物性最终由始点返回终点，由此时间所描述的过程也就体现了封闭性。

（二）周期性。客观现象本体的自身变化变过程，以及物性成熟化阳气、非物性成熟化阴气的流动中的变化过程，都是分阶段性的发展，各个阶段之和构成了一个完整周期。如单元体自身演变有乾、离、巽、艮、坤、坎、震和兑八个阶段，每一个阶段体由弱到强，再转化为下一个阶段，历经八个阶段构成一个完整的演变周期。

（三）对立性。由于客观现象事物体的发展，是矛盾中的发展。矛盾是有和无这两个属性互相争夺的过程，导致了体现争夺过程的时间也就具备了对立性。比如子位变化的时间属性为子时是体现物性成熟过程，午位变化的时间为午时是非物性成熟过程，两者也就具备了对抗性的矛盾关系。

（四）堆积性。所谓堆积，就是蓄积或累积。客观现象的物性兴荣发展，是物性不断壮大的过程，其时间既包含了物性的初期最小的时间，也包含了长期累积壮大的过程时间。如一个人产生的初期最小时间是精卵结合时间点，这个点的时间以秒和分记时。而人的成长过程则是以时、日、月和年为单位累积记时。时、日、月和年的时间属性则是分和秒时间属性的蓄积，或称继承和延续。客观现象物性的衰败发展过程则是非物性的兴荣发展过程，也是非物性的堆积过程。如太阳光辉是物性成熟化阳气的过程，也是物性衰败转向非物性增强的过程。总之，堆积过程的时间单位长，包含了初期属性的起始时间点，又称继承时间。

第二节　空间

斗转星移、星云变幻，是客观现象体自我内部位移变化作用于外部事物，以及自身体被外部客观现象属性影响推动自我内部运行的位移现象。这两种移动现象的轨迹，就是客观现象的空间变化。

一、本质

空间，是客观现象的有和无所处位置以及互相转化的距离统称。

客观现象包含静态的客观现象和动态的客观现象。静态的客观现象是纯粹的有极体精形态和无极体炁形态时的状态现象。动态的客观现象是有和无互相转化的现象。纯粹精一的有极，位于客观现象的里部内核，为恒静状态，静极则变化阳气膨胀，产生虚无，膨胀为客观现象最大形体的至柔虚无体，即炁形体恒外。炁静极则变，收缩塌陷，聚合产生客观现象最小形体的至刚有极体，即精形体恒内。炁和精所处的位置，以及相互间的距离，就是客观现象的总空间。

（一）空间状态。

客观现象包含静态的客观现象和动态的客观现象，相应地空间状态也分为静态空间和动态空间。

1. 静态空间。

炁体和精体所处的位置空间，称之为静态空间，也称绝对静态空间。炁位置属于空间的最外，属于最大部位。精体位置属于空间的核心，属于最小部位。最大和最小的位置点，是空间的恒位，称之为恒宫，或称静态空间的中宫，由于炁体的空间最大，亦称总空间；精体的空间最小，亦称嵌套空间。二者之间的关系是嵌套关系，炁空间包含精空间，或者说精空间嵌套于炁空间。

2. 动态空间。

炁体和精体互相转化的距离空间，称之为空间变化，或称轨迹运动，或称动态空间。精体膨胀为炁体产生的空间变化，为膨胀空间，或称阳性空间。炁体聚合为精体产生的空间变化，为聚合空间，或称阴性空间。无强有弱的变化空间层，称之为非物性空间变化，或柔性空间变化或气性空间变化；其包含膨胀的无和聚合的无变化空间。有强无弱的变化空间层，称之为物性空间变化，或刚性空间变化或实体空间变化；包含聚合的物性和膨胀的物性空间。

客观现象单元体形态的分布空间中。纯粹单一的有极精体和无极炁体恒静于中宫，甲乙丙丁戊己庚辛壬癸是变动的体，其位置点之间的距离就是不同的空间。乙丁己辛癸为无的盛衰发展空间，精体属于无的终止，己属于无的始点，炁和癸属于无的盛极转衰，乙和丁属于无的衰亡过程，己和辛属于无的生成蓄积过程。戊庚壬甲丙是有的盛衰发展空间，炁体是有的终点空间，戊和庚是有的生成和蓄积空间，壬和精体是有的盛极转衰空间，甲和丙是有的衰败空间。

物性的空间变化产生阳气又称之为天道，非物性的空间变化产生阴气称之为地道。客观现象单元体的变化空间中，甲丙是有动衰退，化阳气产生柔体，所生的柔体为己和辛，癸为阳气终的空间。精甲己丙辛癸空间为阳动的空间，精为阳动之始，癸为终，二者终始合一。乙丁是无动衰退，化阴气产生刚体，所产生的刚体戊和庚，壬为阴气终的空间。炁乙戊丁庚壬为阴动的空间，炁为阴动之始，壬为终，二者终始合一。

戊和己，为有和无产生的初始，不能行动，封固于精炁之中。所以：壬癸精炁戊己位于中宫，相互关联。壬和癸的方位既是动的开始又是动的终止空间，与中宫衔接一体。

（二）同属性面空间和倾斜面空间

客观现象空间因客观现象体存在阳变动化生柔外出、阴变动生刚体下沉的运动属性现象，致使客观现象体的空间分为同属性层面空间和倾斜层面空间的本质特征属性。

1. 同属性层面空间。

精甲丙己辛癸，为阳性层面空间，亦称天动空间层。精己为中宫空间位置，甲空间为东北方，丙空间为东南方，辛空间为西南方，癸空间为西北方。

表 5–10　同属性阳层面空间

阳性层面	甲	丙	己	辛	癸
空间	东北	东南	精中	西南	西北

炁乙丁戊庚壬，为阴性层面空间，亦称地的空间层，炁精为中宫空间位置，乙空间为东方，丁空间为南方，庚空间为西方，壬空间为北方。

表 5-11　同属性阴层面空间

阴性层面	乙	丁	戊	庚	壬
空间	东	南	炁中	西	北

阳性层面空间类象为圆，阴性层面空间类象为方，简称天圆地方。

阳性层面空间和阴性层面空间不是恒定不变，而是互相转化，当阳性空间的有绝而阳终时，转化为阴性层面空间，变为四正空间；当阴性层面的无亡而阴终时，转化为阳性层面空间，变为四隅空间。以北方等命名的空间称名位置不变，客观现象体的位置自我改变。

表 5-12　同层面阴阳转化

客观现象体	甲	乙	丙	丁	己精戊炁	辛	庚	癸	壬
正常空间	东北	东	东南	南	中	西南	西	西北	北
反常空间	东	东北	南	东南	中	西	西南	北	西北

2. 倾斜层面空间

柔轻向上、质重向下，决定了物性层面的空间，戊为中宫空间，甲和丙倾斜向上，戊和庚倾斜向下，东北甲和东南丙高于戊西和庚北。

表 5–13　物性倾斜

物性倾斜	甲	丙	戊	庚	壬
空间名	东北	东南	中	西	北

非物性层面的空间，无强的辛和癸倾斜向上，乙和丁倾斜向下，己在中宫。形成了东北、东南、西南和西北属于上位空间，东、南、西和北是下位空间。

表 5–14　非物性倾斜

非物性倾斜	乙	丁	己	辛	癸
空间名	东	南	中	西南	西北

上位又称外表空间，下位称内里空间，外圆内方，即天外地内。

（三）空间的表里上下属性变化

客观现象体动则在外，静的在里。母体在上，所生子体在下。这就形成了方位上的里外和上下位置属性。

表里位置：东北、东南、西南和西北四隅位置是空间的外表位置，是动属性空间位置。东、南、西和北四正位置是空间的内部位置，是相对静属性位置。

上下位置：东北、东、东南和南，简称东半球位置，属于上部空间，是母体动的位置。西南、西、西北和北简称西半球位置，属于下部空间，是所生的子体位置。

1. 天动表里

表 5–15 天动

名称	东半位上		中宫	西半位下	
四隅表阳	甲	丙	己	辛	癸
	东北	东南	精中	西南	西北
四正里阴	乙	丁	戊	庚	壬
	东	南	精中	西	北

天动的空间，是刚体甲和丙化生阳气的变化空间。甲丙己辛癸，属于阳动，居于四隅的表位，其中甲和丙是母体居于东半上位，己位中，辛和癸子体居于西半的下位。

天动空间中，无静止。乙、丁、戊、庚和壬居于四正位置和中。乙和丁是母体，居于四正的东半，庚和壬居于四正的西半。

1. 地动表里

表 5–16　地动

名称	东半位上		中宫	西半位下	
四隅表阴	乙	丁	戊	庚	壬
	东北	东南	精中	西南	西北
四正里阳	甲	丙	己	辛	癸
	东	南	精中	西	北

地动，是柔体化生阴气，凝聚成刚体过程。阴性居于四隅表位，静止的居于四正里位。乙丁居于四隅上位，庚壬居于四隅的下位。甲丙居于四正的上位，辛癸居于四正的下位。

地动表里和天动表里是相反的。

3. 变爻表里

天动和地动相合新物，新物的进退变动产生了爻变。爻变分为天动主导的爻变和地动主导的爻变，二者也是相反的关系。这个相反体现在有和无之间的相反位置关系。

（1）天爻表里

表 5–17　天爻动

<table>
<tr><th>名称</th><th colspan="2">北半位刚</th><th>中宫</th><th colspan="2">南半位柔</th></tr>
<tr><td rowspan="2">表阳阴</td><td>甲生门</td><td>丙开门</td><td rowspan="2">癸中静</td><td>乙死门</td><td>丁杜门</td></tr>
<tr><td>东北</td><td>西北</td><td>西南</td><td>东南</td></tr>
<tr><td rowspan="2">里阴阳</td><td>戊休门</td><td>庚惊门</td><td rowspan="2">壬中静</td><td>己景门</td><td>辛伤门</td></tr>
<tr><td>北</td><td>西</td><td>南</td><td>东</td></tr>
</table>

天爻变动空间中，生门、开门、死门和杜门在四隅表位。生休门、惊门、景门和伤门在四正位。天爻空间，东北、北、西北和西简称北半球，是有主导进退。西南、南、东南和东简称南半球，是无主导进退。无主导阴，有主导阳。天爻变动空间是母体主外表空间，子体主内部空间。天爻空间体现了北半为下升、南半为上降。

（2）地爻表里

表 5–18　地爻动

名称	东半位柔		中宫	西半位刚	
表阴阳	乙天符	丁天辅	壬天任	甲天芮	丙天心
	东北	东南		西南	西北
里阳阴	己天冲	辛天英	癸天禽	戊天柱	庚天蓬
	东	南		西	北

地爻变动空间和天爻变动空间是不同的。东半球为无主导，西半球为有主导，体现了西半为右升、东半为左降。

4. 人位表里

人位的表里空间，是天爻和地爻动变相合为零和的恒中物所处的空间。其空间体现了表里、上下之间的刚柔、阴阳相互间关系零和持恒状态，土为中宫，恒静于精炁位置。其外表空间是阳空间，内部空间是阴空间。东半是母体空间，西半是子体空间。

表 5-19 人动

<table>
<tr><td>名称</td><td colspan="2">东半位上</td><td>中宫</td><td colspan="2">西半位下</td></tr>
<tr><td rowspan="2">表</td><td>甲</td><td>丙</td><td rowspan="2">己</td><td>辛</td><td>癸</td></tr>
<tr><td>东北</td><td>东南</td><td>西南</td><td>西北</td></tr>
<tr><td rowspan="2">里</td><td>乙</td><td>丁</td><td rowspan="2">戊</td><td>庚</td><td>壬</td></tr>
<tr><td>东</td><td>南</td><td>西</td><td>北</td></tr>
</table>

人位表里空间受到天地相互间强弱关系影响而变化。

（1）阳动表里位变

表 5-20　人阳动

<table>
<tr><td>名称</td><td colspan="2">东半位上</td><td>中宫</td><td colspan="2">西半位下</td></tr>
<tr><td rowspan="2">表</td><td>甲</td><td>丙</td><td rowspan="2">戊</td><td>庚</td><td>壬</td></tr>
<tr><td>东北</td><td>东南</td><td>西南</td><td>西北</td></tr>
<tr><td rowspan="2">里</td><td>乙</td><td>丁</td><td rowspan="2">己</td><td>辛</td><td>癸</td></tr>
<tr><td>东</td><td>南</td><td>西</td><td>北</td></tr>
</table>

天阳进、地阴退的时间，人位的表里空间变化为一有之道在四隅的外表，一无之道在四正的内部空间。

（2）阴动表里位变

表 5-21　人阴动

名称	东半位上		中宫	西半位下	
表	乙	丁	己	辛	癸
	东北	东南		西南	西北
里	甲	丙	戊	庚	壬
	东	南		西	北

天阳退、天阴进的时间，人位的表里空间变化为一无之道在四隅的外表，一有之道在四正的内部空间。

（四）位空间和道空间

客观现象体以刚柔形体强弱分层的空间，称之为位空间。分为天位空间和地位空间。天位空间，是阳气出化生柔体较强的分布位置。地位空间，是阴气入化生刚体较强的分布位置。简单说，非物性强居于天，物性强居于地。位的空间分里外空间。

以阴阳属性强弱而升降运动的空间，称之为道空间。分为天道空间和地道空间。天道空间，是地空间的有动化阳气升出的轨迹。地道空间，是天空间的无动化阴气下降的轨迹。天道为阳，地道为阴。道的空间分左右空间。

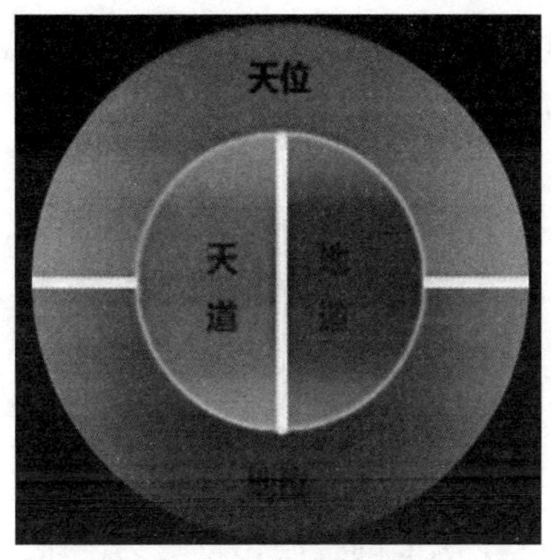

图 5-1　位和道图

道是气动轨迹。位是形体分布。道成就位，天道成就天位，地道成就地位。位是道的根，地位是天道的根基，天空是地位的根本。即阳根在刚，阴本在柔。柔体成否取决于阳气，刚体成否取决于阴气。

道和位都是空间内的范畴。道的空间范畴称之为属性空间，天道阳性，地道阴性。位的空间范畴称之为形体空间，天为柔体，地位是刚体。道行推动了位的运行，天道推动了天的柔体自转顺行，天的柔体产生地道公转逆行；地道推动地刚自我逆行，地刚产生天道推动地刚公转顺行。

这种关系类象于太阳和地球的关系，太阳自转是膨胀化气顺出之象，同时光辉落到地球地面的气变产生阴性，形成大逆行公转，同时致使地球刚体自转运行；地球自转产生的刚体内部又产生天道，使地球公转顺行，和太阳顺出自转的轨迹相同向。

二、分类

（一）一维空间

只具备一个层面的空间，称之为一维空间。年月日时变化的空间就是一维空间。年和时的变化空间属于阳维层面的空间，月和日的变化空间属于阴维层面的空间。

（二）二维空间

一对相反属性结合的空间称之为二维空间。天时变化和地时变化的空间属于二维空间。

天时变化空间，外面为阳性层面空间，里面为阴性层面空间。

地时变化空间，外面是阴性层面空间，里面是阳性层面空间。

表 5-22　二维空间

<table>
<tr><td>天时</td><td>甲</td><td>乙</td><td>丙</td><td>丁</td><td rowspan="3">己精
戊炁
中宫</td><td>辛</td><td>庚</td><td>癸</td><td>壬</td></tr>
<tr><td>方位</td><td>东北</td><td>东</td><td>东南</td><td>南</td><td>西南</td><td>西</td><td>西北</td><td>北</td></tr>
<tr><td>地时</td><td>乙</td><td>甲</td><td>丁</td><td>丙</td><td>庚</td><td>辛</td><td>壬</td><td>癸</td></tr>
</table>

（三）多维空间

两对及其以上相反属性结合的空间称之为多维空间。人时变化空间属于多维空间。

表 5-23　多维空间

<table>
<tr><td>内部</td><td>甲</td><td>乙</td><td>丙</td><td>丁</td><td rowspan="3">己精
戊炁
中宫</td><td>辛</td><td>庚</td><td>癸</td><td>壬</td></tr>
<tr><td>人时
方位</td><td>东北</td><td>东</td><td>东南</td><td>南</td><td>西南</td><td>西</td><td>西北</td><td>北</td></tr>
<tr><td>外表</td><td>乙</td><td>甲</td><td>丁</td><td>丙</td><td>庚</td><td>辛</td><td>壬</td><td>癸</td></tr>
</table>

人时变化的空间分为里外空间，里部和外部都分为里外两层空间。外部空间是地时主导，里部空间是天时主导，这种关系称之为负阴而抱阳，外部的阴来生成质体包裹里部的阳气，里部的刚体生成阳气打开人内空间。

三、九宫零和五行

（一）零和五行方位

相反空间属性持恒对抗为相对静止的空间，称之为零和空间，也称人空间。有无的五动体相合构成零和五行空间。

甲乙和合东方木行，丙丁和合南方火行，壬癸和合北方水行，戊己和合中宫土行，庚辛和合西方金行。

表 5-24　人的九宫零和五行

五行零和	木		火		土		金		水	
表里	表	里	表	里	表	里	表	里	表	里
方位	东北	东	东南	南	中宫		西南	西	西北	北
天时	甲	乙	丙	丁	戊己		辛	庚	癸	壬
地时	乙	甲	丁	丙			庚	辛	壬	癸

里外属性总体抗衡零和，表面的总体属性和内部的总体属性相反持恒，体现零和状态。特别是相邻的

里外空间是绝对的持恒，有无同时出入互相转化。

同行进退里外相邻，比如水行，壬水的空间为北，癸水的空间为东北，北和东北属于相邻方位，二者互相推移转化的进退方是北方和东北方，这两方的属性都是相反，并且为零和状态。

土行方：土位，即中宫。精和已位于中宫的内核方，炁和戊位于中宫的外表方。二者合一称为中宫或恒宫。已，是精体动生柔体，已柔被封存于精体内。戊，是炁体动生刚体，戊刚被封存于炁体内。故中宫恒定，有和无被囚禁。

壬癸水行方，相互进退于北和西北方，西北方为表，北为里，二者合一为水的零和状态，北与西北正中线是水的零和线。

甲乙木行方，相互进退于东和东北方，东北方为表，东为里，二者合一为木的零和状态，东与东北正中线是木的零和线。

丙丁火行方，相互进退于南和东南方，东南方为表，南为里，二者合一为火的零和状态，南与东南正中线是火的零和线。

庚辛金行方，相互进退于西和西南方，西方为里，西南为表，二者合一为金的零和状态，西与西南正中线是金的零和线。

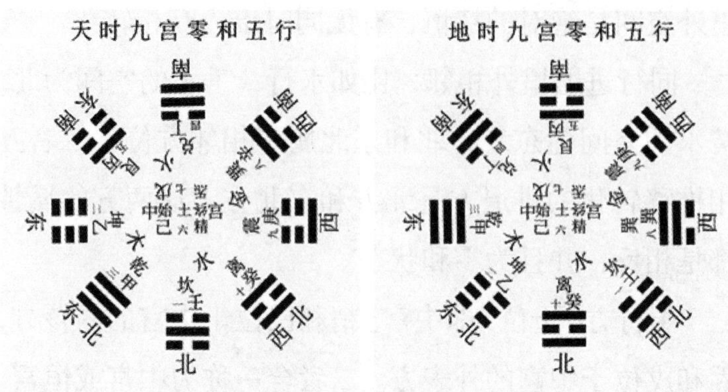

图 5-2　天和地时零和五行方位图

（二）人中零和定位的方位统一。

1. 人中定位

表 5-25　人中零和恒定方位统一

人中零和空间	东北	东	东南	南	中宫	西南	西	西北	北
	甲	乙	丙	丁	己戊	辛	庚	癸	壬
天时空间	甲	壬	癸	庚	戊己	辛	丁	丙	乙
地位空间	乙	甲	丁	丙	壬癸	戊	己	庚	辛

由于天时属于年时主导，年时是逆分布顺行，决定了天时的方位是逆分布顺行。地位属于日时主导，

日时是顺分布逆行，决定了地位是顺分布逆行。

2. 人时方位的时变

人时的方位具备阳和阴同时进退的特殊性，有别于相对单一的天时阳进退和地时阴进退。天时的阳进，决定了人阴的进退位改变，即人时进退表里分别为甲乙丙丁己戊辛庚癸壬，改变为甲乙丙丁戊己庚辛壬癸，体现了有动，物性居于同一层面。

天时的阳退，则地时阴显现，人时进退表里分别为甲乙丙丁己戊辛庚癸壬，改变为乙甲丁丙己戊辛庚癸乙，是非物性居于表位、物性居于里部的同层面属性。

四、空间特征

（一）“方以类聚、物以群分”的现象。空间充分体现了客观现象膨胀成柔体轻清外出在外层，聚合成刚体质重下沉在里部，充分展示了刚柔分层明显的分布现象。同时体现了相反属性互相对立抗衡产生零合体，分别依序居于不同的方位。壬癸合成零合体的水居于北和东北，甲乙合成零合体的木居于东和东南，丙丁合成零合体的火居于南和西南，庚辛合成零合体的金居于西和西北。戊己土分层居于中宫的外层和内核。

（二）“刚柔争夺、交替变化”的场所。空间同时体现了同层次之间的柔属性和刚属性争夺现象。非物性层的阳性产生的至柔，极则变，生阴，聚合成刚体下降，比如气凝聚为雾和露珠、云雨等现象。物性层的刚体产生阳性，反作用于刚体，产生柔体外出，如熔浆、花开花谢、坚石风化等现象。

（三）“阳气动出、阴气降入”的轨道。阳气出，则从地位的底部升出到天空，比如树木生长，水汽升腾等现象。阴气入，则从天的顶部下降到地位，比如雨水降落，引力致使果子掉落等现象。

总之，空间是客观现象体居住的位置以及变化位移的间隔距离，充分体现了万物盛衰兴荣变化，来来往往不止的运动场所。

五、时间和空间关系

时间，是气属性盛衰变化过程。空间，是体位置及其变化中位移的空间距离。

刚体化生阳气，阳气反作用刚体生成柔体，柔体化生阴气，阴气顺作用柔体生成刚体。客观现象的气和体之间互相的转化，就是时间和空间的关系，简称时空关系。

（一）统一关系

表 5-26　时间和空间互生统一

互生统一	子	丑	寅	卯	辰	巳	午	未	申	酉	戌	亥
	壬	精	甲	己	丙	辛	炁	癸	戊	乙	庚	丁

子寅辰午申戌,为一有之道的时间;壬甲丙炁戊申,为一有之道的空间。丑卯巳未酉亥，为一无之道的时间；癸乙丁精己辛，为一无之道的空间。

一无之道的时间和一无之道的空间互相化生，为绝对的统一关系。一有之道的时间和一有之道的空间互相生化，为绝对的统一关系。无和有的时间和空间之间不能统一。

（二）对立关系

时间和空间互相化生，同时是一方蓄势另一方损耗的关系，这种反向发展的关系，就是对立关系。简单说一方的成长来自于另一方的牺牲，二者不能同时发展。

刚体化阳气，阳气壮大，刚体越来越消失；柔体化阴气,阴气成熟,柔体内越来越萎缩;阴气成就刚体,刚体壮大，阴气越来越消失；阳气成就柔体，柔体成熟，阳气越来越消失。柔体强损耗阳气，阳气强损耗刚体，刚体强损耗阴气，阴气强损耗柔体。

（三）推移关系

表 5-27　天和地位移

时空关系		天时：物性时空推移					地时：非物性时空推移				
		戊	庚	壬	甲	丙	己	辛	癸	乙	丁
阳时顺出	申	戊申	庚申	壬申	甲申	丙申					
	戌	戊戌	庚戌	壬戌	甲戌	丙戌					
	子	戊子	庚子	壬子	甲子	丙子					
	寅	戊寅	庚寅	壬寅	甲寅	丙寅					
	辰	戊辰	庚辰	壬辰	甲辰	丙辰					
	午	戊午	庚午	壬午	甲午	丙午					
阴时逆入	卯						己卯	辛卯	癸卯	乙卯	丁卯
	丑						己丑	辛丑	癸丑	乙丑	丁丑
	亥						己亥	辛亥	癸亥	乙亥	丁亥

续表

时空关系		天时：物性时空推移					地时：非物性时空推移				
		戊	庚	壬	甲	丙	己	辛	癸	乙	丁
	酉						己酉	辛酉	癸酉	乙酉	丁酉
	未						己未	辛未	癸未	乙未	丁未
	巳						己巳	辛巳	癸巳	乙巳	丁巳

气，是客观现象体运动的动力之源。气初期阶段，在体的内部，推动体自我旋转，阳气顺转，阴气逆转。气成熟在体的外部，推动体公转，阳气推动顺公转，阴气推动体逆公转。

气推动体的关系，就是时空推移关系，产生了六十甲子。

一有之气只能推动一有空间，一无之气只能推动一无空间。就决定了：子寅辰午申戌六阳气进退位移壬甲丙戊庚五位有空间，产生了三十个时空结合的推移关系时间，简称天时。丑卯巳未酉亥六阴气位移癸乙丁己辛五位无空间，产生了三十个时空结合的推移关系时间，简称地时。天地合而人的时间是子丑寅卯辰巳午未申酉戌亥十二支，空间是壬癸甲乙丙丁戊己庚辛十干，也是阳对应有，阴对应无的推移，形成了六十个时空结合的时间，简称六十甲子。

表 5-28　人位移

六十甲子	水		木		火		土		金	
	壬	癸	甲	乙	丙	丁	戊	己	庚	辛
子	壬子		甲子		丙子		戊子		庚子	
丑		癸丑		乙丑		丁丑		己丑		辛丑
寅	甲寅		丙寅		戊寅		庚寅		壬寅	
卯		乙卯		丁卯		己卯		辛卯		癸卯
辰	丙辰		戊辰		庚辰		壬辰		甲辰	
巳		丁巳		己巳		辛巳		癸巳		乙巳
午	戊午		庚午		壬午		甲午		丙午	
未		己未		辛未		癸未		乙未		丁未
申	庚申		壬申		甲申		丙申		戊申	
酉		辛酉		癸酉		乙酉		丁酉		己酉
戌	壬戌		甲戌		丙戌		壬戌		壬戌	
亥		癸亥		乙亥		丁亥		癸亥		癸亥

第三节　相交

客观现象的气生体和体生气，决定了二者的属性相反性，也就产生了阴下降和阳气上升的过程中相荡交合，既包含了高级的发展，又包含低级的发展，既体现简单的气体间相荡交合，又体现复杂的气体间相荡交合，同时简单的气体和复杂的气体间也重叠交合，构成了多层次、多形态、多嵌套、变化万千的客观世界。

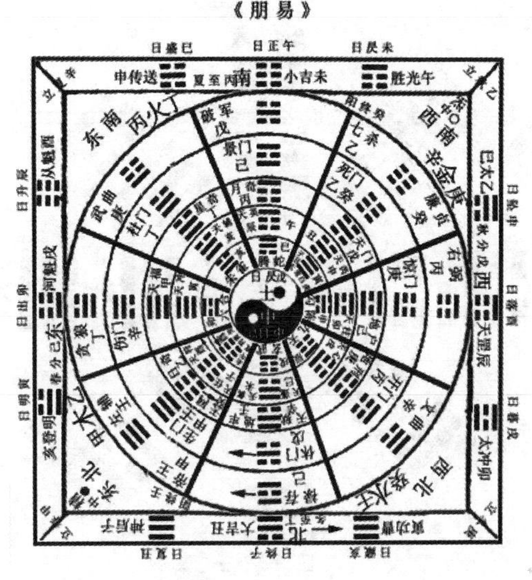

图 5–3　《朋易》相交时全图

同时，所有的交合结果，都体现相对的零和属性状态，而趋近甚至恒中的方位，即人中零和方位。即：东北、东南、西南、西北和外层的中为外表，东、南、西、北和内核的中为内部。体现东北和东为木进退、东南和南为火进退、中宫为土静、西南和西为金进退、西北和北方为水进退的五方五行零和状态的中宫恒位。

客观现象的升降位移都围绕这一恒中的相对固定方位相荡交集。

一、天道气位相交

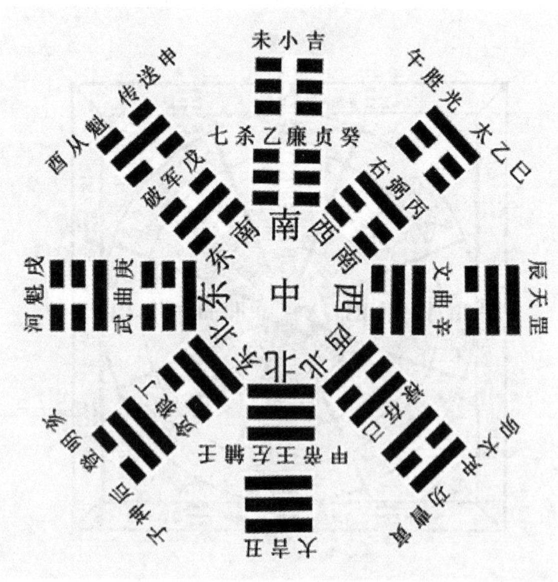

图 5-4　天道气位交

天道，是年时和月时变化轨迹的统称。年时是阳气化生柔体由里向外顺出，月时是柔体盛化生阴气由外向里降入，都是以柔体变化为根本，柔体居于最外层。柔体的变化空间就称之为天道变化。

由于柔体的产生是阳气反向作用于刚体诞生，促使柔体逆向分布。年时体现柔体来刚体往称之天位，月时体现阴气来阳气往称之为天时，月时阴气下降交合年时柔位，称之为天道气位相交。

天道是柔体居住位置，体现了迈步法则，时间和空间相生统一，天位和天时都是迈步法则逆向分布零和人位。

天位的壬癸水恒中，左辅壬与精体同宫居于中里，廉贞癸与炁体同宫居于中外，和零和人位九宫的中宫土同位，天位其余八体分别位于人九宫的八方，即：帝王甲在北，禄存己在西北，文曲辛在西，右弼丙在西南，七杀乙在南，破军戊在东南，武曲庚在东，贪狼丁在东北。

天时体现八方十二时散分布逆时降入，交合九宫。依序：大吉丑－功曹寅－太冲卯－天罡辰－太乙巳－胜光午－小吉未－传送申－从魁酉－河魁戌－登明亥－神后子。

二、地道气位相交

图 5–5　地道气位交

地道，是日时和时辰变化轨迹的统称。日时是阴气化生刚体由外向里降入，时辰是刚体强盛化生阳气由里向外顺出，都是以刚体变化为根本，刚体居于最里层。刚体的变化空间就称之为地道变化。

由于刚体的产生是阴气顺向作用于柔体诞生，促使刚体顺向分布。日时体现刚体来柔体往称之地位，时辰体现阳气来阴气往称之为地时，时辰阳气上升交合日时刚位，称之为地道气位相交。

地道是刚体居住位置，体现了归步法则，时间和空间相生统一，地位和地时都是归步法则顺向分布零和人位。

地位的壬癸水恒中，地牢壬与精体同宫居于中里，天网癸与炁体同宫居于中外，和零和人位九宫的中宫土同位，地位其余八体分别位于人九宫的八方，即：日奇乙在东北，天符甲在东，星奇丁在东南，月奇丙在南，天门戊在西南，地户己在西，地刑庚在西北，天狱辛在北。

地时体现了八方的聚归位、顺时外出，交合地九宫位。依序：天符酉－天冲寅－天辅亥－天英辰－天禽午－天任丑－天芮申－天柱卯－天心戌－天蓬巳－天禽未－天任子。

三、天地相交

（一）天地体位相交

天道的年位和地道的日位相交，是由里向外出的柔体和由外向里入的刚体，升降运动中交合，是体和体之间的交合，产生了人道的形体。

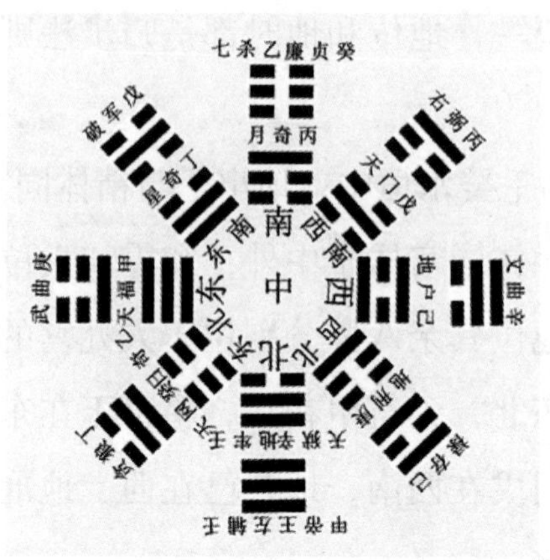

图 5-6　天地体相交

（二）天地气时相交

天道的月时气和地道的时辰气相交，是由外向里入的阴气和由里向外出的阳气，降升运动中交合，是气和气之间的交合，产生了人道的虚气。

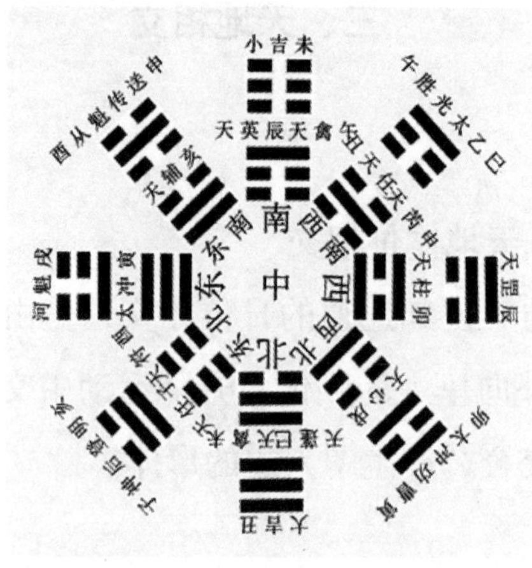

图 5-7　天地气相交

五、人道气位相交

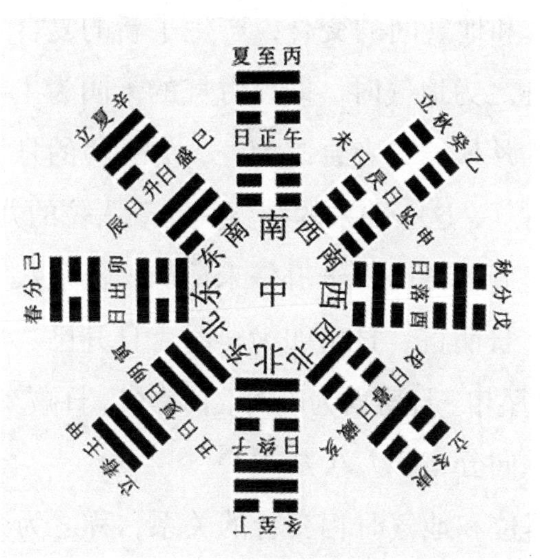

图 5–8　人道气位交

（一）天体位

天体和地体间的交合，产生了新的复合体，这个交合体称之为天体时，即以年位的天阳为主导，日位的地阴为从属，二者合二为一，大环境的年决定小环境的日，这一关系的结合体对于人位的九宫而言，属于春夏秋冬四时，水恒静不用，结合的其余八体具有的属性是四分四至，即：立春甲、春分己为春时，立夏辛、夏至丙为夏时，立秋乙、秋分戊为秋时，立冬庚、冬至丁为冬时。年四时顺向分布于人八方。

（二）地气时

天气和地气间的交合，产生了新的复合气，这个交合气称之为地气时，即以月气的天阴为主导，时气的地阳为从属，二者合二为一，大环境的月气决定小环境的时气，这一关系的结合气对于人位的九宫而言，属于早日晚夜四时，子丑午未恒静，其余八支具有的属性为：日明寅、日出卯为早时，日升巳、日盛辰为日时，日坠申、日落酉为晚时，日暮戌、日藏亥为夜时。日四时顺向分布于人八方。

天体位和地气时相交合的关系，称之为人道气位相交，是产生零和人九宫的必要条件。

六、时位变爻相交

图 5–9　天地爻变交

（一）天体爻变八门

天体位动变，是先有后无、壬癸恒静于中、逆向分布的天爻位变时序：生门壬 – 炁体 – 生门甲 – 休门戊 – 开门丙 – 惊门庚 – 死门癸 – 精体 – 死门乙 – 景门己 – 杜门丁 – 伤门辛。壬癸精炁恒静不用，只用甲戊丙艮乙己丁辛八门，前四门为有进退，壬炁是乾精有里部进退，甲戊是乾精有中部进退，丙庚是乾精有外部进退；后四门是无进退，精癸是坤炁外部进退，己乙是坤炁中部进退，辛丁是坤炁里部进退。

八门的起始旋转，受天体时决定。春夏秋冬四时为一圆周，分四立四分，甲立春主生门为首，己春分主景门为首，辛立夏主伤门为首，丙夏至主开门为首，乙立秋主死门为首，戊秋分主休门为首，庚立冬主惊门为首，丁冬至主杜门为首。一年 360 日分八门，每一门首 45 日，门首顺向围绕九宫，每宫五日，阳时中宫用生门首，阴时中宫用死门首。

（二）地气爻变十神

地气动变，是先无后有、子丑午未恒静于中，动变原理与天体位一致，只是反向顺时分布：直符未 – 太常丑 – 青龙酉 – 六合卯 – 朱雀亥 – 腾蛇巳 – 太常子 –

直符午 – 白虎寅 – 勾陈申 – 九天辰 – 玄武戌。

地气的爻变旋转受天体的爻变影响，以八门行运所到的零和九宫为主导，所化的气为地气爻变的神首，再绕行九宫。门为阳性时，中宫先用太常神首、后用直符神首；门为阴性时，中宫先用直符神首、后用太常神首。直符和太常的关系称之为伏吟关系，先吟后伏。

十神半日移一宫，九宫十盘合计五日六十时辰，五日为八门属性主导。比如，伤门运行北方位，此五日伤门主导，伤门为辛，为阳动，辛化生巳太阳气，巳太阳为腾蛇神，此时北方的神首为腾蛇，伤门的五日内运行九宫十盘，首盘为太常神首吟盘对应北方，尾盘为直符神首伏盘对应北方，中间八盘为腾蛇从北方开始逆时旋转零和八方。

（三）天体的爻变和地气的爻变相交，产生了零和的人位，即九宫方位。

人位的九宫具备了气和体共存的零和恒静位。天体爻变主外，为形体方位，地气爻变主内，为气时周流。

当气和体相交零和时，形成了东北甲、东乙、东南丙、南丁、中戊己、西南辛、西庚、西北癸、北壬的零和五行分布。并且是形体封裹气的这一正位关系，一旦体不能包封气，零和的人体就衰变而散亡。如：

地球的各种动植物形态，是零和的五行结合体，是形体包含气的产物形态，一旦形体不能包裹气，动植物等零和体必定衰败而散亡。

（四）爻变相交改变了零和九宫方位的五行进退分布

气位的爻变相合，影响了人的零和九宫方位。

有体进是生门和开门、无体退是景门和伤门，阳动，改变了零和人九宫的五行进退分布为：甲东北－乙东－丙东南－丁南－戊中外－己中里－庚西南－辛西－壬东北－癸北，即有道在表、无道在里。

有体退是休门和惊门，无体进是死门和伤门，阴动，改变了零和人九宫的五行进退分布为：乙东北－甲东－丁东南－丙南－己外中－戊里中－辛西南－庚西－癸东北－壬北，有道在里、无道在外的格局。

第四节　周流

客观现象的变化，不外乎动态的顺行运转和逆时运转，静态的绝对静止和相对的零和属性静止。动态

朋易

顺行是膨胀散开，体现迈步法则现象，称之为大易；动态逆行是聚合收拢。体现归步法则现象，称之为藏易；相对的零和静止分布状态，但又能进退的现象，称之为连山易。

易，顾名思义为变化，具备动态属性。凡是具备动态的客观现象，一定具备气的变化现象，称之为周流现象。

一、连山易零和

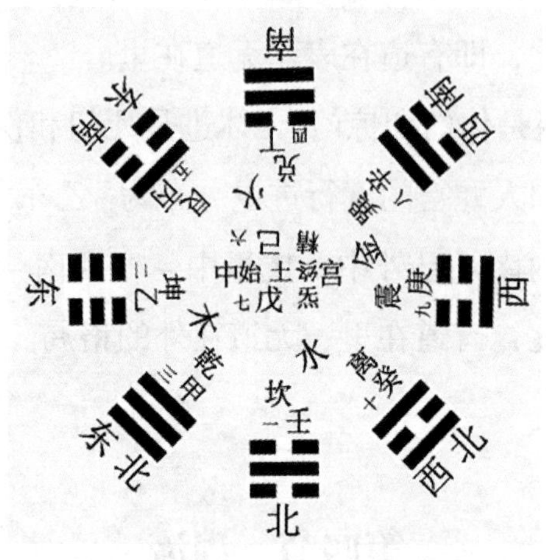

图 5-10　连山易零和图

天体爻变和地气爻变交合，构成了零和的人。即体包裹气的形态客观现象。形体西相对稳定，是简单的刚柔形态转变，内部的阴阳气促使形体的有和无进退表里变化。

这种相对零和内部的交替而不显现的变化现象，类象于地球的山形变化，即凸起和凹陷，体现了有和无的进退交替，称之为连山易。

天地交合初始的零和连山易，体现为阳体居于四隅的表位，阴体位于四正的内部，是阳外阴内的零和现象。甲东北、乙东、丙东南、丁南、己中外、戊中里、辛西南、庚西、癸东北、壬东。

虽然连山易属于相对零和的静止状态，但受到天体爻变的影响而改变，称之为阳阴周流。

二、阳进阴退周流

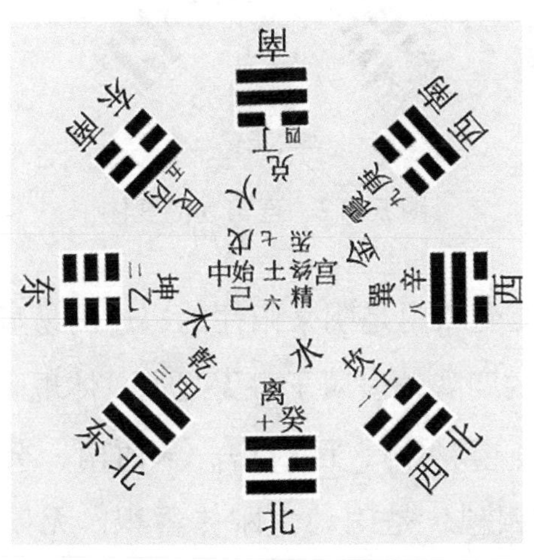

图 5–11　连山易阳变图

朋易

天体爻变八门是阳来阴往的，连山易显阳性动，使九宫的四隅外表属于一有之道，体现阳动刚往。即甲东北、丙西南、戊表中、庚西南、壬西北，一有之道在四隅，是阳动生柔体蓄积，有损耗消失现象。

（二）阴进阳退周流

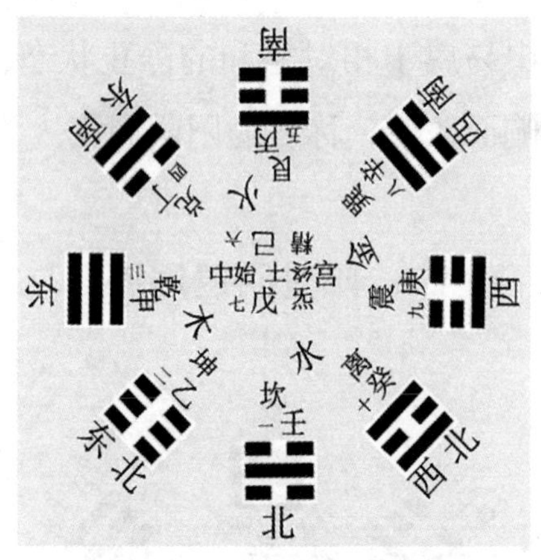

图 5–12　连山易阴变图

天体爻变八门是阴来阳往的，连山易显阴性动，促使九宫的四隅外表属于一无之道，体现阴动柔往。即乙东北、丁西南、己表中、辛西南、癸西北，一无之道在四隅，是阴动生刚体蓄积，无损耗消失的现象。

二、大易阳动

客观现象体化气的阳性变动，阳性初期在体内促使自转顺行，阳性成熟在体外致使形体公转顺行。由阳性主导的顺出旋转，导致客观现象体膨胀壮大，柔体蓄积，轻清上行的变化现象，称之为大易。顾名思义，大易，就是膨胀变化。

大易最根本的特点，就是顺时周流，由里向外出，类象打开的伞状。

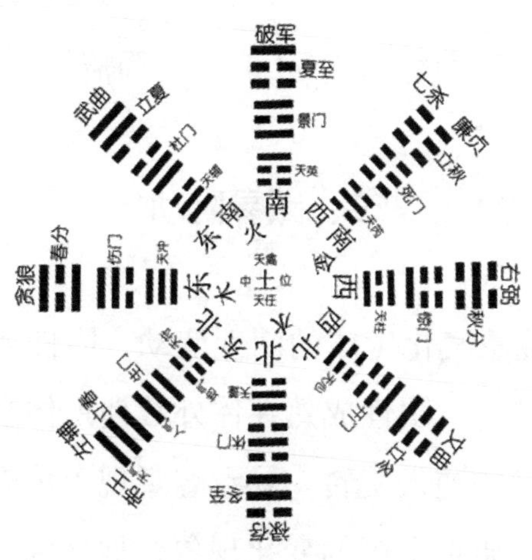

图 5-13　大易图

客观现象的年时变化、天时变化、天时爻变以及时辰变化属于大易范畴。

表 5-29　大易周流时间单位

周流名	年	天时	天爻	时辰
时间	1 年星	45 天气	5 天门	1 时星

大易变化，都是围绕零和人连山易的时位运行。

年时，一年一宫，十年星一周流。

天时，中宫不用，四十五日一气，四时八气一周流。

天时爻变，一门统 45 日绕九宫，五日一宫，首次阳进阴退时用生门，阴进阳退时用死门，其余八宫用门首周流。

时辰，一时辰一宫，十时星一周流。

三、藏易阴动

客观现象气化生体的阴性变动，阴性初期在体内促使公转逆行，阴性成熟在体外致使形体自转逆行。由阴性主导的逆入旋转，导致客观现象体聚合收缩，刚体蓄积，质重下沉的变化现象，称之为藏易。顾名思义，藏易，就是回归潜藏。

藏易最根本的特点，就是逆时周流，由外向里入，类象关闭的伞状。

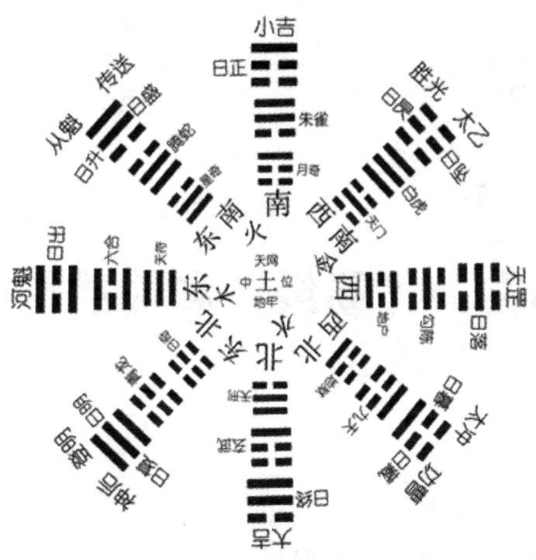

图 5–14　藏易图

客观现象的月变化、地时变化、地气爻变以及日变化属于藏易范畴。

表 5–30　藏易周流时间单位

周流名	月	地时	地爻	日
时间	1 月将	1 时辰	6 时辰	1 日

藏易变化，是围绕零和人的连山易时位运行。

月时，一月一气，十二月将一周流。

地时，一时辰一星，十时辰星一周流。

地时爻变，六时辰一宫位，五日一周流。

日时，一日一神，十日神一周流。

附文：《易经》和《易传》

《易经》是中华文明的瑰宝，是变化原理应用阐述的书籍，长期以“卜筮”的形式应用其变化规律来占卜人事的吉凶，形成了一部博大精深的辩证法哲学书籍，其广大精微，包罗万象，内容涉及预测、医学、哲学、政治、生活、科学、艺术和文学等诸多领域，是群经之首，是中国传统文化的杰出代表，亦是中华文明的源头活水。

《易经》的变化原理由象意图形的摆设和绘制，最终演变为文字的记载和阐述，却是历经了 6500 余年。1987 年 5 月至 1988 年 9 月，在河南省濮阳县城西南隅的西水坡，发掘出距今 6500 年的三组蚌砌龙虎图案，系统地展现了以太极、两仪、四象和八卦为基础的易理内涵摆设图符（见下图），同时体现了完美的星象运转规律。《易经》在历史长河发展中“其道也屡迁”，包含《连

山》《归藏》和《周易》三本易书，其中《连山》和《归藏》已失传，传世的只有《周易》。《易经》成书的发

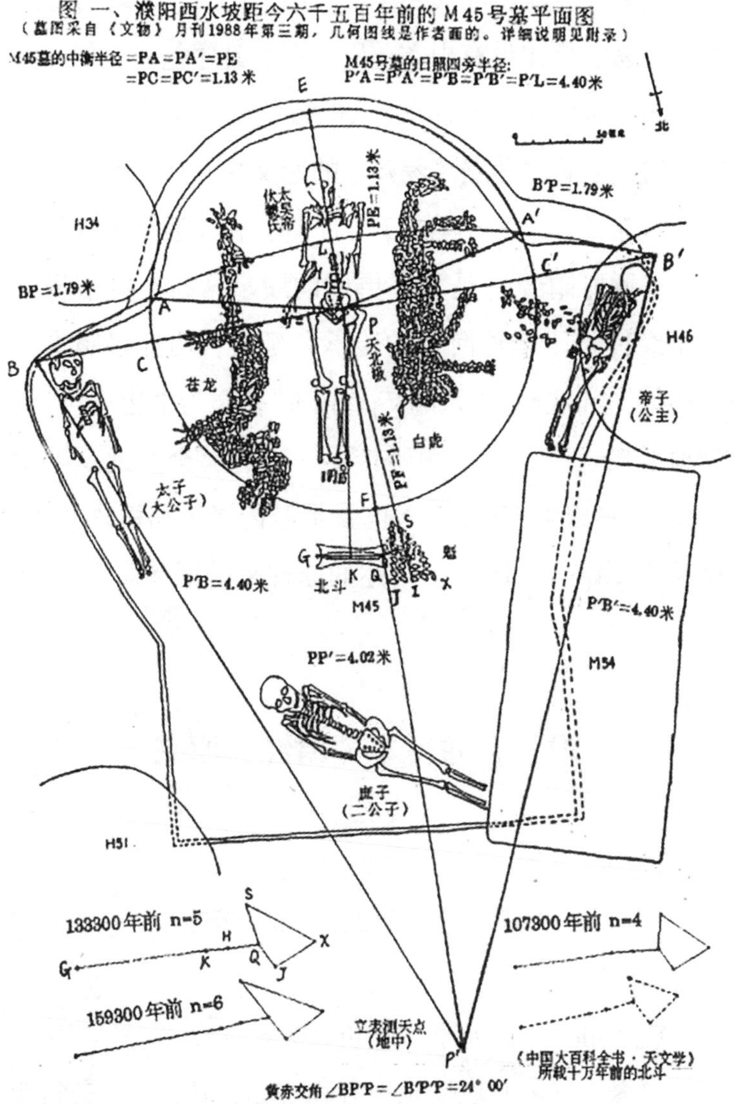

图 一、濮阳西水坡距今六千五百年前的M45号墓平面图
（墓图采自《文物》月刊1988年第三期，几何图线是作者画的。详细说明见附录）

展过程是不同年代的不同的人付出了无数心血后，继承和传播的过程。发掘文字成书较早的是 1973 年 12 月出土于湖南长沙马王堆汉墓 3 号的帛书周易，与现行通用的《周易》相比没有根本差别，但有卦序差异、部分卦名不同和易传内容增加等重大的特色。《易传》是一部战国时期解说和发挥《易经》的论文集，有《彖》《象》《文言》《系辞》《说卦》《序卦》和《杂卦》等传。

本章所附经传是为了更好的展示《易》的端源，由于经传是历史长河中的传承和延续，历经多版本多人的编辑和注解，《系辞传》亦曰“易之为书也不可远，为道也屡迁”，就说明经传不一定能够全面地反映出远古易真实的变化原理。也就是经传糟粕和精华并存，这就需要结合《朋易》阐述的原理来辩证和取舍。

附一：通行本《易经》原文

第一卦　乾☰下乾上乾

乾（qián），元亨，利贞。

《彖》曰：大哉乾元！万物资始，乃统天。云行雨施，品物流形，大明终始，六位时成。时乘六龙以御天。乾道变化，各正性命，保合大和，乃利贞。首出庶物，万国咸宁。

《象》曰：天行健，君子以自强不息。

初九：潜龙勿用。

《象》曰："潜龙勿用"，阳在下也。

九二：见（xiàn）龙在田，利见（jiàn）大人。

《象》曰："见龙在田"，德施普也。

九三：君子终日乾乾，夕惕若，厉无咎。

《象》曰："终日乾乾"，反复道也。

九四：或跃在渊，无咎。

《象》曰："或跃在渊"，进"无咎"也。

九五：飞龙在天，利见大人。

《象》曰："飞龙在天"，大人造也。

上九：亢龙有悔。

《象》曰："亢龙有悔"，盈不可久也。

用九：见（xiàn）群龙无首，吉。

《象》曰："用九"，天德不可为"首"也。

第二卦　坤☷下坤上坤

坤，元亨，利牝马之贞。君子有攸往，先迷后得主，利。西南得朋，东北丧朋，安贞吉。

《彖》曰：至哉坤元，万物资生，乃顺承天。坤厚载物，德合无疆，含弘光大，品物咸亨。牝马地类，行地无疆，柔顺利贞。君子攸行，先迷失道，后顺得常。西南得朋，乃与类行；东北丧朋，乃终有庆。安贞之吉，应地无疆。

《象》曰：地势坤，君子以厚德载物。

初六：履霜，坚冰至。

《象》曰："履霜坚冰"，阴始凝也。驯致其道，至"坚冰"也。

六二：直方大，不习无不利。

《象》曰："六二"之动，"直"以"方"也。"不习无不利"，地道光也。

六三：含章可贞。或从王事，无成有终。

《象》曰："含章可贞"，以时发也。"或从王事"，知光大也。

六四：括（kuò）囊，无咎无誉。

《象》曰："括囊无咎"，慎不害也。

六五：黄裳（cháng），元吉。

《象》曰："黄裳元吉"，文在中也。

上六：龙战于野，其血玄黄。

《象》曰："龙战于野"，其道穷也。

用六：利永贞。

《象》曰："用六永贞"，以大终也。

第三卦　屯䷂下震上坎

屯（zhūn），元亨利贞。勿用，有攸往，利建侯。

《彖》曰：屯，刚柔始交而难生，动乎险中，大亨贞。雷雨之动满盈，天造草昧，宜建侯而不宁。

《象》曰：云雷屯，君子以经纶。

初九：磐桓（huán），利居贞，利建侯。

《象》曰：虽"磐桓"，志行正也。以贵下贱，大得民也。

六二：屯如邅（zhān）如，乘马班如，匪寇婚媾。女子贞不字，十年乃字。

《象》曰：六二之难，乘刚也。"十年乃字"，反常也。

六三：即鹿无虞，惟入于林中，君子几不如舍，往吝。

《象》曰："即鹿无虞"，以从禽也。"君子""舍之"，"往吝"穷也。

六四：乘马班如，求婚媾。往吉，无不利。

《象》曰："求"而"往"，明也。

九五：屯其膏。小贞吉，大贞凶。

《象》曰："屯其膏"，施未光也。

上六：乘马班如，泣血涟如。

《象》曰："泣血涟如"，何可长也。

第四卦　蒙☶☵下坎上艮

蒙，亨，匪我求童蒙，童蒙求我。初筮告，再三渎，渎则不告。利贞。

《彖》曰：蒙，山下有险，险而止。"蒙亨"，以亨行时中也。"匪我求童蒙，童蒙求我"，志应也。"初筮告"，以刚中也。"再三渎，渎则不告"，渎蒙也。蒙以养正，圣功也。

《象》曰：山下出泉。蒙，君子以果行育德。

初六：发蒙，利用刑人，用说（tuō）桎梏（gù），以往吝。

《象》曰："利用刑人"，以正法也。

九二：包蒙吉，纳妇吉，子克家。

《象》曰："子克家"，刚柔节也。

六三：勿用取女，见金夫，不有躬，无攸利。

《象》曰："勿用取女"，行不顺也。

六四：困蒙，吝。

《象》曰："困蒙之吝"，独远实也。

六五：童蒙，吉。

《象》曰："童蒙"之"吉"，顺以巽也。

上九：击蒙，不利为寇，利御寇。

《象》曰："利"用"御寇"，上下顺也。

第五卦　需☵☰下乾上坎

需，有孚，光亨，贞吉。利涉大川。

《彖》曰："需"，须也，险在前也，刚健而不陷，其义不困穷矣。"需，有孚，光亨贞吉"，位乎天位，以正中也。"利涉大川"，往有功也。

《象》曰：云上于天，需。君子以饮食宴乐。

初九：需于郊，利用恒，无咎。

《象》曰："需于郊"，不犯难行也。"利用恒，无咎"，未失常也。

九二：需于沙，小有言，终吉。

《象》曰："需于沙"，衍在中也。虽小有言，以终吉也。

九三：需于泥，致寇至。

《象》曰："需于泥"，灾在外也。自我致寇，敬慎不败也。

六四：需于血，出自穴。

《象》曰："需于血，"顺以听也。

九五：需于酒食，贞吉。

《象》曰："酒食贞吉"，以中正也。

上六：入于穴，有不速之客三人来，敬之，终吉。

《象》曰："不速之客来，敬之终吉"，虽不当（dāng）位，未大失也。

第六卦　讼☰☵下坎上乾

讼，有孚，窒惕，中吉，终凶。利见大人，不利涉大川。

《彖》曰：讼，上刚下险，险而健讼。"讼有孚窒惕，中吉"，刚来而得中也。"终凶"，讼不可成也。"利见大人"，尚中正也。"不利涉大川"，入于渊也。

《象》曰：天与水违行，讼。君子以作事谋始。

初六：不永所事，小有言，终吉。

《象》曰："不永所事"，讼不可长也。虽"小有言"，其辩明也。

九二：不克讼，归而逋（bū），其邑人三百户，无眚。

《象》曰："不克讼"，归逋窜也。自下讼上，患至掇（duō）也。

六三：食旧德，贞厉，终吉。或从王事，无成。

《象》曰："食旧德"，从上吉也。

九四：不克讼，复即命渝，安贞吉。

《象》曰："复即命渝"，"安贞"不失也。

九五：讼，元吉。

《象》曰："讼，元吉"以中正也。

上九：或锡之鞶（pán）带，终朝（zhāo）三褫（chǐ）之。

《象》曰：以讼受服，亦不足敬也。

第七卦　师䷆下坎上坤

师，贞丈人，吉无咎。

《彖》曰：师，众也；贞，正也。能以众正，可以王矣。刚中而应，行险而顺，以此毒天下，而民从之，吉又何咎矣！

《象》曰：地中有水，师。君子以容民畜众。

初六：师出以律，否（pǐ）臧（zāng）凶。

《象》曰："师出以律"，失律凶也。

九二：在师中吉，无咎。王三锡命。

《象》曰："在师中吉"，承天宠也。"王三锡命"，怀万邦也。

六三：师或舆尸，凶。

《象》曰："师或舆尸"，大无功也。

六四：师左次，无咎。

《象》曰："左次无咎"，未失常也。

六五：田有禽，利执言，无咎。长子帅师，弟子舆尸，贞凶。

《象》曰："长子帅师"，以中行也。"弟子舆尸"，使不当也。

上六：大君有命，开国承家，小人勿用。

《象》曰："大君有命"，以正功也。"小人勿用"，必乱邦也。

第八卦　比䷇下坤上坎

比，吉。原筮，元，永贞，无咎。不宁方来，后夫凶。

《彖》曰：比，吉也；比，辅也。下顺从也。"原筮，元，永贞，无咎"，以刚中也。"不宁方来"，上下应也。"后夫凶"，其道穷也。

《象》曰：地上有水，比。先王以建万国，亲诸侯。

初六：有孚比之，无咎。有孚盈缶，终来有它，吉。

《象》曰：比之初六，有它吉也。

六二：比之自内，贞吉。

《象》曰："比之自内"，不自失也。

六三：比之匪人。

《象》曰："比之匪人"，不亦伤乎？

六四：外比之，贞吉。

《象》曰：外比于贤，以从上也。

九五：显比。王用三驱，失前禽。邑人不诫，吉。

《象》曰："显比"之吉，位正中也。舍逆取顺，失前禽也。邑人不诫，上使中也。

上六：比之无首，凶。

《象》曰："比之无首"，无所终也。

第九卦　小畜☴下乾上巽

小畜（xù），亨。密云不雨，自我西郊。

《彖》曰："小畜"，柔得位而上下应之，曰小畜。健而巽，刚中而志行，乃亨。"密云不雨"，尚往也。"自我西郊"，施未行也。

《象》曰：风行天上，"小畜"。君子以懿文德。

初九：复自道，何其咎？吉。

《象》曰："复自道"，其义"吉"也。

九二：牵复，吉。

《象》曰：牵复在中，亦不自失也。

九三：舆说（tuō）辐，夫妻反目。

《象》曰："夫妻反目"，不能正室也。

六四：有孚，血去惕出，无咎。

《象》曰："有孚惕出"，上合志也。

九五：有孚挛如，富以其邻。

《象》曰："有孚挛如"，不独富也。

上九：既雨既处，尚德载，妇贞厉。月几望，君子征凶。

《象》曰："既雨既处"，德积载也。"君子征凶"，有所疑也。

第十卦　履☱下兑上乾

履虎尾，不咥人，亨。

《彖》曰："履"，柔履刚也。说而应乎乾，是以"履虎尾，不咥人，亨"。刚中正，履帝位而不疚，光明也。

《象》曰：上天下泽，"履"；君子以辨上下，定民志。

初九：素履，往无咎。

《象》曰："素履之往"，独行愿也。

九二：履道坦坦，幽人贞吉。

《象》曰："幽人贞吉"，中不自乱也。

六三：眇能视，跛能履，履虎尾，咥（dié）人，凶。

武人为于大君。

《象》曰："眇能视"，不足以有明也。"跛能履"，不足以与行也。"咥人之凶"，位不当也。"武人为于大君"，志刚也。

九四：履虎尾，愬（shuò）愬，终吉。

《象》曰："愬愬终吉"，志行也。

九五：夬履，贞厉。

《象》曰："夬履贞厉"，位正当也。

上九：视履考祥，元吉其旋。

《象》曰：元吉在上，大有庆也。

第十一卦　泰䷊下乾上坤

泰，小往大来，吉，亨。

《彖》曰："泰，小往大来，吉，亨"。则是天地交而万物通也，上下交而其志同也。内阳而外阴，内健而外顺，内君子而外小人，君子道长，小人道消也。

《象》曰：天地交，泰。后以财成天地之道，辅相天地之宜，以左右民。

初九：拔茅茹，以其彙（huì），征吉。

《象》曰："拔茅征吉"，志在外也。

九二：包荒，用冯（píng）河，不遐遗。朋亡，得尚于中行。

《象》曰：“包荒，得尚于中行”，以光大也。

九三：无平不陂（bēi），无往不复，艰贞无咎。勿恤其孚，于食有福。

《象》曰：“无往不复”，天地际也。

六四：翩翩不富，以其邻不戒以孚。

《象》曰：“翩翩不富”，皆失实也。“不戒以孚”，中心愿也。

六五：帝乙归妹，以祉元吉。

《象》曰：“以祉元吉”，中以行愿也。

上六：城复于隍，勿用师。自邑告命，贞吝。

《象》曰：“城复于隍”，其命乱也。

第十二卦　否☷☰下坤上乾

否（pǐ）之匪人，不利君子贞。大往小来。

《彖》曰：“否之匪人，不利君子贞，大往小来。”则是天地不交而万物不通也，上下不交而天下无邦也。内阴而外阳，内柔而外刚，内小人而外君子。小人道长，君子道消也。

《象》曰：天地不交，“否”。君子以俭德辟难，不可荣以禄。

初六:拔茅茹,以其彙,贞吉,亨。

《象》曰:“拔茅贞吉”,志在君也。

六二:包承,小人吉,大人否亨。

《象》曰:“大人否亨”,不乱群也。

六三:包羞。

《象》曰:“包羞”,位不当也。

九四:有命无咎,畴离祉。

《象》曰:“有命无咎”,志行也。

九五:休否,大人吉。其亡其亡,系(jì)于苞桑。

《象》曰:“大人”之“吉”,位正当也。

上九:倾否,先否后喜。

《象》曰:“否”终则“倾”,何可长也。

第十三卦　同人☰下离上乾

同人于野,亨。利涉大川,利君子贞。

《彖》曰:“同人”,柔得位得中,而应乎乾,曰同人。同人曰:“同人于野,亨。利涉大川”,乾行也。文明以健,中正而应,君子正也。唯君子为能通天下之志。

《象》曰:天与火,同人。君子以类族辨物。

初九:同人于门,无咎。

《象》曰：“出门同人”，又谁咎也。

六二：同人于宗，吝。

《象》曰：“同人于宗”，吝道也。

九三：伏戎于莽，升其高陵，三岁不兴。

《象》曰：“伏戎于莽”，敌刚也。“三岁不兴”，安行也。

九四：乘其墉，弗克攻，吉。

《象》曰：“乘其墉”，义弗克也。其“吉”，则困而反则也。

九五：同人先号咷而后笑，大师克，相遇。

《象》曰：“同人之先”，以中直也。“大师相遇”，言相克也。

上九：同人于郊，无悔。

《象》曰：“同人于郊”，志未得也。

第十四卦　大有☲☰下乾上离

大有，元亨。

《彖》曰：“大有”，柔得尊位，大中而上下应之，曰大有。其德刚健而文明，应乎天而时行，是以“元亨”。

《象》曰：火在天上，“大有”。君子以遏恶扬善，顺天休命。

初九：无交害，匪咎。艰则无咎。

《象》曰：大有初九，无交害也。

九二：大车以载（zài），有攸往，无咎。

《象》曰："大车以载"，积中不败也。

九三：公用亨（xiǎng）于天子，小人弗克。

《象》曰：公用亨于天子，小人害也。

九四：匪其彭（páng），无咎。

《象》曰："匪其彭，无咎。"明辨晳也。

六五：厥孚交如，威如，吉。

《象》曰："厥孚交如"，信以发志也。"威如之吉"，易而无备也。

上九：自天祐之，吉无不利。

《象》曰：大有上吉，自天祐也。

第十五卦　谦☷下艮上坤

谦，亨。君子有终。

《彖》曰："谦，亨"，天道下济而光明，地道卑而上行。天道亏盈而益谦，地道变盈而流谦，鬼神害盈而福谦，人道恶盈而好谦。谦尊而光，卑而不可逾，君子之终也。

《象》曰：地中有山，谦。君子以裒多益寡，称物平施。

初六：谦谦君子，用涉大川，吉。

《象》曰："谦谦君子"，卑以自牧也。

六二：鸣谦，贞吉。

《象》曰："鸣谦贞吉"，中心得也。

九三：劳谦君子，有终，吉。

《象》曰："劳谦君子"，万民服也。

六四：无不利，撝(huī)谦。

《象》曰："无不利，撝谦"，不违则也。

六五：不富以其邻，利用侵伐，无不利。

《象》曰："利用侵伐"，征不服也。

上六：鸣谦，利用行师，征邑国。

《象》曰："鸣谦"，志未得也。"利用行师"，征邑国也。

第十六卦　豫☳☷下坤上震

豫，利建侯行师。

《彖》曰：豫，刚应而志行，顺以动，豫。豫顺以动，故天地如之，而况建侯行师乎？天地以顺动，故日月不过而四时不忒；圣人以顺动，则刑罚清而民服。豫之时义大矣哉！

《象》曰：雷出地奋，豫。先王以作乐（yuè）崇德，殷荐之上帝，以配祖考。

初六：鸣豫，凶。

《象》曰："初六鸣豫"，志穷凶也。

六二：介于石，不终日，贞吉。

《象》曰："不终日贞吉"，以中正也。

六三：盱豫，悔。迟有悔。

《象》曰："盱豫不悔"，位不当也。

九四：由豫，大有得，勿疑。朋盍簪。

《象》曰："由豫大有得"，志大行也。

六五：贞疾，恒不死。

《象》曰："六五贞疾"，乘刚也。"恒不死"，中未亡也。

上六：冥豫，成有渝。无咎。

《象》曰："冥豫"在上，何可长也？

第十七卦　随☱下震上兑

随，元亨，利贞。无咎。

《彖》曰：随，刚来而下柔，动而说，随。大亨贞无咎，而天下随时。随时之义大矣哉！

《象》曰：泽中有雷，随。君子以向晦入宴息。

初九：官有渝，贞吉，出门交有功。

《象》曰："官有渝"，从正吉也。"出门交有功"，不失也。

六二：系（xì）小子，失丈夫。

《象》曰："系小子"，弗兼与也。

六三：系（xì）丈夫，失小子，随有求得。利居贞。

《象》曰："系丈夫"，志舍下也。

九四：随有获，贞凶。有孚在道，以明，何咎？

《象》曰："随有获"，其义凶也。"有孚在道"，明功也。

九五：孚于嘉，吉。

《象》曰："孚于嘉吉"，位正中也。

上六：拘系（xì）之，乃从维之。王用亨（xiǎng）于西山。

《象》曰："拘系之"，上穷也。

第十八卦　蛊☶下巽上艮

蛊，元亨。利涉大川。先甲三日，后甲三日。

《彖》曰：蛊，刚上而柔下，巽而止，蛊。蛊元亨，而天下治也。"利涉大川"，往有事也。"先甲三日，后甲三日"，终则有始，天行也。

《象》曰：山下有风，蛊。君子以振民育德。

初六：干（gàn）父之蛊，有子，考无咎，厉，终吉。

《象》曰："干父之蛊"，意承考也。

九二：干母之蛊，不可贞。

《象》曰："干母之蛊"，得中道也。

九三：干父之蛊，小有悔，无大咎。

《象》曰："干父之蛊"，终"无""咎"也。

六四：裕父之蛊，往见吝。

《象》曰："裕父之蛊"，往未得也。

六五：干父之蛊，用誉。

《象》曰："干父用誉"，承以德也。

上九：不事王侯，高尚其事。

《象》曰："不事王侯"，志可则也。

第十九卦　临☱下兑上坤

临，元亨，利贞。至于八月有凶。

《彖》曰：临，刚浸而长，说而顺，刚中而应，大亨以正，天之道也。"至于八月有凶"，消不久也。

《象》曰：泽上有地，临。君子以教（jiào）思无穷，容保民无疆。

初九：咸临，贞吉。

《象》曰："咸临贞吉"，志行正也。

九二：咸临，吉无不利。

《象》曰："咸临，吉无不利"，未顺命也。

六三：甘临，无攸利。既忧之，无咎。

《象》曰："甘临"，位不当也。"既忧之"，咎不长也。

六四：至临，无咎。

《象》曰："至临无咎"，位当也。

六五：知（zhì）临，大君之宜，吉。

《象》曰："大君之宜"，行中之谓也。

上六：敦临，吉，无咎。

《象》曰："敦临之吉"，志在内也。

第二十卦　观䷓下坤上巽

观，盥（guàn）而不荐，有孚颙（yóng）若。

《彖》曰：大观在上，顺而巽，中正以观天下。观，"盥而不荐，有孚颙若"，下观而化也。观天之神道，而四时不忒；圣人以神道设教，而天下服矣！

《象》曰：风行地上，观。先王以省方观民设教。

初六：童观，小人无咎，君子吝。

《象》曰："初六童观"，"小人"道也。

六二：窥（kuī）观，利女贞。

《象》曰："窥观女贞"，亦可丑也。

六三：观我生，进退。

《象》曰："观我生进退"，未失道也。

六四：观国之光，利用宾于王。

《象》曰："观国之光"，尚宾也。

九五：观我生，君子无咎。

《象》曰："观我生"，观民也。

上九：观其生，君子无咎。

《象》曰："观其生"，志未平也。

第二十一卦　噬嗑☲☳下震上离

噬（shì）嗑（kè），亨，利用狱。

《彖》曰：颐中有物，曰噬嗑。噬嗑而亨，刚柔分，动而明，雷电合而章。柔得中而上行，虽不当位，利用狱也。

《象》曰：雷电，噬嗑。先王以明罚敕法。

初九：屦（jù）校（jiào）灭趾，无咎。

《象》曰："屦校灭趾"，不行也。

六二：噬肤灭鼻，无咎。

《象》曰："噬肤灭鼻"，乘刚也。

六三：噬腊（xī）肉遇毒，小吝，无咎。

《象》曰："遇毒"，位不当也。

九四：噬乾（gān）胏（zǐ）得金矢，利艰贞吉。

《象》曰："利艰贞吉"，未光也。

六五：噬干肉得黄金，贞厉，无咎。

《象》曰："贞厉无咎"，得当（dàng）也。

上九：何校灭耳，凶。

《象》曰："何校灭耳"，聪不明也。

第二十二卦　贲☶☲下离上艮

贲（bì），亨，小利有攸往。

《彖》曰：贲，亨，柔来而文刚，故亨；分刚上而文柔，故小利有攸往，天文也；文明以止，人文也。观乎天文，以察时变；观乎人文，以化成天下。

《象》曰：山下有火，贲。君子以明庶政，无敢折狱。

初九：贲其趾，舍车而徒。

《象》曰："舍车而徒"，义弗乘也。

六二：贲其须。

《象》曰："贲其须"，与上兴也。

九三：贲如濡如，永贞之吉。

《象》曰："永贞之吉"，终莫之陵也。

六四：贲如皤（pó）如，白马翰如，匪寇婚媾。

《象》曰："六四"，当位疑也。"匪寇婚媾"，终无尤也。

六五：贲于丘园，束帛戋（jiān）戋，吝，终吉。

《象》曰："六五之吉"，有喜也。

上九：白贲，无咎。

《象》曰："白贲无咎"，上得志也。

第二十三卦　剥䷖下坤上艮

剥（bō），不利有攸往。

《彖》曰：剥，剥也，柔变刚也。"不利有攸往"，小人长也。顺而止之，观象也。君子尚消息盈虚，天行也。

《象》曰：山附于地，剥。上以厚下安宅。

初六：剥床以足，蔑贞，凶。

《象》曰："剥床以足"，以灭下也。

六二：剥床以辨，蔑贞，凶。

《象》曰："剥床以辨"，未有与也。

六三：剥之，无咎。

《象》曰："剥之无咎"，失上下也。

六四：剥床以肤，凶。

《象》曰：“剥床以肤”，切近灾也。

六五：贯鱼以宫人宠，无不利。

《象》曰：“以宫人宠”，终无尤也。

上九：硕果不食，君子得舆，小人剥庐。

《象》曰：“君子得舆”，民所载也。“小人剥庐”，终不可用也。

第二十四卦　复䷗下震上坤

复，亨，出入无疾，朋来无咎。反复其道，七日来复，利有攸往。

《彖》曰：“复，亨”，刚反，动而以顺行，是以“出入无疾，朋来无咎”。“反复其道，七日来复”，天行也。“利有攸往”，刚长也。复，其见天地之心乎？

《象》曰：雷在地中，复。先王以至日闭关，商旅不行，后不省方。

初九：不远复，无祇（zhǐ）悔，元吉。

《象》曰：“不远之复”，以修身也。

六二：休复，吉。

《象》曰：“休复之吉”，以下仁也。

六三：频复，厉，无咎。

《象》曰：“频复之厉”，义无咎也。

六四：中行独复。

《象》曰：“中行独复”，以从道也。

六五：敦复，无悔。

《象》曰：“敦复无悔”，中以自考也。

上六：迷复，凶，有灾眚。用行师，终有大败，以其国君凶，至于十年不克征。

《象》曰：“迷复之凶”，反君道也。

第二十五卦　无妄☳下震上乾

妄，元亨，利贞。其匪正有眚，不利有攸往。

《彖》曰：无妄，刚自外来，而为主于内。动而健，刚中而应，大亨以正，天之命也。“其匪正有眚，不利有攸往”，无妄之往，何之矣？天命不佑，行矣哉？

《象》曰：天下雷行，物与无妄。先王以茂对时育万物。

初九：无妄，往吉。

《象》曰：“无妄之往”，得志也。

六二：不耕获？不菑畲？则利用攸往。

《象》曰：“不耕获”，未富也。

六三：无妄之灾，或系之牛，行人之得，邑人之灾。

《象》曰：行人得牛，邑人灾也。

九四：可贞，无咎。

《象》曰："可贞无咎"，固有之也。

九五：无妄之疾，勿药有喜。

《象》曰："无妄之药"，不可试也。

上九：无妄行，有眚，无攸利。

《象》曰："无妄之行"，穷之灾也。

第二十六卦　大畜☶下乾上艮

大畜（xù），利贞。不家食，吉。利涉大川。

《彖》曰：大畜，刚健笃实辉光，日新其德，刚上而尚贤。能止健，大正也。"不家食吉"，养贤也。"利涉大川"，应乎天也。

《象》曰：天在山中，大畜。君子以多识前言往行，以畜其德。

初九：有厉，利已。

《象》曰："有厉利已"，不犯灾也。

九二：舆说（tuō）輹。

《象》曰："舆说輹"，中无尤也。

九三：良马逐，利艰贞，曰闲舆卫，利有攸往。

《象》曰："利有攸往"，上合志也。

六四：童牛之牿（gù），元吉。

《象》曰:“六四元吉”,有喜也。

六五:豮(fén)豖之牙,吉。

《象》曰:“六五之吉”,有庆也。

上九:何天之衢?亨。

《象》曰:“何天之衢”,道大行也。

第二十七卦　颐䷚下震上艮

颐,贞吉。观颐,自求口实。

《彖》曰:颐贞吉,养正则吉也。观颐,观其所养也;自求口实,观其自养也。天地养万物,圣人养贤以及万民。颐之时大矣哉!

《象》曰:山下有雷,颐。君子以慎言语,节饮食。

初九:舍尔灵龟,观我朵颐,凶。

《象》曰:“观我朵颐”,亦不足贵也。

六二:颠颐。拂经于丘颐,征凶。

《象》曰:“六二征凶”,行失类也。

六三:拂颐,贞凶。十年勿用,无攸利。

《象》曰:“十年勿用”,道大悖也。

六四:颠颐,吉。虎视眈眈,其欲逐逐,无咎。

《象》曰:“颠颐之吉”,上施光也。

六五:拂经,居贞吉,不可涉大川。

《象》曰："居贞之吉"，顺以从上也。

上九：由颐厉吉。利涉大川。

《象》曰："由颐厉吉"，大有庆也。

第二十八卦　大过䷛下巽上兑

大过，栋桡。利有攸往，亨。

《彖》曰："大过"，大者过也。"栋桡"，本末弱也。刚过而中，巽而说行，利有攸往，乃亨。"大过"之时大矣哉！

《象》曰：泽灭木，大过。君子以独立不惧，遯世无闷。

初六：藉（jiè）用白茅，无咎。

《象》曰："藉用白茅"，柔在下也。

九二：枯杨生稊（tí），老夫得其女妻，无不利。

《象》曰："老夫女妻，"，过以相与也。

九三：栋桡，凶。

《象》曰："栋桡之凶"，不可以有辅也。

九四：栋隆，吉。有它吝。

《象》曰："栋隆之吉"，不桡乎下也。

九五：枯杨生华，老妇得其士夫，无咎无誉。

《象》曰："枯杨生华"，何可久也。"老妇士夫"，亦可丑也。

上六：过涉灭顶，凶。无咎。

《象》曰："过涉之凶"，不可咎也。

第二十九卦　坎☵下坎上坎

习坎，有孚维心，亨。行有尚。

《彖》曰："习坎"，重险也。水流而不盈，行险而不失其信，维心亨，乃以刚中也。"行有尚"，往有功也。天险不可升也，地险山川丘陵也，王公设险以守其国。险之时用大矣哉！

《象》曰：水洊（jiàn）至，习坎。君子以常德行，习教事。

初六：习坎，入于坎窞（dàn），凶。

《象》曰："习坎入坎"，失道，凶也。

九二：坎有险，求小得。

《象》曰："求小得"，未出中也。

六三：来之坎坎，险且枕，入于坎窞，勿用。

《象》曰："来之坎坎"，终无功也。

六四：樽酒簋（guǐ）贰，用缶纳约自牖（yǒu）。终，无咎。

《象》曰："樽酒簋贰"，刚柔际也。

九五：坎不盈，祇（qí）既平，无咎。

《象》曰："坎不盈"，中未大也。

上六：系（xì）用徽纆，寘（zhì）于丛棘，三岁不得，凶。

《象》曰：上六失道，凶三岁也。

第三十卦　离☲下离上离

离，利贞，亨。畜（xù）牝牛，吉。

《彖》曰：离，丽也；日月丽乎天，百谷草木丽乎土，重明以丽乎正，乃化成天下。柔丽乎中正，故亨，是以"畜牝牛吉"也。

《象》曰：明两作，离。大人以继明照于四方。

初九：履错然，敬之，无咎。

《象》曰："履错之敬"，以辟咎也。

六二：黄离，元吉。

《象》曰："黄离元吉"，得中道也。

九三：日昃（zè）之离，不鼓缶而歌，则大耋之嗟，凶。

《象》曰："日昃之离"，何可久也？

九四：突如其来如，焚如，死如，弃如。

《象》曰："突如其来如"，无所容也。

六五：出涕沱若，戚嗟若，吉。

《象》曰：六五之吉，离王公也。

上九：王用出征，有嘉折首，获匪其丑，无咎。

《象》曰："王用出征"，以正邦也。

第三十一卦　咸䷞下艮上兑

咸，亨，利贞。取女吉。

《彖》曰：咸，感也。柔上而刚下，二气感应以相与。止而说，男下女，是以"亨利贞，取女吉"也。天地感而万物化生，圣人感人心而天下和平。观其所感，而天地万物之情可见矣。

《象》曰：山上有泽，咸。君子以虚受人。

初六：咸其拇。

《象》曰："咸其拇"，志在外也。

六二：咸其腓，凶。居吉。

《象》曰：虽凶居吉，顺不害也。

九三：咸其股，执其随，往吝。

《象》曰："咸其股"，亦不处也。志在随人，所执下也。

九四：贞吉，悔亡。憧憧往来，朋从尔思。

《象》曰："贞吉悔亡"，未感害也。"憧憧往来"，未光大也。

九五：咸其脢，无悔。

《象》曰："咸其脢"，志末也。

上六：咸其辅、颊、舌。

《象》曰："咸其辅颊舌"，滕口说也。

第三十二卦　恒☳☴下巽上震

恒，亨，无咎，利贞。利有攸往。

《彖》曰：恒，久也。刚上而柔下，雷风相与，巽而动，刚柔皆应，恒。"恒亨无咎利贞"，久于其道也。天地之道，恒久而不已也。"利有攸往"，终则有始也。日月得天，而能久照。四时变化，而能久成。圣人久于其道，而天下化成。观其所恒，而天地万物之情可见矣。

《象》曰：雷风，恒。君子以立不易方。

初六：浚（jùn）恒，贞凶，无攸利。

《象》曰："浚恒"之"凶"，始求深也。

九二：悔亡。

《象》曰：九二"悔亡"，能久中也。

九三：不恒其德，或承之羞，贞吝。

《象》曰："不恒其德"，无所容也。

九四：田无禽。

《象》曰：久非其位，安得禽也。

六五：恒其德。贞妇人吉，夫子凶。

《象》曰：妇人贞吉，从一而终也。夫子制义，从妇凶也。

上六：振恒，凶。

《象》曰：振恒在上，大无功也。

第三十三卦　遯☰☶下艮上乾

遯（dùn），亨，小，利贞。

《彖》曰：遯亨，遯而亨也。刚当位而应，与时行也。“小利贞”，浸而长也。遯之时义大矣哉！

《象》曰：天下有山，遯。君子以远小人，不恶而严。

初六：遯尾，厉。勿用，有攸往。

《象》曰：“遯尾”之“厉”，不往何灾也？

六二：执之用黄牛之革，莫之胜说（tuō）。

《象》曰：“执用黄牛”，固志也。

九三：系（xì）遯，有疾，厉。畜臣妾吉。《象》曰：“系遯”之“厉”，有疾惫也。“畜臣妾吉”，不可大事也。

九四：好（hào）遯，君子吉，小人否（pǐ）。

《象》曰：“君子好遯，小人否”也。

九五：嘉遯，贞吉。

《象》曰：“嘉遯贞吉”，以正志也。

上九：肥遯，无不利。

《象》曰：“肥遯无不利”，无所疑也。

第三十四卦　大壮䷡下乾上震

大壮，利贞。

《彖》曰：大壮，大者壮也。刚以动，故壮。“大壮利贞”，大者正也。正大，而天地之情可见矣。

《象》曰：雷在天上，大壮。君子以非礼弗履。

初九：壮于趾，征凶。有孚。

《象》曰：“壮于趾”，其孚穷也。

九二：贞吉。

《象》曰：“九二贞吉”，以中也。

九三：小人用壮，君子用罔，贞厉。羝羊触藩，羸（léi）其角。

《象》曰：“小人用壮”，君子以罔也。

九四：贞吉，悔亡。藩决不羸，壮于大舆之輹。

《象》曰：“藩决不羸”，尚往也。

六五：丧羊于易，无悔。

《象》曰：“丧羊于易”，位不当（dàng）也。

上六：羝羊触藩，不能退，不能遂。无攸利，艰则吉。

《象》曰：“不能退，不能遂”，不详也。“艰则吉”，咎不长也。

第三十五卦　晋䷢下坤上离

晋，康侯用锡马蕃庶，昼日三接。

《彖》曰：晋，进也，明出地上，顺而丽乎大明，柔进而上行，是以“康侯用锡马蕃庶，昼日三接”也。

《象》曰：明出地上，晋。君子以自昭明德。

初六：晋如，摧如，贞吉。罔孚，裕，无咎。

《象》曰：“晋如摧如”，独行正也。“裕无咎”，未受命也。

六二：晋如，愁如，贞吉。受兹介福，于其王母。

《象》曰：“受兹介福”，以中正也。

六三：众允，悔亡。

《象》曰：“众允”之志，上行也。

九四：晋如鼫（shí）鼠，贞厉。

《象》曰：“鼫鼠贞厉”，位不当也。

六五：悔亡，失得勿恤。往吉，无不利。

《象》曰：“失得勿恤”，往有庆也。

上九：晋其角，维用伐邑。厉吉。无咎，贞吝。

《象》曰：“维用伐邑”，道未光也。

第三十六卦　明夷☷☲坤上离下

明夷，利艰贞。

《彖》曰：明入地中，“明夷”。内文明而外柔顺，以蒙大难，文王以之。“利艰贞”，晦其明也。内难而能正其志，箕子以之。

《象》曰：明入地中，“明夷”。君子以莅众，用晦而明。

初九：明夷于飞，垂其翼。君子于行，三日不食。有攸往，主人有言。

《象》曰：“君子于行”，义不食也。

六二：明夷，夷于左股，用拯马壮，吉。

《象》曰：六二之吉，顺而则也。

九三：明夷于南狩，得其大首，不可疾贞。

《象》曰：“南狩”之志，乃大得也。

六四：入于左腹，获明夷之心，于出门庭。

《象》曰：“入于左腹”，获心意也。

六五：箕子之明夷，利贞。

《象》曰：箕子之贞，明不可息也。

上六：不明，晦。初登于天，后入于地。

《象》曰："初登于天"，照四国也。"后入于地"，失则也。

第三十七卦　家人☲☴巽上离下

家人，利女贞。

《彖》曰：家人，女正位乎内，男正位乎外。男女正，天地之大义也。家人有严君焉，父母之谓也。父父、子子、兄兄、弟弟、夫夫、妇妇，而家道正。正家，而天下定矣。

《象》曰：风自火出，家人。君子以言有物，而行有恒。

初九："闲有家"，悔亡。

《象》曰：闲有家，志未变也。

六二：无攸遂，在中馈，贞吉。

《象》曰：六二之吉，顺以巽也。

九三：家人嗃（hè）嗃，悔厉，吉。妇子嘻嘻，终吝。

《象》曰："家人嗃嗃"，未失也；"妇子嘻嘻"，失家节也。

六四：富家，大吉。

《象》曰："富家大吉"，顺在位也。

九五：王假有家，勿恤，吉。

《象》曰："王假有家"，交相爱也。

上九：有孚威如，终吉。

《象》曰：威如之吉，反身之谓也。

第三十八卦　睽☲离上兑下

睽，小事，吉。

《彖》曰：睽，火动而上，泽动而下。二女同居，其志不同行。说而丽乎明，柔进而上行，得中而应乎刚，是以小事吉。天地睽而其事同也，男女睽而其志通也，万物睽而其事类也。睽之时用大矣哉！

《象》曰：上火下泽，睽。君子以同而异。

初九：悔亡。丧马勿逐，自复。见恶（è）人，无咎。

《象》曰："见恶人"，以辟咎也。

九二：遇主于巷，无咎。

《象》曰："遇主于巷"，未失道也。

六三：见舆曳（yè），其牛掣，其人天且劓，无初有终。

《象》曰："见舆曳"，位不当也。"无初有终"，遇刚也。

九四：睽孤，遇元夫，交孚，厉，无咎。

《象》曰：交孚无咎，志行也。

六五：悔亡。厥宗噬肤，往何咎？

《象》曰："厥宗噬肤"，往有庆也。

上九：睽孤，见豕（shǐ）负涂，载鬼一车。先张之弧，后说（tuō）之弧。匪寇婚媾，往遇雨则吉。

《象》曰："遇雨之吉"，群疑亡也。

第三十九卦　蹇䷦下艮上坎

蹇（jiǎn），利西南，不利东北。利见大人，贞吉。

《彖》曰：蹇，难也，险在前也。见险而能止，知矣哉！"蹇，利西南"，往得中也。"不利东北"，其道穷也。利见大人，往有功也。当位"贞吉"，以正邦也。蹇之时用大矣哉！

《象》曰：山上有水，蹇；君子以反身修德。

初六：往蹇来誉。

《象》曰："往蹇来誉"，宜待也。

六二："王臣蹇蹇"，匪躬之故。

《象》曰："王臣蹇蹇"，终无尤也。

九三：往蹇来反。

《象》曰："往蹇来反"，内喜之也。

六四：往蹇来连。

《象》曰："往蹇来连"，位当实也。

九五：大蹇朋来。

《象》曰："大蹇朋来"，以中节也。

上六：往蹇来硕吉。利见大人。

《象》曰："往蹇来硕"，志在内也。"利见大人"，以从贵也。

第四十卦　解☳☵下坎上震

解（jiě），利西南，无所往，其来复，吉。有攸往，夙吉。

《彖》曰：解，险以动，动而免乎险，解。"解，利西南"，往得众也。"其来复吉"，乃得中也。"有攸往夙吉"，往有功也。天地解而雷雨作，雷雨作而百果草木皆甲坼。解之时大矣哉！

《象》曰：雷雨作，解。君子以赦过宥罪。

初六：无咎。

《象》曰：刚柔之际，义无咎也。

九二：田获三狐，得黄矢，贞吉。

《象》曰：九二贞吉，得中道也。

六三：负且乘，致寇至。贞吝。

《象》曰："负且乘"，亦可丑也，自我致戎，又谁咎也。

九四：解而拇，朋至斯孚。

《象》曰："解而拇"，未当位也。

六五：君子维有解，吉。有孚于小人。

《象》曰：君子有解，小人退也。

上六：公用射隼于高墉之上，获之，无不利。

《象》曰："公用射隼"，以解悖也。

第四十一卦　损☶☱下兑上艮

损，有孚，元吉。无咎，可贞。利有攸往。曷之用？二簋（guǐ）可用享。

《彖》曰：损，损下益上，其道上行。损而有孚，元吉无咎，可贞，利有攸往。曷之用，二簋可用享。二簋应有时，损刚益柔有时。损益盈虚，与时偕行。

《象》曰：山下有泽，损；君子以惩忿窒欲。

初九：已（yǐ）事遄（chuán）往，无咎，酌损之。

《象》曰："已事遄往"，尚合志也。

九二：利贞，征凶，弗损益之。

《象》曰："九二利贞"，中以为志也。

六三：三人行，则损一人；一人行，则得其友。

《象》曰："一人行"，"三"则疑也。

六四：损其疾，使遄有喜，无咎。

《象》曰："损其疾"，亦可喜也。

六五：或益之十朋之龟，弗克违，元吉。

《象》曰：六五元吉，自上佑也。

上九：弗损益之，无咎，贞吉。利有攸往，得臣无家。

《象》曰："弗损益之"，大得志也。

第四十二卦　益䷩下震上巽

益，利有攸往，利涉大川。

《彖》曰："益"，损上益下，民说无疆。自上下下，其道大光。"利有攸往"，中正有庆。"利涉大川"，木道乃行。益动而巽，日进无疆。天施地生，其益无方。凡益之道，与时偕行。

《象》曰：风雷，益；君子以见善则迁，有过则改。

初九：利用为大作，元吉，无咎。

《象》曰："元吉无咎"，下不厚事也。

六二：或益之十朋之龟，弗克违。永贞，吉。王用享于帝，吉。

《象》曰："或益之"，自外来也。

六三：益之用凶事，无咎。有孚中行，告公用圭。

《象》曰："益用凶事"，固有之也。

六四：中行，告公从。利用为依迁国。

《象》曰："告公从"，以益志也。

九五：有孚惠心，勿问，元吉。有孚惠我德。

《象》曰："有孚惠心"，勿问之矣。"惠我德"，大得志也。

上九：莫益之，或击之。立心勿恒，凶。

《象》曰："莫益之"，偏辞也。"或击之"，自外来也。

第四十三卦　夬䷪下乾上兑

夬（guài），扬于王庭。孚号有厉。告自邑，不利即戎，利有攸往。

《彖》曰：夬，决也，刚决柔也。健而说，决而和。"扬于王庭"，柔乘五刚也。"孚号有厉"，其危乃光也。"告自邑，不利即戎"，所尚乃穷也。"利有攸往"，刚长乃终也。

《象》曰：泽上于天，夬；君子以施禄及下，居德则忌。

初九：壮于前趾，往不胜为咎。

《象》曰：不胜而往，咎也。

九二：惕号莫夜，有戎勿恤。

《象》曰："有戎勿恤"，得中道也。

九三：壮于頄（qiú），有凶。君子夬夬独行，遇雨若濡。有愠（yùn），无咎。

《象》曰："君子夬夬"，终无咎也。

九四：臀无肤，其行次且。牵羊悔亡，闻言不信。

《象》曰："其行次且"，位不当也。"闻言不信"，聪不明也。

九五：苋（xiàn）陆夬夬，中行无咎。

《象》曰："中行无咎"，中未光也。

上六：无号，终有凶。

《象》曰："无号之凶"，终不可长也。

第四十四卦　姤☰下巽上乾

姤（gòu），女壮，勿用取女。

《彖》曰：姤，遇也，柔遇刚也。"勿用取女"，不可与长也。天地相遇，品物咸章也。刚遇中正，天下大行也。姤之时义大矣哉！

《象》曰：天下有风，姤；后以施命诰四方。

初六：系（jì）于金柅，贞吉。有攸往，见凶。羸豕孚蹢躅。

《象》曰："系于金柅"，柔道牵也。

九二：包有鱼，无咎。不利宾。

《象》曰：“包有鱼”，义不及宾也。

九三：臀无肤，其行次且。厉，无大咎。

《象》曰：“其行次且”，行未牵也。

九四：包无鱼，起凶。

《象》曰：“无鱼之凶”，远民也。

九五：以杞包瓜。含章，有陨自天。

《象》曰：九五含章，中正也。有陨自天，志不舍命也。

上九：姤其角，吝，无咎。

《象》曰：“姤其角”，上穷吝也。

第四十五卦　萃☷☱下坤上兑

萃，亨。王假有庙，利见大人。亨，利贞，用大牲吉。利有攸往。

《彖》曰：“萃”，聚也。顺以说，刚中而应，故聚也。“王假有庙”，致孝享也。“利见大人亨”，聚以正也。“用大牲吉，利有攸往”，顺天命也。观其所聚，而天地万物之情可见矣。

《象》曰：泽上于地，萃；君子以除戎器，戒不虞。

初六：有孚不终，乃乱乃萃。若号，一握为笑。勿恤，往无咎。

《象》曰："乃乱乃萃"，其志乱也。

六二：引吉无咎，孚乃利用禴。

《象》曰："引吉无咎"，中未变也。

六三：萃如嗟如，无攸利，往无咎，小吝。

《象》曰："往无咎"，上巽也。

九四：大吉无咎。

《象》曰："大吉无咎"，位不当也。

九五：萃有位，无咎。匪孚。元永贞，悔亡。

《象》曰："萃有位"，志未光也。

上六：赍（jī）咨涕洟（yí），无咎。

《象》曰："（上齊下貝）咨涕洟"，未安上也。

第四十六卦　升☷☴下巽上坤

升，元亨。用见大人，勿恤，南征吉。

《彖》曰：柔以时升，巽而顺，刚中而应，是以大亨。"用见大人勿恤"，有庆也。"南征吉"，志行也。

《象》曰：地中生木，升；君子以顺德，积小以高大。

初六：允升，大吉。

《象》曰："允升大吉"，上合志也。

九二：孚乃利用禴，无咎。

《象》曰：九二之孚，有喜也。

九三：升虚邑。

《象》曰："升虚邑"，无所疑也。

六四：王用亨（xiǎng）于岐山，吉，无咎。

《象》曰："王用亨于岐山"，顺事也。

六五：贞吉，升阶。

《象》曰："贞吉升阶"，大得志也。

上六：冥升，利于不息之贞。

《象》曰：冥升在上，消不富也。

第四十七卦　困䷮下坎上兑

困，亨，贞大人吉，无咎，有言不信。

《彖》曰："困"，刚掩也。险以说，困而不失其所，亨，其唯君子乎！贞大人吉，以刚中也。"有言不信"，尚口乃穷也。

《象》曰：泽无水，困；君子以致命遂志。

初六：臀困于株木，入于幽谷，三岁不觌。

《象》曰："入于幽谷"，幽不明也。

九二：困于酒食，朱绂（fú）方来，利用享祀。征凶，无咎。

《象》曰："困于酒食"，中有庆也。

六三：困于石，据于蒺藜。入于其宫，不见其妻，凶。

《象》曰："据于蒺藜"，乘刚也。"入于其宫，不见其妻"，不祥也。

九四：来徐徐，困于金车，吝，有终。

《象》曰："来徐徐"，志在下也。虽不当位，有与也。

九五：劓（yì）刖（yuè），困于赤绂，乃徐有说（tuō），利用祭祀。

《象》曰："劓刖"，志未得也。"乃徐有说"，以中直也。"利用祭祀"，受福也。

上六：困于葛藟（lěi），于臲（niè）卼（wù），曰动悔有悔，征吉。

《象》曰："困于葛藟"，未当（dàng）也。"动悔有悔"，吉行也。

第四十八卦　井☵下巽上坎

井，改邑不改井，无丧无得，往来井井，汔至，亦未繘井，羸其瓶，凶。

巽乎水而上水，井。井，养而不穷也。"改邑不改井"，乃以刚中也。"汔至，亦未繘井"，未有功也。"羸其瓶"，是以凶也。

《象》曰：木上有水，井。君子以劳民劝相。

初六：井泥不食，旧井无禽。

《象》曰：“井泥不食”，下也。“旧井无禽”，时舍也。

九二：井谷射鲋，瓮敝漏。

《象》曰：“井谷射鲋”，无与也。

九三：井渫（xiè）不食，为我心恻。可用汲，王明，并受其福。

《象》曰：“井渫不食”，行恻也。求“王明”，受福也。

六四：井甃（zhòu），无咎。

《象》曰：“井甃无咎”，修井也。

九五：井洌，寒泉食。

《象》曰：“寒泉之食”，中正也。

上六：井收勿幕，有孚，元吉。

《象》曰：“元吉”在“上”，大成也。

第四十九卦　革䷰下离上兑

革，巳（sì）日乃孚。元亨，利贞，悔亡。

《彖》曰：革，水火相息，二女同居，其志不相得，曰革。“巳日乃孚”，革而信之。文明以说，大亨以正。

革而当，其悔乃亡。天地革，而四时成。汤武革命，顺乎天而应乎人。革之时大矣哉！

《象》曰：泽中有火，革。君子以治历明时。

初九：巩用黄牛之革。

《象》曰："巩用黄牛"，不可以有为也。

六二：巳日乃革之，征吉，无咎。

《象》曰："巳日革之"，行有嘉也。

九三：征凶，贞厉。革言三就，有孚。

《象》曰："革言三就"，又何之矣。

九四：悔亡，有孚改命，吉。

《象》曰："改命之吉"，信志也。

九五：大人虎变，未占有孚。

《象》曰："大人虎变"，其文炳也。

上六：君子豹变，小人革面，征凶，居贞吉。

《象》曰："君子豹变"，其文蔚也。"小人革面"，顺以从君也。

第五十卦　鼎☲下巽上离

鼎，元吉，亨。

《彖》曰：鼎，象也。以木巽火，亨饪也。圣人亨以享上帝，而大亨以养圣贤。巽而耳目聪明，柔进而上行，得中而应乎刚，是以元亨。

《象》曰：木上有火，鼎；君子以正位凝命。

初六：鼎颠趾，利出否，得妾以其子，无咎。

《象》曰："鼎颠趾"，未悖也。利出否，以从贵也。

九二：鼎有实，我仇有疾，不我能即，吉。

《象》曰："鼎有实"，慎所之也。我仇有疾，终无尤也。

九三：鼎耳革，其行塞。雉膏不食，方雨亏悔。终吉。

《象》曰："鼎耳革"，失其义也。

九四：鼎折足，覆公餗（sù）。其形渥，凶。

《象》曰："覆公餗"，信如何也？

六五：鼎黄耳金铉（xuàn），利贞。

《象》曰："鼎黄耳"，中以为实也。

上九：鼎玉铉，大吉。无不利。

《象》曰：玉铉在上，刚柔节也。

第五十一卦　震䷲下震上震

震，亨。震来虩虩，笑言哑哑；震惊百里，不丧匕鬯（chàng）。

《象》曰：震，亨，震来虩虩，恐致福也。"笑言哑哑"，后有则也。"震惊百里"，惊远而惧迩也。

“不丧匕鬯”，出可以守宗庙社稷，以为祭主也。

《象》曰：洊雷，震；君子以恐惧修省。

初九：震来虩（xì）虩，后笑言哑（yā）哑，吉。

《象》曰：“震来虩虩”，恐致福也。“笑言哑哑”，后有则也。

六二：震来厉，亿丧贝，跻于九陵，勿逐，七日得。

《象》曰：“震来厉”，乘刚也。

六三：震苏苏，震行无眚。

《象》曰：“震苏苏”，位不当也。

九四：震遂泥。

《象》曰：“震遂泥”，未光也。

六五：震往来，厉。亿无丧，有事。

《象》曰：“震往来厉”，危行也。其事在中，大无丧也。

上六：震索索，视矍矍，征凶。震不于其躬，于其邻。无咎，婚媾有言。

《象》曰：“震索索”，未得中也。虽凶无咎，畏邻戒也。

第五十二卦　艮☶下艮上艮

艮其背，不获其身。行其庭，不见其人。无咎。

《彖》曰：艮，止也。时止则止，时行则行，动静不失其时，其道光明。“艮其止”，止其所也。上下敌应，不相与也。是以“不获其身，行其庭，不见其人，无咎”也。

《象》曰：兼山，艮。君子以思不出其位。

初六：艮其趾，无咎，利永贞。

《象》曰：“艮其趾”，未失正也。

六二：艮其腓，不拯其随，其心不快。

《象》曰：“不拯其随”，未退听也。

九三：艮其限，列其夤（yín），厉薰心。

《象》曰：“艮其限”，危薰心也。

六四：艮其身，无咎。

《象》曰：“艮其身”，止诸躬也。

六五：艮其辅，言有序，悔亡。

《象》曰：“艮其辅”，以中正也。

上九：敦艮，吉。

《象》曰：“敦艮之吉”，以厚终也。

第五十三卦　渐☴☶下艮上巽

渐，女归吉，利贞。

《彖》曰：渐，之进也，女归吉也。进得位，往有功也。进以正，可以正邦也。其位，刚得中也。止而巽，动不穷也。

《象》曰：山上有木，渐。君子以居贤德善俗。

初六：鸿渐于干，小子厉，有言无咎。

《象》曰："小子之厉"，义无咎也。

六二：鸿渐于磐，饮食衎（kàn）衎，吉。

《象》曰："饮食衎衎"，不素饱也。

九三：鸿渐于陆，夫征不复，妇孕不育，凶。利御寇。

《象》曰："夫征不复"，离群丑也。"妇孕不育"，失其道也。"利用御寇"，顺相保也。

六四：鸿渐于木，或得其桷，无咎。

《象》曰："或得其桷"，顺以巽也。

九五：鸿渐于陵，妇三岁不孕，终莫之胜，吉。

《象》曰："终莫之胜吉"，得所愿也。

上九：鸿渐于陆，其羽可用为仪，吉。

《象》曰："其羽可用为仪，吉"，不可乱也。

第五十四卦　归妹☳☱下兑上震

归妹，征凶，无攸利。

《彖》曰：归妹，天地之大义也。天地不交，而万物不兴。归妹，人之终始也。说以动，所归妹也。"征凶”，位不当也。“无攸利”，柔乘刚也。

《象》曰：泽上有雷，归妹；君子以永终知敝。

初九：归妹以娣，跛能履。征吉。

《象》曰：“归妹以娣”，以恒也。“跛能履吉”，相承也。

九二：眇能视，利幽人之贞。

《象》曰：“利幽人之贞”，未变常也。

六三：归妹以须，反归以娣。

《象》曰：“归妹以须”，未当也。

九四：归妹愆（qiān）期，迟归有时。

《象》曰：“愆期之志”，有待而行也。

六五：帝乙归妹，其君之袂，不如其娣之袂良。月几望，吉。

《象》曰：“帝乙归妹，不如其娣之袂良”也，其位在中，以贵行也。

上六：女承筐无实，士刲（kuī）羊无血，无攸利。

《象》曰：上六无实，承虚筐也。

第五十五卦　丰☳☲下离上震

丰，亨，王假之，勿忧，宜日中。

《彖》曰：丰，大也。明以动，故丰。“王假之”，尚大也。“勿忧宜日中”，宜照天下也。日中则昃，月盈则食，天地盈虚，与时消息，而况于人乎，况于鬼神乎？

《象》曰：雷电皆至，丰；君子以折狱致刑。

初九：遇其配主，虽旬无咎，往有尚。

《象》曰：“虽旬无咎”，过旬灾也。

六二：丰其蔀（bù），日中见斗，往得疑疾，有孚发若，吉。

《象》曰：“有孚发若”，信以发志也。

九三：丰其沛，日中见沫，折其右肱，无咎。

《象》曰：“丰其沛”，不可大事也。“折其右肱”，终不可用也。

九四：丰其蔀，日中见斗，遇其夷主，吉。

《象》曰：“丰其蔀”，位不当也。日中见斗，幽不明也。“遇其夷主”，吉行也。

六五：来章，有庆誉，吉。

《象》曰：六五之吉，有庆也。

上六：丰其屋，蔀其家，窥其户，阒（qù）其无人，三岁不觌，凶。

《象》曰：“丰其屋”，天际翔也。“窥其户”，阒其无人，自藏也。

第五十六卦　旅☶☲下艮上离

旅，小亨，旅贞吉。

《彖》曰：旅，小亨，柔得中乎外，而顺乎刚，止而丽乎明，是以小亨旅贞吉也。旅之时义大矣哉！

《象》曰：山上有火，旅；君子以明慎用刑，而不留狱。

初六：旅琐琐，斯其所取灾。

《象》曰："旅琐琐"，志穷灾也。

六二：旅即次，怀其资，得童仆贞。

《象》曰："得童仆贞"，终无尤也。

九三：旅焚其次，丧其童仆，贞厉。

《象》曰："旅焚其次"，亦以伤矣。以旅与下，其义丧也。

九四：旅于处，得其资斧，我心不快。

《象》曰："旅于处"，未得位也。"得其资斧"，心未快也。

六五：射雉，一矢亡，终以誉命。

《象》曰："终以誉命"，上逮也。

上九：鸟焚其巢，旅人先笑后号咷，丧牛于易，凶。

《象》曰：以旅在上，其义焚也。"丧牛于易"，终莫之闻也。

第五十七卦　巽☴下巽上巽

巽，小亨。利有攸往，利见大人。

《彖》曰：重巽以申命，刚巽乎中正而志行。柔皆顺乎刚，是以“小亨，利有攸往，利见大人”。

《象》曰：随风，巽；君子以申命行事。

初六：进退，利武人之贞。

《象》曰：“进退”，志疑也。“利武人之贞”，志治也。

九二：巽在床下，用史巫纷若，吉，无咎。

《象》曰：“纷若之吉”，得中也。

九三：频巽，吝。

《象》曰：“频巽之吝”，志穷也。

六四：悔亡，田获三品。

《象》曰：“田获三品”，有功也。

九五：贞吉，悔亡，无不利。无初有终，先庚三日，后庚三日，吉。

《象》曰：九五之吉，位正中也。

上九：巽在床下，丧其资斧，贞凶。

《象》曰：“巽在床下”，上穷也。“丧其资斧”，正乎凶也。

第五十八卦　兑☱下兑上兑

兑，亨，利贞。

《彖》曰：兑，说也。刚中而柔外，说以利贞，是以顺乎天，而应乎人。说以先民，民忘其劳。说以犯难，民忘其死。说之大，民劝矣哉！

《象》曰：丽泽，兑；君子以友讲习。

初九：和（hé）兑，吉。

《象》曰："和兑之吉"，行未疑也。

九二：孚兑，吉，悔亡。

《象》曰："孚兑之吉"，信志也。

六三：来兑，凶。

《象》曰："来兑之凶"，位不当也。

九四：商兑，未宁，介疾有喜。

《象》曰："九四之喜"，有庆也。

九五：孚于剥（bō），有厉。

《象》曰："孚于剥"，位正当也。

上六：引兑。

《象》曰："上六引兑"，未光也。

第五十九卦　涣䷺下坎上巽

涣，亨，王假有庙，利涉大川，利贞。

《彖》曰："涣，亨"，刚来而不穷，柔得位乎外，而上同。"王假有庙"，王乃在中也。"利涉大川"，乘木有功也。

《象》曰：风行水上，涣；先王以享于帝立庙。

初六：用拯马壮，吉。

《象》曰："初六之吉"，顺也。

九二：涣奔其机，悔亡。

《象》曰："涣奔其机"，得愿也。

六三：涣其躬，无悔。

《象》曰："涣其躬"，志在外也。

六四：涣其群，元吉。涣有丘，匪夷所思。

《象》曰："涣其群，元吉"；光大也。

九五：涣汗其大号，涣王居，无咎。

《象》曰："王居无咎"，正位也。

上九：涣其血，去逖出，无咎。

《象》曰："涣其血"，远害也。

第六十卦　节䷻下兑上坎

节，亨，苦节，不可贞。

《彖》曰："节亨"，刚柔分而刚得中。"苦节不可贞"，其道穷也。说以行险，当位以节，中正以通。天地节，而四时成。节以制度，不伤财，不害民。

《象》曰：泽上有水，节；君子以制数度，议德行。

初九：不出户庭，无咎。

《象》曰："不出户庭"，知通塞也。

九二：不出门庭，凶。

《象》曰："不出门庭凶"，失时极也。

六三：不节若，则嗟若，无咎。

《象》曰："不节之嗟"，又谁咎也。

六四：安节，亨。

《象》曰："安节之亨"，承上道也。

九五：甘节，吉。往有尚。

《象》曰："甘节之吉"，位居中也。

上六：苦节，贞凶。悔亡。

《象》曰："苦节贞凶"，其道穷也。

第六十一卦　中孚☱下兑上巽

中孚，豚鱼，吉。利涉大川，利贞。

《彖》曰："中孚"，柔在内而刚得中，说而巽，孚乃化邦也。"豚鱼吉"，信及豚鱼也。"利涉大川"，乘木舟虚也。中孚以利贞，乃应乎天也。

《象》曰：泽上有风，中孚；君子以议狱缓死。

初九：虞吉，有它不燕。

《象》曰："初九虞吉"，志未变也。

九二：鸣鹤在阴，其子和（hè）之，我有好爵，吾与尔靡之。

《象》曰："其子和之"，中心愿也。

六三：得敌，或鼓或罢，或泣或歌。

《象》曰："或鼓或罢"，位不当也。

六四：月几望，马匹亡，无咎。

《象》曰："马匹亡"，绝类上也。

九五：有孚挛如，无咎。

《象》曰："有孚挛如"，位正当也。

上九：翰音登于天，贞凶。

《象》曰："翰音登于天"，何可长也。

第六十二卦　小过䷽下艮上震

小过，亨，利贞，可小事，不可大事。飞鸟遗之音，不宜上，宜下，大吉。

《彖》曰：小过，小者过而亨也。过以利贞，与时行也。柔得中，是以小事吉也。刚失位而不中，是以不可大事也。有飞鸟之象焉，“飞鸟遗之音，不宜上，宜下，大吉”，上逆而下顺也。

《象》曰：山上有雷，小过；君子以行过乎恭，丧过乎哀，用过乎俭。

初六：飞鸟以凶。

《象》曰：“飞鸟以凶”，不可如何也。

六二：过其祖遇其妣，不及其君遇其臣，无咎。

《象》曰：“不及其君”，臣不可过也。

九三：弗过防之，从或戕之，凶。

《象》曰：“从或戕之”，凶如何也。

九四：无咎，弗过遇之，往厉必戒，勿用。永贞。

《象》曰：“弗过遇之”，位不当也。“往厉必戒”，终不可长也。

六五：密云不雨，自我西郊，公弋取彼在穴。

《象》曰：“密云不雨”，已上也。

上六：弗遇过之，飞鸟离之，凶，是谓灾眚。

《象》曰：“弗遇过之”，已亢也。

第六十三卦　既济䷾下离上坎

既济，亨小，利贞。初吉，终乱。

《彖》曰：“既济，亨”，小者亨也。“利贞”，刚柔正而位当也。“初吉”，柔得中也。“终止则乱”，其道穷也。

《象》曰：水在火上，既济；君子以思患而预防之。

初九：曳其轮，濡其尾，无咎。

《象》曰：“曳其轮”，义无咎也。

六二：妇丧其髴，勿逐，七日得。

《象》曰：“七日得”，以中道也。

九三：高宗伐鬼方，三年克之，小人勿用。

《象》曰：“三年克之”，惫也。

六四：繻有衣袽，终日戒。

《象》曰：“终日戒”，有所疑也。

九五：东邻杀牛，不如西邻之禴祭，实受其福。

《象》曰：“东邻杀牛”，不如西邻之时也；“实受其福”，吉大来也。

上六：濡其首，厉。

《象》曰："濡其首厉"，何可久也。

第六十四卦　未济☲☵下坎上离

未济，亨，小狐汔济，濡其尾，无攸利。

"未济，亨"，柔得中也。"小狐汔济"，未出中也。"濡其尾，无攸利"，不续终也。虽不当位，刚柔应也。

《象》曰：火在水上，未济；君子以慎辨物居方。

初六：濡其尾，吝。

《象》曰："濡其尾"，亦不知极也。

九二：曳其轮，贞吉。

《象》曰："九二贞吉"，中以行正也。

六三：未济，征凶。利涉大川。

《象》曰："未济征凶"，位不当也。

九四：贞吉，悔亡。震用伐鬼方，三年有赏于大国。

《象》曰："贞吉悔亡"，志行也。

六五：贞吉，无悔。君子之光，有孚，吉。

《象》曰："君子之光"，其晖吉也。

上九：有孚于饮酒，无咎。濡其首，有孚失是。

《象》曰："饮酒濡首"，亦不知节也。

附二：《系辞传》

天尊地卑，乾坤定矣。卑高以陈，贵贱位矣。动静有常，刚柔断矣。方以类聚，物以群分，吉凶生矣。在天成象，在地成形，变化见矣。是故刚柔相摩，八卦相荡。鼓之以雷霆，润之以风雨。日月运行，一寒一暑。乾道成男，坤道成女。乾知大始，坤作成物。乾以易知，坤以简能。易则易知，简则易从。易知则有亲，易从则有功。有亲则可久，有功则可大。可久则贤人之德，可大则贤人之业。易简而天下之理得矣。天下之理得，而成位乎其中矣。

圣人设卦观象，系辞焉而明吉凶，刚柔相推而生变化。是故吉凶者，失得之象也；悔吝者，忧虞之象也；变化者，进退之象也；刚柔者，昼夜之象也。六爻之动，三极之道也。是故君子所居而安者，易之序也；所乐而玩者，爻之辞也。是故君子居则观其象而玩其辞，动则观其变而玩其占，是以自天佑之，吉无不利。

彖者，言乎象者也。爻者，言乎变者也。吉凶者，言乎其失得也。悔吝者，言乎其小疵也。无咎者，善补过也。是故列贵贱者存乎位，齐小大者存乎卦，辨吉凶者存乎辞，忧悔吝者存乎介，震无咎者存乎悔。是故卦有大小，辞有险易。辞也者，各指其所之。

易与天地准，是故能弥纶天地之道。仰以观于天文，俯以察于地理。是故知幽明之故，原始反终。故知死生之说，精气为物，游魂为变。是故知鬼神之情状，与天地相似，故不违；知周乎万物，而道济天下，故不过；旁行而不流，乐天知命，故不忧；安土敦乎仁，故能爱。范围天地之化而不过，曲成万物而不遗，通乎昼夜而知。故神无方而易无体。

一阴一阳之谓道，继之者善也，成之者性也。仁者见之谓之仁，知者见之谓之知。百姓日用而不知，故君子之道鲜矣。显诸仁，藏诸用，鼓万物而不与圣人同忧，盛德大业至矣哉。富有之谓大业，日新之谓盛德，生生之谓易，成象之谓乾，效法之谓坤，极数知来之谓占，通变之谓事，阴阳不测之谓神。

夫易广矣大矣。以言乎远则不御，以言乎迩则静而正，以言乎天地之间则备矣。夫乾，其静也专，其动也直，是以大生焉。夫坤，其静也翕，其动也辟，是以广生焉。广大配天地，变通配四时，阴阳之义配日月，易简之善配至德。

朋易

子曰：“易其至矣乎！”夫易，圣人所以崇德而广业也。知崇礼卑。崇，效天；卑，法地。天地设位而易行乎其中矣！成性存存，道义之门。

圣人有以见天下之赜，而拟诸其形容，象其物宜，是故谓之象。圣人有以见天下之动，而观其会通，以行其典礼；系辞焉，以断其吉凶，是故谓之爻。言天下之至赜而不可恶也，言天下之至动而不可乱也。拟之而后言，议之而后动，拟议以成其变化。“鸣鹤在阴，其子和之。我有好爵，吾与尔靡之。”子曰：“君子居其室，出其言善，则千里之外应之，况其迩者乎？居其室，出其言不善，则千里之外违之，况其迩者乎？言出乎身，加乎民；行发乎迩，见乎远。言行，君子之枢机。枢机之发，荣辱之主也。”言行，君子之所以动乎天地也。可不慎乎？“同人，先号啕而后笑。”子曰：“君子之道，或出或处，或默或语。二人同心，其利断金。同心之言，其臭如兰。”“初六，藉用白茅。无咎。”子曰：“苟错诸地而可矣。藉之用茅，何咎之有？慎之至也。夫茅之为物薄，而用可重也。慎斯术也以往，其无所失矣。”“劳谦君子，有终。吉。”子曰：“劳而不伐，有功而不德，厚之至也。语以其功下人者也。德言盛，礼言恭。谦也者，致恭以存其位者也。”“亢龙有悔。”子曰：“贵而无位，高而无民，贤人在下位而无辅，是以动而有悔也。”“不出户庭，无咎。”子曰：“乱之所生也，则言语以为阶。君不密则失臣，臣不密则失身，机事不密则害成。是以君子慎密而不出也。”子曰：“作易者，其知盗乎！”易曰：“负且乘，致寇至。”负也者，小人之事也；乘也者，君子之器也。小人而乘君子之器，盗思夺之矣；上慢下暴，盗思伐之矣。慢藏诲盗，冶容诲淫。易曰：“负且乘，致寇至。”盗之招也。

天一，地二，天三，地四，天五，地六，天七，地八，天九，地十。天数五，地数五，五位相得而各有合。天数二十有五，地数三十。凡天地之数五十有五，此所以成变化而行鬼神也。大衍之数五十，其用四十有九，分而为二以象两，挂一以象三，揲之以四以象四时，归奇于仂以象闰；五岁再闰，故再仂而后挂。乾之策，二百一十有六；坤之策，百四十有四，凡三百有六十，当其之日。二篇之策，万有一千五百二十，当万物之数也。是故四营而成易，十有八变而成卦，八卦而小成，引而伸之，触类而长之，天下之能事毕矣。显道神德行，是故可与酬酢，可与佑神矣。子曰：“知变化之道者，知神之所为乎。”

易有圣人之道四焉：以言者尚其辞，以动者尚其变，以制器者尚其象，以卜筮者尚其占。是以君子将有为也，将有行也，问焉而以言，其受命也如响，无有远近幽深，遂知来物，非天下之至精，其孰能与于此？参伍以变，错综其数，通其变，遂成天下之文；极其数，遂定天下之象；非天下之至变，其孰能与于此？易，无思也，无为也，寂然不动，感而遂通天下之故，非天下之至神，其孰能与于此？夫易，圣人之所以极深而研几也。唯深也，故能通天下之志；唯几也，故能成天下之务；唯神也，故不疾而速，不行而至。子曰："易有圣人之道四焉"者，此之谓也！

子曰："夫易，何为者也？"夫易，开物成务，冒天下之道，如斯而已者也。是故圣人以通天下之志，以定天下之业，以断天下之疑。是故蓍之德圆而神，卦之德方以知，六爻之义易以贡。圣人以此洗心，退藏于密，吉凶与民同患。神以知来，知以藏往，其孰能与于此哉？古之聪明睿知、神武而不杀者夫！是以明于天之道而察于民之故，是兴神物以前民用。圣人以此斋戒，以神明其德夫！是故阖户谓之坤，辟户谓之乾，一阖一辟谓之变，往来不穷谓之通。见乃谓之象，形乃谓之器，制而用之谓之法，利用出入、民咸用之谓之神。是故易有太极，是生两仪，两仪生四象，四象生八卦，八卦定吉凶，吉凶生大业。是故法象莫大乎天地，变通莫大乎四时，悬象著明莫大乎日月，崇高莫大乎富贵。备物致用、立成器以为天下利，莫大乎圣人。探赜索隐、钩深致远，以定天下之吉凶、成天下之亹亹者，莫大乎蓍龟。是故天生神物，圣人则之；天地变化，圣人效之；天垂象，见吉凶，圣人象之；河出图，洛出书，圣人则之。易有四象，所以示也；系辞焉，所以告也；定之以吉凶，所以断也。

易曰："自天佑之，吉无不利。"子曰："佑者助也。天之所助者顺也，人之所助者信也；履行思乎顺，又以尚贤也。是以自天佑之，吉无不利也。"子曰："书不尽言，言不尽意。"然则圣人之意，其不可见乎？子曰："圣人立象以尽意，设卦以尽情伪，系辞焉以尽其言，变而通之以尽利，鼓之舞之以尽神。"乾坤其易之蕴耶？乾坤成列而易立乎其中矣！乾坤毁则无以见易。易不可见，则乾坤或几乎息矣！是故形而上者谓之道，形而下者谓之器，化而裁之谓之变，推而行之谓之通，举而措之天下之民谓之事业。是故夫象，圣人有以见天下之赜、而拟诸其形容，象其物宜，是故谓之象。圣人有以见天下之动，而观其会通，以行其典礼。系辞焉，以断其吉凶，是故谓之爻。极天下之赜者存乎卦，鼓天下之动者存乎辞，化而裁之存乎变，推而行之存乎通，神而明之存乎其人。默而成之，不言而信，存乎德行。

八卦成列，象在其中矣。因而重之，爻在其中矣。刚柔相推，变在其中矣。系辞焉而命之，动在其中矣。吉凶悔吝者，生乎动者也。刚柔者，立本者也。通者，趣时者也。吉凶者，贞胜者也。天地之道，贞观者也。日月之道，贞明者也。天下之动，贞夫一者 也。夫乾，确然示人易矣。夫坤，聩然示人简矣。爻也者，效此者也。

象也者，像此者也。

爻象动乎内，吉凶见乎外，功业见乎变，圣人之情见乎辞。天地之大德曰生，圣人之大宝曰位，何以守位曰仁，何以聚人曰财，理财正辞，禁民为非曰义。

古者包羲氏之王天下也，仰则观象于天，俯则观法于地，观鸟兽之文与地之宜。近取诸身。远取诸物，于是使作八卦，以通神明之德，以类万物之情。作结绳而为罔罟，以佃以渔，盖取诸离。包羲氏没，神农氏作，斲木为耜，揉木为耒，耒耨之利以教天下，盖取诸益。日中为市，致天下之民，聚天下之货，交易而退，各得其所，盖取诸噬嗑。神农氏没，黄帝尧舜氏作，通其变使民不倦，神而化之使民宜之。易穷则变，变则通，通则久。是以自天佑之，吉无不利。黄帝尧舜垂衣裳而天下治，盖取诸乾坤。刳木为舟，剡木为楫，舟楫之利以济不通，致远以利天下，盖取诸涣。服牛乘马，引重致远以利天下，盖取诸随。重门击柝以待暴客，盖取诸豫。断木为杵，掘地为臼，臼杵之利万民以济，盖取诸小过。弦木为弧，剡木为矢，弧矢之利以威天下，盖取诸睽。上古穴居而野处，后世圣人易之以宫室，上栋下宇以待风雨，盖取诸大壮。古之葬者，厚衣之以薪，葬之中野，不封不树，丧期无数；后世圣人易之以棺椁，盖取诸大过。上古结绳而治，后世圣人易之以书契，百官以治，万民以察，盖取诸夬。

是故易者，象也；象也者，像也。彖者，材也。爻也者，效天下之动者也。是故吉凶生而悔吝著也。

阳卦多阴，阴卦多阳。其故何也？阳卦奇，阴卦耦。其德行何也？阳一君而二民，君子之道也；阴二君而一民，小人之道也。

易曰："憧憧往来，朋从尔思。"子曰："天下何思何虑？"天下同归而殊涂，一致而百虑。天下何思何虑？日往则月来，月往则日来，日月相推而明生焉。寒往则暑来，暑往则寒来，寒暑相推而岁成焉。往者屈也，来者信也，屈信相感而利生焉。尺蠖之屈，以求信也。龙蛇之蛰，以存身也。精义入神，以致用也。利用安身，以崇德也。过此以往，未之或知也。穷神知化，德之圣也。易曰："困于石，据于蒺藜。入于其宫，不见其妻。凶。"子曰："非所困而困焉，名必辱。非所据而据焉，身必危。既辱且危，死期将至。妻其可得见耶？”易曰：“公用射隼于高墉之上，获之无不利。”子曰：“隼者，禽也。弓矢者，器也。射之者，人也。君子藏器于身，待时而动，何不利之有？动而不括，是以出而有获，语成器而动者也。”子曰：“小人不耻不仁，不畏不义，不见利不劝，不威不惩。小惩而大诫，此小人之福也。”易曰：“屦校灭趾，无咎。”此之谓也。善不积不足以成名，恶不积不足以灭身。小人以小善为无益而弗为也，以小恶为无伤而弗去也；故恶积而不可掩，罪大而不可解。易曰：“何校灭耳，凶。”子曰：“危者，安其位者也。亡者，保其存者也。乱者，有其治者也。是故君子安而不忘危，存而不忘亡，治而不忘乱，是以身安而国家可保也。”易曰：“其亡其亡，系于苞桑。”子曰：“德薄而位尊，知小而谋大，力小而任重，鲜不及矣。”易曰：“鼎折足，覆公餗，其形渥。凶。”言不胜其用也。子曰：“知几，其神乎！”君子上交不谄，下交不渎，其知几乎！几者，动之微，吉凶之先见者也。君子见几而作，不俟终日。易曰：“介于石，不终日。贞吉。”介如石焉，宁用终日，断可识矣。君子知微知彰，知柔知刚，万夫之望。子曰：“颜氏之子，其殆庶几乎！有不善未尝不知，知之未尝复行也。”易曰：“不远复，无祇悔。元吉。”天地絪缊，万物化醇；男女构精，万物化生。易曰：“三人行，则损一人;一人行,则得其友。”言致一也。子曰:“君子安其身而后动,易其心而后语,定其交而后求。君子修此三者故全也。危以动,则民不与也。惧以语,则民不应也。无交而求,则民不与也。莫之与,则伤之者至矣。”易曰:“莫益之,或击之,立心勿恒。凶。”

子曰:“乾坤,其易之门耶!”乾,阳物也;坤,阴物也。阴阳合德而刚柔有体,以体天地之撰,以通神明之德。其称名也,杂而不越。于稽其类,其衰世之意邪!夫易,彰往而察来而微显阐幽,开而当名辨物,正言断辞,则备矣。其称名也小,其取类也大。其旨远,其辞文。其言曲而中,其事肆而隐。因贰以济民行,以明失得之报。

易之兴也,其于中古乎?作易者,其有忧患乎?是故履,德之基也;谦,德之柄也;复,德之本也;恒,德之固也;损,德之修也;益,德之裕也;困,德之辨也;井,德之地也;巽,德之制也。履和而至,谦尊而光,复小而辨于物,恒杂而不厌,损先难而后易,益长裕而不设,困穷而通,井居其所而迁,巽称而隐。履以和行,谦以制澧,复以自知,恒以一德,损以远害,益以兴利,困以寡怨,井以辨义,巽以行权。

易之为书也不可远,为道也屡迁,变动不居,周流六虚,上下无常,刚柔相易,不可为典要,唯变所适。

其出入以度，外内使知惧。又明于忧患与故，无有师保，如临父母。初率其辞而揆其方，既有典常，苟非其人，道不虚行。

易之为书也，原始要终以为质也。六爻相杂，唯其时物也。其初难知，其上易知，本末也。初辞拟之，卒成之终。若夫杂物撰德，辨是与非，则非其中爻不备。噫！亦要存亡吉凶，则居可知也。知者观其彖辞，则思过半矣。二与四，同功而异位；其善不同：二多誉，四多惧，近也。柔之为道不利远者，其要无咎，其用柔中也。三与五，同功而异位；三多凶，五多功，贵贱之等也。其柔危，其刚胜邪？

易之为书也，广大悉备，有天道焉，有人道焉，有地道焉。兼三才而两之，故六。六者非它也，三才之道也。道有变动，故曰爻。爻有等，故曰物。物相杂，故曰文。文不当，故吉凶生焉。

易之兴也，其当殷之末世，周之盛德邪？当文王与纣之事邪？是故其辞危。危者使平，易者使倾，其道甚大，百物不废，惧以终始，其要无咎，此之谓易之道也。

夫乾，天下之至健也，德行恒易以知险。夫坤，天下之至顺也，德行恒简以知阻。能说诸心，能研诸侯之虑，定天下之吉凶，成天下之亹亹者。是故变化云为，吉事有祥。象事知器，占往知来。天地设位，圣人成能，人谋鬼谋，百姓与能。八卦以象告，爻彖以情言，刚柔杂居而吉凶可见矣。变动以利言，吉凶以情迁，是故爱恶相攻而吉凶生，远近相取而悔吝生，情伪相感而利害生。凡易之情，近而不相得，则凶或害之，悔且吝。将叛者其辞惭，中心疑者其辞枝；吉人之辞寡，躁人之辞多，诬善之人其辞游，失其守者其辞屈。

附三：《说卦传》

昔者圣人之作易也，幽赞于神明而生蓍，参天两地而倚数，观变于阴阳而立卦，发挥于刚柔而生爻，和顺于道德而理于义，穷理尽性以至于命。

昔者圣人之作易也，将以顺性命之理。是以立天之道曰阴与阳，立地之道曰柔与与刚，立人之道曰仁与义。

天地定位，山泽通气，雷风相薄，水火不相射，八卦相错。数往者顺，知来者逆。是故易逆数也。

雷以动之，风以散之，雨以润之，日以烜之，艮以止之，兑以说之，乾以君之，坤以藏之。

帝出乎震，齐乎巽，相见乎离，致役乎坤，说言乎兑，战乎乾，劳乎坎，成言乎艮。万物出乎震；震，东方也。齐乎巽；巽，东南也。齐也者，言万物之洁齐也。离也者，明也，万物皆相见，南方之卦也；圣人南面而听天下，向明而治，盖取诸此也。坤也者，地也，万物皆致养焉，故曰："致役乎坤。"兑，正秋也，万物之所说也，故曰："说言乎兑。"战乎乾；乾，西北之卦也，言阴阳相薄也。坎者，水也，正北方之卦也，劳卦也，万物之所归也，故曰："劳乎坎。"艮，东北之卦也，万物之所成终而所成始也，故曰："成言乎艮。"

神也者，妙万物而为言者也。动万物者莫疾乎雷，挠万物者莫疾乎风，燥万物者莫熯乎火，说万物者莫说乎泽，润万物者莫润乎水，终万物始万物者莫盛乎艮。故水火相逮，雷风不相悖，山泽通气，然后能变化，既成万物也。

乾，健也。坤，顺也。震，动也。巽，入也。坎，陷也。离，丽也。艮，止也。兑，说也。

乾为马。坤为牛。震为龙。巽为鸡。坎为豕。离为雉。艮为狗。兑为羊。

乾为首。坤为腹。震为足。巽为股。坎为耳。离为目。艮为手。兑为口。

乾，天也，故称乎父。坤，地也，故称乎母。震一索而得男，故谓之长男。巽一索而得女，故谓之长女。坎再索而得男，故谓之中男。离再索而得女，故谓之中女。艮三索而得男，故谓之少男。兑三索而得女，故谓之少女。

乾为天，为圜，为君，为父，为玉，为金，为寒，为冰，为大赤，为良马，为老马，为瘠马，为驳马，为木果。坤为地，为母，为布，为釜，为吝啬，为均，为子母牛，为大舆，为文，为众，为柄，其于地也为黑。震为雷，为龙，为玄黄，为专，为大涂，为长子，为决躁，为苍筤竹，为萑苇，其于马也为善鸣，为馵足，为作足，为的颡，其于稼也为反生，其究为健，为蕃鲜。巽为木，为风，为长女，为绳直，为工，为白，为长，为高，为进退，为不果，为臭，其于人也为寡发，为广颡，为多白眼，为近利市三倍，其究为躁卦。坎为水，为沟渎，为隐伏，为矫鞣，为弓轮，其于人也为加忧，为心病，为耳痛，为血卦，为赤，其于马也为美脊，为亟心，为下首，为薄蹄，为曳，其于舆也为多眚，为通，为月，为盗，其于木也为坚多心。离为火，为日，为电，为中女，为甲胄，为戈兵，其于人也为大腹。为乾卦，为鳖，为蟹，为蠃，为蚌，为龟，其于木也，为科上槁，艮为山，为径路，为小石，为门阙，为果蓏，为阍寺，为指，为狗，为鼠，为黔喙之属，其于木也，为坚多节，兑，为泽，为少女，为巫，为口舌，为毁折，为附决，其于地也，为刚卤，为妾，为羊。

附四：《序卦传》

有天地，然后万物生焉，盈天地之间者唯万物，故受之以屯，屯者，盈也，屯者，物之始生也，物生必蒙，故受之以蒙，蒙者，蒙也，物之稚也，物稚不可不养也，故受之以需，需者，饮食之道也，饮食必有讼，故受之以讼，讼必有众起，故受之以师，师者，众也，众必有所比，故受之以比，比者，比也，比必有所畜也，故受之以小畜，物畜然后有礼，故受之以履，履而泰，然后安，故受之以泰，泰者，通也，物不可以终通，故受之以否，物不可以终否，故受之以同人，与人同者，物必归焉，故受之以大有，有大者不可以盈，故受之以谦，有大而能谦必豫，故受之以豫，豫必有随，故受之以随，以喜随人者必有事，故受之以蛊，蛊者，事也，有事而后可大，故受之以临，临者，大也，物大然后可观，故受之以观，可观而后有所合，故受之以噬嗑，嗑者，合也，物不可以苟合而已，故受之以贲，贲者，饰也，至饰然后亨则尽矣，故受之以剥，剥者，剥也，物不可以终尽，剥穷上反下，故受之以复，复则不妄矣，故受之以无妄，有无妄然后可畜，故受之以大畜，物畜然后可养，故受之以颐，颐者，养也，不养则不可动，故受之以大过，物不可以终过，故受之以坎，坎者，陷也，陷必有所丽，故受之以离，离者，丽也，有天地，然后有万物，有万物，然后有男女，有男女，然后有夫妇，有夫妇，然后有父子，有父子，然后有君臣，有君臣，然后有上下，有上下，然后礼义有所错，夫妇之道，不可以不久也，故受之以恒，恒者，久也，物不可以久居其所，故受之以遯，遯者，退也，物不可以终遯，故受之以大壮，物不可以终壮，故受之以晋，晋者，进也，进必有所伤，故受之以明夷，夷者，伤也，伤于外者必反其家，故受之以家人，家道穷必乖，故受之以睽，睽者，乖也，乖必有难，故受之以蹇，蹇者，难也，物不可以终难，故受之以解，解者，缓也，缓必有所失，故受之以损，损而不已必益，故受之以益，益而不已必决，故受之有夬，夬者，决也，决必有所遇，故受之以姤，姤者，遇也，物相遇而后聚，故受之以萃，萃者，聚也，聚而上者谓之升，故受之以升，升而不已必困，故受之以困，困乎上者必反下，故受之以井，井道不可不革，故受之以革，革物者莫若鼎，故受之以鼎，主器者莫若长子，故受之以震，震者，动也，物不可以终动，止之，故受之以艮，艮者，止也，物不可以终止，故受之以渐，渐者，进也，进必有所归，故受之以归妹，得其所归者必大，故受之以丰，丰者，大也，穷大者必失其居，故受之以旅，旅而无所容，故受之以巽，巽者，入也，入而后说之，故受之以兑，兑者，说也，说而后散之，故受之以涣，涣者，离也，物不可以终离，故受之以节，节而信之，故受之以中孚，有其信者必行之，故受之以小过，有过物者必济，故受之以既济，物不可穷也，故受之以未济终焉。

附五：《杂卦传》

乾刚坤柔，比乐师忧，临观之义，或与或求，屯见而不失其居，蒙杂而著，震，起也，艮，止也，损，益，盛衰之始也，大畜，时也，无妄，灾也，萃聚，而升不来也，谦轻，而豫怠也，噬嗑，食也，贲，无色也，兑见，而巽伏也，随，无故也，蛊则饬也，剥，烂也，复，反也，晋，昼也，明夷，诛也，井通，而困相遇也，咸，速也，恒，久也，涣，离也，节，止也，解，缓也，蹇，难也，睽，外也，家人，内也，否泰，反其类也，大壮则止，遯则退也，大有，众也，同人，亲也，革，去故也，鼎，取新也，小过，过也，中孚，信也，丰，多故也，亲寡，旅也，离上，而坎下也，小畜，寡也，履，不处也，需，不进也，讼，不亲也，大过颠也，姤，遇也，柔遇刚也，渐，女归待男行也，颐，养正也，既济，定也，归妹，女之终也，未济，男之穷也，夬，决也，刚决柔也，君子道长，小人道忧也。

附六：《文言传》

元者，善之长也，亨者，嘉之会也。利者，义之和也。贞者，事之干也。

君子体仁足以长人，嘉会足以合礼，利物足以和义，贞固足以干事。

君子行此四德者，故曰乾元亨利贞。

初九曰：潜龙勿用，何谓也？子曰：龙德而隐者也，不易乎世，不成乎名，遁世无闷，不见是而无闷，乐则行之，忧则违之，确乎其不可拔，潜龙也。

九二曰：见龙在田，利见大人。何谓也？子曰：龙德而正中者也。庸言之信，庸行之谨。闲邪存其诚，善世而不伐，德博而化。《易》曰："见龙在田，利见大人。"君德也。

九三曰：君子终日乾乾，夕惕若厉，无咎。何谓也？子曰：君子进德修业。忠信，所以进德也。修辞立其诚，所以居业也。知至至之，可与几也。知终终之，可与存义也。是故居上位而不骄，在下位而不忧。故乾乾因其时而惕，虽危无咎矣。

九四曰：或跃在渊，无咎，何谓也？子曰：上下无常，非为邪也。进退无恒，非离群也。君子进德修业，欲及时也，故无咎。

九五曰：飞龙在天，利见大人，何谓也？子曰：同声相应，同气相求。水流湿，火就燥，云从龙，风从虎，圣人作而万物睹。本乎天者亲上，本乎地者亲下，则各从其类也。

上九曰：亢龙有悔。何谓也？子曰：贵而无位，高而无民，贤人在下位而无辅，是以动而有悔也。

潜龙勿用，下也。见龙在田，时舍也。终日乾乾，行事也。或跃在渊，自试也。飞龙在天，上治也。亢龙有悔，穷之灾也。乾元用九，天下治也。

潜龙勿用，阳气潜藏。见龙在田，天下文明。终日乾乾，与时偕行。或跃在渊，乾道乃革。飞龙在天，乃位乎天德。亢龙有悔，与时偕极。乾元用九，乃见天则。

乾元者，始而亨者也。利贞者，性情也。乾始能以美利利天下，不言所利，大矣哉。

大哉乾乎！刚健中正，纯粹精也。六爻发挥，旁通情也。时乘六龙，以御天也。云行雨施，天下平也。

君子以成德为行，日可见之行也。潜之为言也，隐而未见，行而未成，是以君子弗用也。

君子学以聚之，问以辨之，宽以居之，仁以行之。《易》曰："见龙在田，利见大人。"君德也。

九三重刚而不中，上不在天，下天在田。故乾乾因其时而惕，虽危无咎矣。

九四重刚而不中，上不在天，下不在田，中不在人，故或之。或之者，疑之也，故无咎。

夫大人者，与天地合其德，与日月合其明，与四时合其序，与鬼神合其吉凶。先天而天弗违，后天而奉天时。天且弗违，而况于人乎？况于鬼神乎？

亢之为言也，知进而不知退，知存而不知亡，知得而不知丧。其唯圣人乎？知进退存亡而不失其正者，其唯圣人乎？

坤至柔而动也刚，至静而德方。后得主而有常。含万物而化光。坤道其顺乎，承天而时行。

积善之家，必有余庆。积不善之家，必有余殃。臣弑其君，子弑其父，非一朝一夕之故，其所由来者渐矣，由辨之不早辨也。《易》曰："履霜，坚冰至。"盖言顺也。

直其正也，方其义也。君子敬以直内，义以方外，敬义立而德不孤，直方大不习无不利，则不疑其所行也。

阴虽有美含之，以从王事，弗敢成也。地道也，妻道也，臣道也，地道无成而代有终也。

天地变化，草木蕃，天地闭，贤人隐。《易》曰："括囊无咎无誉。"盖言谨也。

君子黄中通理。正位居体，美在其中，而畅于四支，发于事业，美之至也。

阴疑于阳必战，为其嫌于无阳也，故称龙焉。犹未离其类也，故称血焉。夫玄黄者，天地之杂也，天玄而地黄。